U0461931

旅游服务与
酒店管理类

『十二五』职业教育国家规划教材

经全国职业教育教材审定委员会审定

旅游
电子商务教程

（第三版）

葛晓滨 ◎ 编著

LÜYOU DIANZI SHANGWU

JIAOCHENG

中国人民大学出版社
·北京·

图书在版编目（CIP）数据

旅游电子商务教程 / 葛晓滨编著 . -- 3 版 . -- 北京：
中国人民大学出版社，2025.1. -- ISBN 978-7-300
-33376-2

Ⅰ . F590.6-39

中国国家版本馆 CIP 数据核字第 2024F3G189 号

"十二五"职业教育国家规划教材
经全国职业教育教材审定委员会审定

旅游电子商务教程（第三版）

葛晓滨　编著

Lüyou Dianzi Shangwu Jiaocheng

出版发行	中国人民大学出版社	
社　　址	北京中关村大街 31 号	**邮政编码**　100080
电　　话	010 - 62511242（总编室）	010 - 62511770（质管部）
	010 - 82501766（邮购部）	010 - 62514148（门市部）
	010 - 62515195（发行公司）	010 - 62515275（盗版举报）
网　　址	http://www.crup.com.cn	
经　　销	新华书店	
印　　刷	北京密兴印刷有限公司	**版　　次**　2016 年 4 月第 1 版
开　　本	787mm×1092mm　1/16	2025 年 1 月第 3 版
印　　张	15.25	**印　　次**　2025 年 1 月第 1 次印刷
字　　数	365 000	**定　　价**　42.00 元

前 言
Preface

　　在信息爆炸、科技日新月异的时代背景下，电子商务以其独特的魅力和无限的可能性，正在逐步改变着我们的生活与工作方式。特别是在旅游行业，电子商务的快速发展，不仅为旅游服务提供者和消费者带来了前所未有的便捷与高效，同时也推动着整个行业的创新与升级。

　　为了更好地适应行业发展和满足读者需求，我们对本书进行了全面而细致的修订。本次修订延续了体验式情景模式，更加注重构造以学生为中心的学习情境。通过以司马逍遥同学为代表的大学生对旅游电子商务的探索历程，让读者跟随主角的成长轨迹，逐步深入理解和掌握旅游电子商务的核心知识和技能。

　　在内容方面，我们进行了全面的更新和扩充。首先，增加了素养目标，旨在培养读者更全面的旅游电子商务素养。其次，我们紧跟行业发展动态，更新了大量的前沿资讯和案例，确保内容与时俱进。同时，为了增强实用性，我们丰富了教材中的场景案例，使其更加贴近实际业务操作，帮助读者更好地理解和应用所学知识。

　　此外，本次修订还特别注重实践能力的培养，增加了大量的习题和实训内容。读者通过实际操作和练习，可以巩固所学知识并提升实践操作能力。

　　值得一提的是，本次修订还特别融入了最新的科技趋势，如元宇宙、大数据、人工智能等前沿技术。这些内容不仅展示了旅游电子商务的未来发展方向，而且帮助读者在掌握核心技能的同时，具备前瞻性的视野和创新能力。

在修订过程中，我们始终坚持以读者为中心的原则，力求在保持内容系统性的基础上，更加注重实用性和创新性。我们深信，通过阅读本书，读者能够全面、深入地理解旅游电子商务的基本原理和核心技术，进一步提升专业素养和实践能力，为未来的职业生涯奠定坚实的基础。

然而，我们也深知旅游电子商务是一个快速发展、不断变化的领域，本书所涵盖的内容可能无法完全覆盖所有的最新发展和变化。因此，我们真诚地希望读者在阅读本书的同时，能够保持对行业动态的关注和学习，不断更新自己的知识和技能，以应对行业的快速变化和挑战。我们衷心希望本书能够成为您学习旅游电子商务的得力助手，为您的职业生涯增添更多的色彩和可能。同时，我们也期待与您一起，共同见证旅游电子商务的辉煌未来。

本次修订由安徽财贸职业学院葛晓滨教授完成。由于编者水平有限，本书难免存在不足之处，希望读者不吝指正，共同完善和提高本书的质量。在编写过程中，我们参考并引用了许多文献和网络资源，在此一并表示衷心的感谢！

为了方便广大教师进行教学，我们在中国人民大学出版社官方网站上提供了一系列丰富的配套教学资源，包括教材中全部项目的习题答案、教学课件、教学大纲、课程标准、授课计划模板、教案模板、习题库以及实训报告等，欢迎大家选用。

愿本书成为您探索旅游电子商务世界的导航灯，引领您走向成功的彼岸！

葛晓滨

目　录
▱▱▱▱▱▱ Contents

开篇

本书中我们要讲述的故事，是一名旅游专业学生的充满传奇色彩的电子商务旅程。

司马逍遥，一个热爱旅行的双子座学生，自从进入一所职业学院后，就开始了他的旅游专业学习之旅。

在大学一年级阶段，他主要学习的是各种基础课程，还没有接触到旅游电子商务的专业课程。但是，司马逍遥对于旅游知识的热情是无法阻挡的。他生活在一个电子商务无处不在的时代，对于如何将互联网技术与旅游业务相结合，充满了浓厚的兴趣。他不满足于课堂上的基础教育，总是寻找机会去探索和实践。

这个故事的序幕，是在司马逍遥大一结束之际的暑假揭开的。各位读者，本书的每个项目象征一层修炼，每个项目都环环相扣。让我们一起见证他如何历经九层修炼蜕变为旅游电子商务领域的行家里手的过程，并一起体会他在这条道路上所经历的艰辛和付出的努力……

下面让我们跟随司马逍遥，一起踏上这个充满挑战和机遇的旅程，探索旅游电子商务的神奇世界。

司马逍遥

项目一 初探旅游电商 掌握概念真谛

◎ 学习目标

1. 理解旅游电子商务的概念；
2. 了解旅游电子商务的功能。

实践目标

1. 学会搜索符合自己需要的旅游电子商务网站；
2. 能自己动手在旅游电子商务网站完成相应的操作。

素养目标

1. 具备模仿项目主角的技能与应用能力；
2. 具备对旅游电子商务基本概念进行分析和评价的能力。

问题引入

时光荏苒，我们已经步入了数字经济时代。在这个风云变幻的时代，既充满机遇，又有越来越多的挑战。首先，让我们认识一下本书的主角——司马逍遥，一名职业学校旅游服务与管理专业的学生。本书以司马逍遥同学的故事为主线，记录了他从一个对旅游电子商务充满憧憬的学生成长为旅游电子商务高手的过程。让我们追随司马逍遥的成长历程，开启旅游电子商务探索之旅。

故事开始于司马逍遥大一结束后的暑假，在经历了旅游服务与管理专业的基础课学习后，司马逍遥迎来了一个放松的暑假。在这个暑假，他和几个要好的同学准备去游览一下祖国的大好河山。但是国内旅游景点众多、费用不等，而他们的经济能力有限，如何迅速找到合适的旅游景点并安排好相关的行程和路线、解决好住宿和吃饭的问题呢？于是，他们想到了互联网中的旅游网站，但是旅游网站众多，良莠不齐，他们到底能不能通过互联网获得满意的方案呢？

📑 任务导读

司马逍遥的想法是利用互联网去实现旅游计划和安排，这是旅游电子商务的一个典型应用，那么到底该如何完成这个任务呢？国内的旅游网站中，比较知名的有携程旅行、艺龙、同程、去哪儿等，它们各具特点，风格不一，又该如何选择呢？俗话说，货比三家不吃亏。司马逍遥可以选择几家有特点的旅游网站进行比较，看看每个网站推荐的方案和价格。很多网站还有关于景区的三维动画和视频，非常直观。另外，很多"驴友"的旅游评价对做好旅游前的功课也有一定帮助。司马逍遥开始在网上搜索合适的旅游网站。

▶ **小贴士**

驴友："驴"是"旅游"的"旅"的谐音，"驴友"泛指参加旅游、自助游的朋友。

🔄 案例导入

司马逍遥在旅游电子商务上的第一次尝试

司马逍遥在中学阶段就是电脑爱好者，上网操作对他而言不是难事。他认真地思考后，准备在互联网上实现他和同学们的旅游规划。

第一步：确定旅游网站。

要找就找最好的网站，在寻找最佳旅游网站的过程中，司马逍遥采取了一种高效的策略：利用搜索引擎，如百度的搜索技术。他在百度的搜索框中键入了"顶尖旅游网站"这一关键词，期望找到那些得到广泛认可并提供优质旅游信息的平台。

通过这种目标明确的搜索方式，司马逍遥能够快速地浏览各大旅游网站的综合排名和用户评价，从而为自己的旅行安排做出更加明智的选择。同时，这样的方法也为他提供了学习和了解如何高效利用网络资源进行信息筛选的实践机会，这对于作为学生的他而言，是一种宝贵的技能积累。

通过搜索，司马逍遥发现，当前在线旅游业已呈现携程系、阿里、新美大三大实力角逐的格局（见表1-1）。

表1-1　中国在线旅游网站的运作情况

企业	携程系					阿里	新美大
	携程旅行	去哪儿	艺龙	同程	途牛	飞猪	美团
定位	OTA＋平台	OTA＋平台	OTA	OTA	OTA	平台	平台
业务侧重	商旅	商旅	商旅	周边游	休闲游	休闲游	本地生活
主营业务	酒店、机票、度假、商旅	机票、酒店	酒店	门票、游轮	跟团游、自由行	机票、酒店、签证	酒店、门票、交通
主要目的地	境内＋境外	境内＋境外	境内	境内＋境外	境内	境内＋境外	境内

可见，携程旅行网是目前行业内竞争力最强的网站，于是司马逍遥选择了携程旅行网。

第二步：登录旅游网站并注册成为会员。

司马逍遥登录到携程旅行网，携程旅行网首页如图1-1所示。

图 1-1　携程旅行网首页

1. 注册成为会员

（1）进入新用户注册页面。单击携程旅行网首页右上方的"免费注册"按钮，如图 1-2 所示。然后，会弹出"携程用户注册协议和隐私政策"对话框，如图 1-3 所示。

图 1-2　携程旅行网"免费注册"按钮

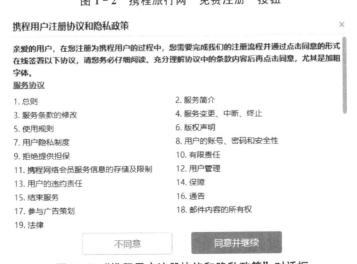

图 1-3　"携程用户注册协议和隐私政策"对话框

（2）填写注册信息。在新用户注册页面填写基本信息，包括手机号、密码、验证码等，如图1-4所示。

图1-4 携程旅行网注册页面

填写完注册信息后，仔细阅读服务协议（见图1-5），并单击"已阅读并同意条款"按钮。

携程旅行网服务协议

服务协议的确认和接纳

携程网站由上海携程商务有限公司运营，涉及具体产品服务的，将由有资质的服务商提供。**如果用户（"用户"或"您"）在本网站、携程关联公司网站或其他携程提供的移动应用或软件上（以下简称"携程网"），访问、预定或使用携程的产品或服务（以上统称为"服务"），便视为用户接受了以下免责说明（下称"本服务协议"或"本协议"），请您仔细阅读以下内容，尤其是以下加粗字体。如果您不同意以下任何内容，请立刻停止访问/使用本网站或其他任何移动应用或软件所提供的相关服务。**

1. 总则

本协议内容包括协议正文、携程网子频道各单项服务协议及其他携程网已经发布的或将来可能发布的各类规则，包括但不限于免责声明、隐私政策、产品预订须知、旅游合同、账户协议等其他协议（"其他条款"）。如果本协议与"其他条款"有不一致之处，则以"其他条款"为准。除另行明确声明外，任何携程网提供的服务均受本协议约束。

若您作为携程网的关联公司或合作公司的用户登陆携程网平台，访问携程网网站或使用携程网服务，即视为您同意本协议的所有条款及携程网公布的其他规则、说明和操作指引。

2. 服务简介

上海携程商务有限公司运用自己的操作系统通过国际互联网络为用户提供网络会员服务。用户必须：

(1)提供设备，包括个人电脑一台、调制解调器一个及配套上网装置。

(2)个人上网和支付与此服务有关的电话费用。

考虑到携程网络会员服务的重要性，用户同意：

(1)提供及时、详尽及准确的个人资料。

(2)不断更新注册资料，符合及时、详尽准确的要求。所有原始键入的资料将引用为注册资料。

另外，用户可授权上海携程商务有限公司向第三方透露其基本资料，但上海携程商务有限公司不能公开用户的补充资料。除非：

(1)用户要求上海携程商务有限公司或授权某人通过电子邮件服务透露这些信息。

(2)相应的法律要求及程序要求上海携程商务有限公司提供用户的个人资料。

如果用户提供的资料不准确，上海携程商务有限公司保留结束用户使用携程网络会员服务的权利。

用户在享用携程网络会员服务的同时，同意接受携程网络会员服务提供的各类信息服务，**包括但不限于EDM、短信、携程App信息推送、PC端广告等服务类及营销类信息。**

3. 服务条款的修改

携程网会在必要时修改服务条款，如制订、修改本协议及/或各类规则向用户提供基于互联网以及移动网的相关服务的，应在本页面及其相应页面提前公布通知，用户应该定期登陆本页面及其他相关页面，了解最新的协议内容。变更后的协议和规则在本页面及相关页面公布后七天，将自动生效。**如您不同意相关变更，应当立即停止访问携程网或使用携程服务，若用户在网站协议和规则变更七日后继续使用携程网服务的，即表示您接受已经修订的协议和规则。**

图1-5 携程旅行网服务协议

（3）完成注册。完成注册之后会进入携程旅行网的欢迎界面，如图1-6所示。

尊敬的 先生/女士（用户M7018██████）：

您好！恭喜您成功注册为携程旅行网会员。

通过手机注册您已获得**1000积分**和**返现特权**！（如何使用积分？如何返现？）
请使用手机号登录携程旅行网www.ctrip.com，随时随地享受携程提供的各项优质服务。

请点击【确认】按钮完成邮箱验证，即可获得：

☐ **200** 积分和**返现特权**。
☐ 酒店、机票、旅游度假产品的特惠信息。

图1-6 携程旅行网的欢迎界面

2. 携程旅行网注册用户名的要求

（1）如果已经拥有携程旅行网的会员卡，可直接使用卡号登录，无须重新注册用户名。

（2）携程旅行网的用户名一经注册不能更改，请选择喜欢并能牢记的用户名。用户名由英文字母（不区分大小写）、数字或下划线组成，并以英文字母开头，例如harrison168。

注册完成后，携程旅行网会给注册时填写的电子邮箱发送一份确认电子邮件。

第三步：查询目的地。

注册后，司马逍遥拥有了携程旅行网的会员身份。下一步，他开始通过携程旅行网查询黄山游的具体实现方式。经过一番探索，司马逍遥最终选择了"自由行"这个栏目（见图1-7）。

图1-7 携程旅行网"自由行"旅游页面

单击"黄山"后，出现如图1-8所示的界面。

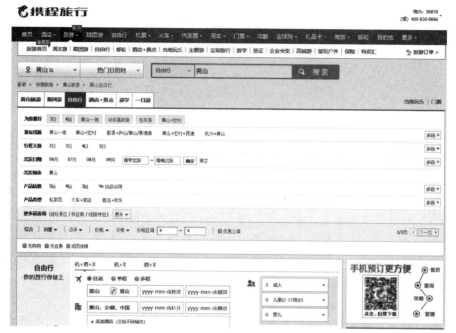

图1-8　携程旅行网黄山自由行旅游界面

第四步：目的地的网上考察。

单击"携程推荐"，如图1-9所示。

图1-9　携程旅行网推荐的黄山经典4日游安排介绍

看完推荐行程之后，还要看看别人的评论（见图1-10），作为参考。

第五步：目的地的住宿安排。

司马逍遥通过"酒店"这个栏目（见图1-11）选择合适的酒店。

4.6 分

◎◎◎◎◎ 180条点评 ｜ 我要点评 ｜ 立赚100积分

⬆ 分享景点

莲花峰是整个黄山景区最高的一个山峰，海拔1864米，比黄山的光明顶还要高一些，这也是当初文人墨客徐霞客指……

来自 amy旅者在路上 的点评

简介与点评	周边景点 ｜ 周边团购 ｜ 交通

 • 黄山最高峰，登顶可与海拔1864.8米石碑合影，俯看四周群峰。

景点介绍

莲花峰是黄山第一高峰，海拔1864.8米，位于玉屏楼北侧，与天都峰相对。莲花峰峻峭高耸，远观仿佛初绽的莲花，因此得名。登上莲花峰，可将四周群峰尽收眼底，天气条件合适时，还能看到云海。从玉屏楼到莲花峰的山道非常陡峭，莲花峰后山的步道比较平缓，建议从玉屏楼上山，从后山下山，倒过来走的话比较危险。莲花峰上有飞龙松、倒挂松等奇松和月池、香沙池等名胜，山顶有海拔1864.8米石碑，几乎每一个登顶的游客都会与石碑合影。此外，莲花峰和其它名山的顶峰一样，在绝顶四周铁索上挂满了各式各样的锁，多为年轻情侣或夫妻携手扣上的连心锁，以示永结同心。古人一直误以为天都峰是最高峰，直到明万历四十六年（1618）九月，徐霞客游黄山，准确指出：莲花峰"居黄山之中，独出诸峰上"，"即天都亦俯首矣"。

图 1 - 10　携程旅行网网友热评

热卖推荐

查看更多酒店·景点产品 >

黄山温泉度假酒店1-2晚+2大小温泉门票（1.2米以……
寨 自然景观
￥503 起/份

错峰出游！黄山北海宾馆1-2晚+可加购黄山风景区门票……
寨 自然景观
￥940 起/份

黄山碧桂园凤凰酒店1晚+齐云山门票2张/呈坎门票2张……
寨 自然景观 世界文化遗产
￥442 起/份

宏村归隐月舍民宿1晚+可选宏村景区
寨 古镇/古城 世界文化遗产
￥191 起/份

开元晟居酒店（黄山屯溪老街店）+ 宏村景区/西递 + 双……
寨 古镇/古城
￥508 起/份

婺源篁岭晒秋美宿1-3晚+可加购婺源12景点联赠/篁岭……
寨 自然景观
￥336 起/份

【避暑踏青】三清山雅柏远洲度假酒店1-3晚+可选含……
寨 桥温 踏青
￥344 起/份

热卖！临安湍口众安氡温泉+双人【自助早餐……
特卖 自然景观
￥857 起/份

黄山复华朗朗度假村1晚+可选岚之汤 汤泉馆
寨 竞滨/沙滩
￥483 起/份

黄山汤泉大酒店1晚+双早+可加购门票
寨 自然景观
￥287 起/份

图 1 - 11　携程旅行网酒店选择

在"搜索国内酒店"对话框中（见图1-12），填入目的地、入住日期、退房日期、酒店级别等内容，单击"搜索"按钮即可找到符合条件的酒店，如图1-13所示。

🏨 **搜索国内酒店**

◉ 酒店　○ 酒店+景点　○ 客栈民宿　○ 特价酒店 [NEW]

目的地	黄山
入住日期	2024-06-08
退房日期	2024-06-09
房间数	1间　▼　住客数　1成人　▼ ❓
酒店级别	不限　▼
关键词	（选填）酒店名/地标/商圈

搜索

图 1 - 12　携程酒店快速搜索

图 1-13　携程酒店推荐

在携程旅行网众多的推荐酒店中，选择价位合适并且在景点附近的旅游酒店。单击"预订"按钮，填写预订单（见图 1-14）。

图 1-14　携程旅行网预订单

核对信息无误后，需要用户提供信用卡担保，如图 1-15 所示。按要求填好相关的内容后，单击"提交"按钮即可。

图 1-15　携程旅行网酒店信用卡担保

至此，司马逍遥完成了旅游路线和酒店的预订，他可以和同学们在即将到来的暑假中，到美丽的黄山去放松心情，感受大自然的美好了！

📣 知识探究

时光飞逝，转眼暑假结束，司马逍遥开始了新的学习阶段。经过暑假携程旅行网的一番操作体验，司马逍遥对旅游电子商务产生了浓厚的兴趣，正好学校在新学期开设了"旅游电子商务"课程。在老师的指导下，他找来一些旅游电子商务专业书籍阅读，并上网查阅有关的资料，了解了旅游电子商务的有关概念。

1. 旅游电子商务的概念

要搞清楚旅游电子商务的概念，首先要理解电子商务的概念。司马逍遥在搜索引擎"百度"中查找"电子商务定义"，如图 1-16 所示，能找到的电子商务定义的相关页面多达 27 700 000 个。

图 1-16　在百度中搜索"电子商务定义"

　　司马逍遥又在图书馆查阅了很多电子商务的教科书，他发现电子商务至今没有统一的定义，国内外不同的书籍、机构等对于电子商务的定义都有差异。简单一点的定义是：电子商务指的是利用简单、快捷、低成本的电子通信方式，买卖双方不谋面地进行各种商贸活动。复杂一点的定义是：电子商务是指在全球各地广泛的商业贸易活动中，在互联网开放的网络环境下，基于浏览器/服务器应用方式，买卖双方不谋面地进行各种商贸活动，实现消费者的网上购物、商户之间的网上交易和在线电子支付等商务活动的一种新型的商业运营模式。经过认真梳理，从不同角度解析的电子商务概念如下：

　　（1）从通信的角度看，电子商务是在互联网上传递信息、提供产品/服务或进行支付的商务活动。

　　（2）从服务的角度看，电子商务是一个工具，它能满足企业、消费者等各方面的需求，即在提高产品质量和加快产品/服务交付速度的同时降低服务成本。

　　（3）从企业经营的角度看，电子商务是通过互联网支持企业的交易活动，即产品或服务的买卖。

　　（4）从电子商务内涵的角度看，电子商务的内容包含两个方面：一是电子方式；二是商贸活动。一般来讲，电子商务是指利用电子信息网络等电子化手段进行的商务活动，是商务活动的电子化、网络化。从广义来讲，电子商务还包括政府机构、企事业单位内部各种业务的电子化。

　　（5）从企业的角度看，美国国际商业机器公司（IBM）对电子商务的定义是：一种在互联网上展开的相互关联的动态商务活动，有广义和狭义之分；美国惠普公司（HP）对电子商务的定义是：通过电子化手段来完成商业贸易活动的一种方式。

　　（6）从国际组织的角度看，联合国欧洲委员会简化国际贸易程序工作组对电子商务的定义是：采用电子形式开展商务活动，包括在供应商、客户、政府及其参与方之间通过任何电子工具如电子数据交换（EDI）、互联网、电子邮件共享非结构化或结构化的商务信息，并管理和完成在商务活动、管理活动和消费活动中的各种交易。

　　综合上面的各种定义，通俗地说，电子商务就是商务活动的电子化。

　　既然电子商务是商务活动的电子化，那么旅游电子商务是不是就是旅游商务的电子化呢？司马逍遥经过查询，找到比较专业的定义是：旅游电子商务是指以网络为主体，以旅游信息库、电子化工具为基础，利用先进的计算机技术、网络技术、通信技术等手段运作旅游业及其分销系统的商务体系。旅游电子商务为旅游业（包括旅游者和经营者等）提供了一个互联网交互的平台。

　　旅游电子商务平台是专业的旅游买卖电子交易市场，它汇集了大量的旅游者、旅游企业及旅游相关行业企业。这个平台为旅游行业内的旅游企业和旅游者提供专业化的旅游交易服务，并通过强大的资源数据库为旅游者出游提供必备的查询功能；按期发布旅游咨询、询价信息、线路报价信息，寻找合作伙伴等。它也是旅游企业在网上展示、宣传及销售的平台。

2. 旅游电子商务诞生与发展的背景

　　1946 年 2 月，世界上第一台通用计算机 ENIAC（Electronic Numerical Integrator and Computer，电子数字积分计算机）在美国费城对外公布。ENIAC 代表了计算机发展史上的里程碑。

1969年12月，互联网的前身——美国的ARPA网投入运行，它标志着计算机网络的兴起。这个计算机互联的网络系统为后来的计算机网络打下了基础。

　　20世纪80年代初，随着个人微机应用的推广，个人计算机（PC）联网的需求也随之增大，各种基于PC互联的微机局域网纷纷出台。

　　1997年7月，美国政府正式发布《全球电子商务纲要》，在全球范围内掀起了电子商务的热潮。

　　21世纪后，全球经济已经进入了以网络为核心的信息时代，信息就是财富。电子商务为广大消费者和商家提供了一个广阔的空间，让消费者和商家可以足不出户，畅通地交流和做生意。电子商务本着低成本、高效率、广范围的优势，极大地改变了传统的商务模式，成为全球各国新型经济增长模式。在这一时代潮流的驱使下，旅游业借助于电子商务这一工具，朝着新的方向不断地快速发展。

　　我国旅游电子商务网站从1996年开始出现。随着互联网的蓬勃发展，旅游电子商务网站数量不断增长。旅游电子商务把旅游行业的上下游（从旅游供应商、旅游中介到旅游者）联系在一起。相对于传统的旅游行业，旅游电子商务提高了业务透明度和工作效率，降低了旅游业的运营成本，而且体现了旅游产品本身可以满足消费者个性化需求、高效的信息化、时令化等特性。旅游和电子商务有着千丝万缕的联系，具有天然的结合点，这使得旅游业成为最适合网络经营的行业之一。

3. 旅游电子商务发展概况

　　随着现代科技和信息产业的发展，互联网的兴起给旅游业带来了新的商机，网络的交互性、实时性、丰富性和便捷性等促使传统旅游业迅速融入互联网的浪潮。通过网络查询信息，进行酒店、机票预订和购买旅游产品已成为旅游者出行的首选方式。例如美国，早在1998年，就有将近半数的旅游者在网上订票，有51%的长期旅游者通过互联网获得旅行目的地的信息及确认价格、时间。1999年，美国旅游业已有2%的收入来源于网上业务，70%的网友访问过旅游站点。1999年，全球电子商务销售额突破1 400亿美元，其中旅游业电子商务销售额突破270亿美元，占全球电子商务销售额的近20%；全球有超过17万家旅游企业在网上开展综合、专业、特色的旅游服务；约有8 500万人次享受过旅游网站的服务。

　　我国旅游网站的建设可以追溯到1996年。从2003年开始，旅游电子商务就一直呈现升温的状态，出现了很多大型的在线旅游企业。到2007年年底，很多在线旅游企业的业务呈现井喷态势。例如携程旅行网，从2007年开始，度假业务就始终保持强劲的增长势头，已逐渐成为携程旅行网的转型支柱产品。同程网、51766旅游网、新浪乐途等都在2007年尝到了旅游电子商务的甜头。大量的旅行社、酒店和分销商也开始加入旅游电子商务的队伍，在线旅游市场呈现强劲的发展势头。途牛等旅游门户网站从2007年开始了和旅行社及酒店等传统企业的合作，这种合作赋予了旅游门户网站新的市场前景，有与订房中心或酒店合作，提供网上宾馆客房分销的；有与机票、车票代理点合作，提供便捷客运服务支持的；有与旅行社合作，为客户提供特定的旅游线路、完善的旅游地安排及导游服务的；等等。经过几年的摸索和积累，国内已经有相当一批具有一定资讯服务实力的旅游网站。

　　在线旅游行业发展历程如图1-17所示。

图 1-17 在线旅游行业发展历程

中国互联网络信息中心（CNNIC）发布的第 53 次《中国互联网络发展状况统计报告》显示，截至 2023 年 12 月，我国网民规模达 10.92 亿人，较 2022 年 12 月增长 2 480 万人，互联网普及率达 77.5%。其中在线旅行预订用户规模实现较快增长。截至 2023 年 12 月，在线旅行预订的用户规模达 5.09 亿人，较 2022 年 12 月增长 8 629 万人，增长率为 20.4%。

通过以上数据，我们可以看到中国互联网发展的速度不断加快，规模不断壮大，这为旅游电子商务的发展打下了良好的基础。据一些行业研究报告预测分析，随着经济和生活水平的提高，人们旅游外出的需求日益旺盛，并且随着移动互联网的发展，随时随地了解娱乐项目、景点等需求也顺势而生。在线旅行预订让旅游消费者通过网络或电话向旅游服务提供商预订机票、酒店、旅游线路等旅游产品或服务，并通过网上支付或者线下付费。"亲子游""国外游""定制游"等个性化旅游方式的不断出现，也助推了在线旅游人数的增长。

当前人们旅游消费观念不断加深，旅游景点能提供的产品和服务也越来越多，使在线旅游不断升级。未来在线旅游行业将呈现更多的多元化服务、专业化服务，市场更加细分。产业将会在发展中不断细分人群。同时国家出台的旅游产业政策也积极鼓励旅游产业实现高质量发展，在政策导向下，在线旅游市场投资不断增加，将极大推动旅游电子商务的发展。

目前，在线旅游市场还有巨大的发展空间。我国休闲旅游市场和互联网产业都处于快速发展阶段，旅游业发展的散客化、自助化、信息化趋势将会进一步增强，旅游者的预订行为将加速从线下向线上转移。在线旅游预订也将获得更多的用户，成为一种主流的出行方式。

4. 旅游电子商务网站的分类

旅游电子商务网站是一种通过互联网技术构建的在线平台，它专注于提供各类旅游产品的搜索、展示、预订与支付等一站式服务。这类网站通常集成了机票预订、酒店预订、度假套餐、租车服务、景点门票销售以及旅游攻略等多种功能模块，用户可以通过电脑或移动设备访问并完成整个旅行计划的制订和交易流程。知名的旅游电子商务网站如携程旅行网、去哪儿网等。旅游电子商务网站可以提供的信息比较全面，涉及旅游的食、住、行、游、购、娱等各个方面。

旅游电子商务网站按照不同的旅游侧重点可以分为六种类型，如表1-2所示。

表1-2　旅游电子网站的分类

旅游网站的类型	具体形态	网站案例
旅游供应商自建型网站	由旅游产品（服务）的供应商直接建设	北京昆仑饭店
旅游中介商主导型网站	由旅游中介服务提供商建设	携程旅行网
地区性旅游网站	以本地风光或本地旅游商务为主要内容	黄果树官方旅游网
政府背景类网站	政府主导，并依托全球分销系统建设	信天游网
专业化旅游信息提供网站	通过专业化的网站平台，为消费者提供大量丰富实用的旅游信息资源	南宁旅游信息网
门户网旅游频道	互联网内容服务提供商所涉及的旅游内容	新浪、搜狐、网易等的旅游频道

（1）旅游供应商自建型网站。

旅游供应商自建型网站由旅游产品（服务）的直接供应商所建。如北京昆仑饭店（见图1-18）、上海青年会宾馆、上海龙柏饭店等所建的网站就属于此类型。

图1-18　北京昆仑饭店网站

（2）旅游中介商主导型网站。

旅游中介商主导型网站由旅游中介服务提供商（又称在线预订服务代理商）所建。这类网站大致又可分为两类：一类由传统的旅行社所建，如中国旅行社总社，见图1-19；另一类是综合性旅游网站，如携程旅行网等。

图 1-19　中国旅行社总社网站

（3）地区性旅游网站。

地区性旅游网站，如黄果树风景名胜区推出的黄果树官方旅游网（见图 1-20）等，它们以本地风光或本地旅游商务为主要内容。

图 1-20　黄果树官方旅游网

（4）政府背景类网站。

政府背景类网站，如中国航空信息中心下属的以机票预订为主要服务内容的信天游网站（见图 1-21），它依托于全球分销系统（Global Distribution System，GDS）。GDS 是大型旅游营销网络，可连接酒店、度假村、汽车租赁公司、铁路公司、旅游公司等其他旅游企业，提供航班订位、酒店订房和市场营销等综合服务。

（5）专业化旅游信息提供网站。

专业化旅游信息提供网站为消费者提供大量丰富的、专业性的旅游信息资源，有时也提供少量的旅游预订中介服务，如南宁市旅游局推出的南宁旅游信息网（见图 1-22）等。

图 1 - 21 信天游网站

图 1 - 22 南宁旅游信息网

（6）门户网旅游频道。

在互联网内容服务提供商（ICP）门户网站中，几乎所有的网站都不同程度地涉及了旅游内容，如新浪（见图 1 - 23）、搜狐、网易和中华网的旅游频道等，显示出网上旅游的巨大市场空间。

图1-23　新浪的旅游频道

5. 旅游电子商务网站的服务功能

旅游电子商务网站的服务功能可以概括为以下三类：

（1）旅游信息的汇集、传播、检索和导航。

旅游信息一般涉及景点、酒店、交通旅游线路等方面的内容，还包括旅游常识、旅游注意事项、旅游新闻、货币兑换以及旅游目的地的天气、环境、人文和旅游观感等信息。

（2）旅游产品（服务）的在线销售。

提供旅游及其相关的产品（服务）的各种优惠、折扣；提供航班、酒店、游船、汽车租赁服务的检索和预订等。

（3）个性化定制服务。

从网上订车票、预订酒店、查阅电子地图到完全依靠网站的指导在陌生的环境中观光、购物，这种以自订行程、自助询价为主要特征的旅游方式已经成为一种时尚。

6. 旅游电子商务的特点

旅游产品在市场经营活动中以信息形态表现，网络信息技术为旅游业的这种信息形态发展注入了新的力量，使传统的旅游运作方式得到极大的改善，并创造出新的产品价值。旅游电子商务充分利用了网络资源的优势，互动、开放、动态地整合各地旅游资源，不受时空限制；同时利用了电子商务平台，使交易操作程序简便、交易环节精简、交易成本大幅下降。

电子商务运用于旅游业虽然仅有二十多年的时间，但是发展势头十分强劲。电子商务已经成为信息时代旅游交易的新模式。

司马逍遥利用课余时间，结合课堂所学理论知识与现实案例，对旅游电子商务进行了细致入微的分析。他在思维碰撞与灵感火花中，终于得出了关于旅游电子商务特点的独特见解。他满意地紧握手中的笔，总结出旅游电子商务具有以下鲜明特点：

（1）聚合性。

旅游产品是一个复杂的、由多个部分组成的结构实体。旅游电子商务像一张大网，把众多的旅游供应商、旅游中介、旅游者联系在一起。景区、旅行社、酒店及旅游相关行业

（如租车业）可借助同一网站招徕更多的旅游者。旅游电子商务将原来市场分散的利润点集中起来，提高了资源的利用效率。由此可见，旅游市场的规模因电子商务而扩大。

（2）有形性。

旅游产品具有无形性的特点，旅游者在购买这一产品之前，无法亲自了解，只能从别人的经历或介绍中寻求了解。随着信息技术的发展，网络多媒体给旅游产品提供了展示机会，使无形的旅游产品变得有形。这种全新的旅游体验，使足不出户畅游天下的梦想成真，并且培养了潜在的旅游者。

（3）服务性。

旅游业是典型的服务性行业，旅游电子商务也应以服务为本。一个成功的旅游网站必须具备的最主要的因素就是拥有信息量大、更新及时又吸引人的服务。因此，旅游网站必须是能提供在线交易的平台，通过提供有特色、多角度、多种类、高质量的服务来吸引不同类型的旅游者。

（4）便捷性。

旅游电子商务网站中各种各样的功能和服务具有便捷性。网站所提供的各种功能和服务应适应不同年龄、不同性别、不同知识层次的群体的需求，服务业务具有多样化。

（5）实惠性。

旅游电子商务网站由于汇集了大量的旅游者资源，产生的实际需求量大，企业也愿意将一部分利润让出来，通过让利促销、折扣等手段吸引旅游者，实现薄利多销。这样，旅游电子商务带给消费者的不仅有方便快捷的服务，而且有物美价廉的旅游商品。

（6）个性化。

旅游电子商务的个性化体现在：旅游电子商务可以根据每位旅游者的不同需求，利用网络平台，一对一地进行全套旅游方案的在线定制。首先，旅游者在出游之前，可以提前登录网站进行在线咨询，并获得个性化的出行建议和规划；其次，可以通过网络收集目的地的旅游信息，根据自己的情况选择景点线路、导游、食宿和交通工具；最后，网站会根据旅游者所选择服务的具体内容自动形成一个个性化的旅游线路清单，包括行程安排，景点门票预订，导游预订，行程中交通工具的预订，酒店、餐饮、购物等的推荐和预订，整个行程的费用预算等。这种个性化的特征在旅游电子商务中尤为明显。

项目小结

在本项目中，司马逍遥了解了旅游电子商务的诞生与发展、旅游电子商务的概念和分类等知识，学习并掌握了旅游电子商务的特点，受益匪浅。这为他以后进一步学习旅游电子商务打好了基础。

想一想

1. 旅游电子商务网站的分类有哪些？

2. 旅游电子商务是否真的能帮助司马逍遥实现旅游愿望？

拓展阅读

新时代旅游电子商务的发展

新时代下，我国信息技术水平大幅提升，旅游产业和信息技术的充分结合让旅游电子商务得到了更长远发展。旅游电子商务可以看成是利用先进的信息技术手段，对以往的旅游形式给予优化和革新，让旅游企业和消费者产生更深入互动，极大转变了旅游公司、景点、消费者三者的关系，让旅游公司的内部流程变得更为优化，进一步提升了资源的共享效率。旅游电子商务能实现对现有旅游资源的更高效整合，企业可以通过展开线上营销、线上旅游产品及服务预订、线上售后服务等方式，让旅游企业的业务开展更为高效，增强消费者和企业间的黏性，从而帮助旅游电子商务企业进一步扩展市场份额，提升经济效益。

1. 旅游电子商务的内涵

从功能层面分析，电子商务主要有两个作用：一是通过缩短消费者和生产者之间的距离，从而实现产品价格的降低；二是结合信息技术手段，让消费者和生产厂家展开更高效、及时的互动，利用多媒体等手段，突破消费者和商家间的时空界限，从而让消费者更为全面、深入地了解产品的特性，让消费者更方便地购物。

旅游电子商务的内涵也可以从这两个层面展开分析，它重新定义了旅游产品和销售模式，以此增强旅游行业对市场的适应能力，更好地满足消费者的需求。互联网作为一个重要的路径，能够进一步提升旅游企业和消费者的沟通效果，让消费者接触到更多的服务信息，让旅游企业更全面地整理消费者的消费倾向、爱好等数据。这样就极大提升了消费者和企业间的沟通水平，为旅游交易提供了更为便利、迅捷、适宜的基础条件。

旅游电子商务可以看成是一种以网络为主体，以电子化银行、旅游信息资源库等为开展基础，结合相应的电子营销手段开展的综合了旅游和电子商务的经营模式。在旅游电子商务中，融合了消费者心理学、计算机科学、客户心理学等诸多学科知识，充分体现了旅游和电子商务的实践价值。另外，旅游电子商务有用户范围广、营运成本低、摆脱时空限制，以及能和用户直接交流等特点，这就能让它为消费者提供更为个性化、高效率的服务。

我们可以简单地用三个元素、两个优势、三个特点来描述旅游电子商务。

（1）三个元素。

三个元素主要是指构成旅游电子商务的三个主体，即旅游电子商务平台、旅游企业和消费者。其中，旅游电子商务平台是基础，它能够让消费者和旅游企业展开更高效的沟通，有利于旅游企业为消费者提供更为多元、趣味、丰富的旅游资源。此外，结合旅游电子商务平台，消费者能更为及时、准确地了解各类旅游信息，这对其提升自身旅游计划的合理性、了解更多旅游新消息有重要作用。

（2）两个优势。

其一，不依赖物流。在旅游行业的发展过程中，很少会涉及物流配送问题，这也让旅游电子商务模式相比于其他类型的电子商务形式更具优势。在旅游电子商务刚刚兴起的时候，还存在一些票据配送问题，很多旅游企业用集中处理的方式解决。随着互联网技术的不断发展，一些旅游企业开始推出了无票旅行的概念，这也为旅游电子商务的发展指明了新的前进方向。

其二，支付更为便捷。随着金融业的参与，旅游电子商务的结算方式多是在网上解决，这样就有效避免了现金交易的种种不便，消费者不再需要携带现金去办理各类手续，为旅游流程的优化提供了极大便利。从这一角度分析，旅游电子商务和传统的旅游模式相比更具优势，它能让消费者将更多精力、时间用在享受风景、美食等服务上，大幅提升了他们的旅游幸福感。

（3）三个特点。

一般来说，旅游电子商务具有便捷性、整合性、交互性的特点。便捷性主要体现在消费者可以在线上完成旅游交易，他们可以利用网络在线预订旅游地区的门票、酒店等，若是行程计划发生变化，可以在线修改订单，交付过程也变得更为安全。整合性主要是指企业可以结合电子商务将旅游景区、餐饮、住宿、交通等资源重新整合，而后进一步提升旅游活动的合理性，提高对现有资源的利用效果，这对提升消费者的旅游体验有重要作用。交互性主要是指结合线上电子商务平台，消费者可以查看更为多样、全面的旅游产品信息，企业可以用更为丰富的方式将景区信息、门票信息、路线信息等展示出来，这样能够为消费者带来更好的旅游体验，增强消费者对于旅游产品的认知水平，还可让企业为消费者提供更为个性化的旅游服务。

2. 旅游电子商务的功能

现阶段，我国经济水平不断提升，人们的生活质量也得到了进一步发展，外出旅游已经成为人们放松身心、锻炼身体的重要选择。同时，在快节奏生活的影响下，很多传统的旅游模式已经很难满足消费者的旅游需求，传统低效的旅游模式逐渐被时代所抛弃。人们在出行前都希望对旅游相关产品有更为全面的了解，享受更多便利的服务，这也对旅游电子商务的功能提出了新的要求。另外，旅游企业需要向潜在消费者提供更丰富的旅游信息，对国内外的旅游市场产生更深入、及时的了解，充分地分析消费者的旅游需求，这样才能为其提供更多优质的、有针对性的服务。旅游企业对于消费者期待的满足程度能在很大程度上决定其未来的发展前景，高水平的服务能够让企业获得更多的发展机遇。从某种角度分析，旅游电子商务可以看成是将旅游企业的"柜台"向外进行了延伸，让消费者可以利用网络随时随地到"柜台"咨询、办理业务，这也极大提升了旅游企业的市场潜力。

资料来源：黄莺 . 新时代旅游电子商务发展的问题与对策 . 全国流通经济，2023（19）.

练一练

一、单项选择题

1. （ ）是旅游电子商务的特点。

A. 跨时空性 B. 非连续性 C. 聚合性 D. 互动性

2. 旅游电子商务最早主要应用于（ ）。

A. 在线旅游信息咨询　　　　　　　B. 实时航班动态查询

C. 全球酒店客房预订　　　　　　　D. 旅游线路个性化定制

二、判断题

1. 旅游电子商务的核心仍然是商务活动，与信息技术关系不大。　　（　　）

2. 旅游电子商务的发展得益于移动互联网技术的进步。　　　　　（　　）

3. 旅游电子商务只包括在线预订机票和酒店服务。　　　　　　　（　　）

4. 旅游电子商务的发展促进了旅游业的全球化进程。　　　　　　（　　）

三、名词解释

1. 旅游电子商务。

2. 旅游电子商务网站。

四、简答题

1. 简述旅游电子商务的起源和发展历程。

2. 简述旅游电子商务的特点。

3. 用简要的语言描述旅游电子商务的发展现状。

4. 举例说明旅游电子商务如何改变了消费者的旅行方式。

5. 阐述旅游电子商务对于旅游产业链条的影响及其具体表现。

实践与实训

旅游电子商务基础实训

【实训目的】

1. 掌握旅游电子商务的基本概念和知识。

2. 了解国内知名的旅游电子商务网站。

3. 体验旅游电子商务网站的实际操作流程。

【实训步骤】

1. 查阅旅游电子商务的相关知识。

（1）打开任意浏览器，输入百度的网址并访问。

（2）在百度的"知道"和"百科"栏目中，输入关键词"旅游电子商务"，查阅并整理其概念、发展历程、主要模式等相关知识。

2. 实际体验携程旅行网的功能。

（1）打开浏览器，输入携程旅行网的网址并进入。

（2）浏览其首页，观察并了解携程提供的各类旅游产品和服务。

（3）探索其产品订阅、客户服务、用户评价、退改政策等附加功能，评估其服务质量和用户满意度。

3. 了解其他专业旅游电子商务网站。

（1）访问多个专业旅游电子商务网站。

（2）以携程旅行网操作为例，了解国内其他专业旅游电子商务网站的情况。

【实训报告】

1. 阐述实训的过程，包括使用的搜索引擎、访问的网站、操作的步骤、遇到的困难及解决办法等。

2. 描述实训结果，总结实训体会，包括对旅游电子商务概念的理解、携程旅行网和其他旅游电商平台的操作体验等。

知识拓展链接

1. 艺龙旅行网

艺龙旅行网（见图1-24）是在线旅行预订服务商之一，通过网站和24小时预订热线为消费者提供酒店、机票和自由行等全方位的预订服务。艺龙旅行网通过提供地图搜索、酒店360度全景、国内外热点目的地指南和用户真实点评等在线服务，使用户可以在获取广泛信息的基础上做出最佳的旅行决定。艺龙旅行网与国内外各航空公司合作，用户能实时查询并预订国内、国际绝大多数航班的折扣机票。

图1-24 艺龙旅行网首页

2. 乐途旅游网

乐途旅游网是在线专业旅游媒体以及增值服务提供商，致力于提供全面、多彩的旅游资讯，采用丰富并创新的表现形式，全力打造一个旅行者乐园。乐途旅游网拥有旅游行业客户数万家、各类旅游产品数十万种，以及各种旅游文章十几万篇。乐途旅游网已成为网络上分类齐全、篇幅数量多的旅游资料库，也是旅游相关问题咨询的有效场所，是旅游行业内的权威网站之一。

项目二　探索电商模式　熟悉电商运作

◎ 学习目标

1. 理解旅游电子商务模式的内涵；
2. 了解各种形态下旅游电子商务模式的运作特征。

实践目标

1. 熟悉旅游电子商务模式的各种实际应用；
2. 能够在旅游电子商务网站体验不同的旅游电子商务模式。

素养目标

1. 能够从旅游电子商务模式中感悟旅游电子商务从业者应具备的基本素养；
2. 培养爱岗敬业、遵守职业道德的职业精神。

问题引入

自从踏入职业学院的校园，司马逍遥就对"旅游电子商务"这门课程翘首以盼。他深知，真正掌握旅游电子商务的核心知识和技能绝非易事，需要投入大量的时间和精力。为了全面掌握旅游电子商务知识和技能，司马逍遥决心全力以赴。那么，他该如何入手呢？经过老师的指点，司马逍遥在阅读了相关的书籍，并上网查找了资料后，他决定先从了解旅游电子商务模式入手。

任务导读

司马逍遥想通过旅游电子商务模式去敲开旅游电子商务的"大门"，这是一个正确的决定。在了解旅游电子商务模式之前，司马逍遥思考是否应该先了解电子商务模式，再了解旅游电子商务模式。这个学习思路得到了老师的肯定，司马逍遥便开始了探索之旅。

▶ **小贴士**

模式：很多人对"模式"这个词很熟悉，但是说不清它到底代表什么。所谓模式，是指处理和运作事物的标准样式，是解决某一类问题的方法。我们把解决某一类问题的方法总结归纳到理论高度，那就是模式。模式强调的是形式上的规律，是前人积累的经验的抽象和升华。

案例导入

旅游电子商务运营模式

旅游电子商务是指以网络为主体，以旅游信息库、电子化商务银行等为基础，利用先进的电子手段运作旅游业及其分销系统的商务体系。自1996年首家中国旅游电子商务网站出现后，中国旅游电子商务经过多年的发展，已经形成一批具有相当资讯服务实力的旅游网站。其中，专业旅游网站品牌认知度较高的有携程、去哪儿、同程、艺龙、乐途、驴妈妈、途牛等。旅游电子商务市场规模也迅速得以扩张。

目前，国内旅游电子商务企业可分为三种类型：一是以机票加酒店销售为主导的旅游电子商务企业，以携程为代表；二是以旅游垂直搜索服务为主导的旅游电子商务企业，以去哪儿为代表；三是提供旅游景点、旅游线路服务的旅游电子商务企业，以途牛为代表。

资料来源：赵亮，王忠伟，李洪娜. 旅游电子商务运营模式及其发展趋势. 改革与战略，2012（4）.

知识探究

在老师的指引下，司马逍遥开始了旅游电子商务模式的探索之旅。

1. 探索电子商务模式

旅游电子商务是依托于电子商务而存在的，司马逍遥先从电子商务入手，探索电子商务的模式。司马逍遥通过互联网收集了大量的资料，从商务的功能和运作角度来分析，总结了电子商务和传统商务的不同之处，如表2-1所示。

表2-1　电子商务与传统商务的不同

商务内容	传统商务	电子商务
商品信息的发布、查询和匹配方式	通过报纸、杂志、信函、电视、户外媒体等广告和人员推销形式宣传商品信息	通过交易双方的网站
贸易磋商形式	电话磋商、面对面口头磋商、纸面文件相互传递等	通过在网络上传递电子化的记录、文件和报文进行磋商
贸易单证的形式	纸面单证	电子化单证
贸易磋商工具	电话、传真等	电子商务在线磋商系统
合同确立	纸面文件确认	电子化文件确认
支付过程	支票和现金	信用卡、电子支票、电子现金和电子钱包等

电子商务最明显的一个特点就是在网络环境中以电子化技术为基础进行商务运作。电子商务模式的研究和分析也是基于网络环境，从多个角度建立不同的分类框架，最简单的模式分类莫过于 B2B、B2C 和 C2C，但各个模式还可以再进行细分。

▶ 小贴士

B2C 和 B to C 是一回事吗？

在电子商务最基本的模式中，B 是指 Business，即企业；C 是指 Consumer，即消费者。"to" 和 "2" 是一个含义。因为 "2" 的英文 "two" 发音和英文 "to" 发音一样，为了书写简便，人们就常用 "2" 代替 "to"。所以在电子商务模式中出现的 B2C 和 B to C 是一回事，只是写法不同而已。

可以将电子商务模式看作电子商务活动中的各个主体，按照一定的交互关系和交互内容所形成的相对固定的商务活动模式。

第一，主体。电子商务活动中的主体一般是企业（Business，B）和消费者（Consumer，C）。

第二，交互关系。交互关系即电子商务活动的主体——企业、消费者之间的关系。理论上有 4 种交互关系，如表 2-2 所示。

表 2-2　电子商务模式的交互关系

交易主体	企业（B）	消费者（C）
企业（B）	B2B	B2C
消费者（C）	C2B	C2C

第三，交互内容。电子商务活动中的主体的交互关系总是伴随着一定的交互内容。具体可以将交互内容划分为 3 个方面：商务信息、商品交易、服务交易。

将电子商务活动中的主体、交互关系和交互内容结合起来，即得到 4 种交互关系，再分别赋予 3 种不同的交互内容，则理论上可以有 12 种电子商务模式。

电子商务模式是传统商务模式的网络化、电子化、虚拟化，是网络时代的一种新型商务模式。欧洲学者保罗·H. 蒂默斯把流行的电子商务模式归纳为 11 种：网上商店、网上采购、网上商城、网上拍卖、虚拟社区、协作平台、第三方市场、信息中介、信用服务、价值链整合商、价值链服务供应商。

常用的电子商务模式主要包含 4 种：B2C、B2B、C2C 和 C2B，如表 2-3 所示。另外通过线上和线下结合运作电子商务，还产生了 O2O 模式。

表 2-3　常用的电子商务模式释义

商务模式	B2C	B2B	C2C	C2B
英文含义	Business to Consumer	Business to Business	Consumer to Consumer	Consumer to Business
中文释义	企业对消费者	企业对企业	消费者对消费者	消费者对企业

司马逍遥对这几种电子商务模式进行了认真的分析，并思考 B2C、B2B、C2C、C2B、O2O 等这些电子商务模式的运作规律。

经查找资料，司马逍遥将这些常见的电子商务模式总结如下：

（1）企业与消费者之间的电子商务。

企业与消费者之间的电子商务（B2C）就是企业通过网络销售产品或服务给个人消费者。这种模式为消费者提供了便捷、个性化的购物体验，同时也为企业提供了更广阔的市场和销售渠道。企业直接将产品或服务推上网络，并提供充足的资讯与便利的接口吸引消费者选购，这是目前最常见的电子商务模式。例如网络购物、旅游者在网上订购旅游产品等，都属于企业与消费者直接接触，消费者利用互联网直接购买企业提供的商品或服务的经济活动形式。

B2C 通常的运作模式如图 2-1 所示。

消费者通过网站入口寻找到特定的目的网站后，接收来自企业网店（或称店家）的商品资料

消费者通常会通过会员注册等方式将个人资料交给企业，而企业将消费者的资料加以储存，作为销售依据

消费者在网店选择要消费的产品，输入订单资料及付款资料

网站将消费者的电子认证资料、订单资料及付款资料一并传送到企业端的交易平台，受理订单

网站启动电子交易对应的收单银行的支援请求，并完成电子支付认证

完成电子支付认证后，网站将订单资料传送到物流平台，启动物流程序，完成物流配送

网店与消费者之间沟通并进行相关的售后服务工作（销售评价、产品质保等）

图 2-1　B2C 通常的运作模式

（2）企业与企业之间的电子商务。

企业与企业之间的电子商务（B2B）指企业之间通过互联网或其他专用网络进行商业活动的一种模式。这些活动包括产品和服务的交易、数据交换、供应链协作、市场营销和合作等。

B2B 模式为企业提供了一个全球性的市场平台，使得企业能够更快速、更有效地进行贸易活动。通过 B2B 平台，企业可以发布产品信息、寻找供应商或买家、进行在线谈判和签订合同，以及完成支付和物流等交易流程。

与 B2C 模式相比，B2B 模式通常涉及更大规模的商业活动，包括大宗商品的采购、供应链整合以及与其他企业的战略合作等。B2B 模式也更加注重信息的共享和协作，以提高

整个供应链的效率和竞争力。

B2B 通常的运作模式如图 2-2 所示。

在企业与企业间建立供应链的基础上，通过互联网，企业间实现采购订单、商业发展、商业交易咨询等的电子数据交换（EDI）

将通过电子数据交换得到的采购单及交易记录等记录在企业数据库中，并与企业内部的计算机系统进行衔接处理

实现企业间资金的流转，企业通过银行与其交易的企业进行资金转账，实现电子资金转移

实现企业间实物的流转，销售方将出货需求经数据库处理后，经由物流渠道完成对需求方的物流配送

图 2-2　B2B 通常的运作模式

（3）消费者与消费者之间的电子商务。

消费者与消费者之间的电子商务（C2C）是指消费者与消费者之间的互动交易行为。在 C2C 模式中，个人可以在线出售或购买各种商品和服务，如二手物品、艺术品、手工艺品、家庭用品等。其典型例子就是在线拍卖网站，如 eBay（易贝）和淘宝。这些平台允许个人注册成为卖家，上传并展示他们要出售的商品，而买家可以在网站上浏览这些商品，并选择感兴趣的进行购买，交易过程中，平台通常会提供安全的支付方式和物流服务，以确保交易双方的权益。

C2C 通常的运作模式如图 2-3 所示。

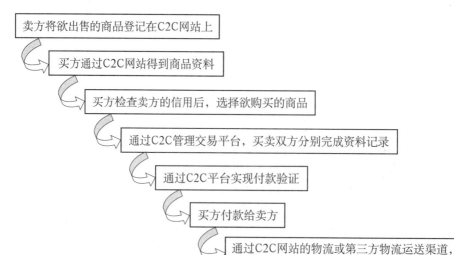

卖方将欲出售的商品登记在C2C网站上

买方通过C2C网站得到商品资料

买方检查卖方的信用后，选择欲购买的商品

通过C2C管理交易平台，买卖双方分别完成资料记录

通过C2C平台实现付款验证

买方付款给卖方

通过C2C网站的物流或第三方物流运送渠道，将商品从卖方送到买方手里

图 2-3　C2C 通常的运作模式

（4）消费者与企业之间的电子商务。

消费者与企业之间的电子商务（C2B）是一种创新型的电子商务模式，它不同于传统的 B2C 模式中供应商主导商品的形式。C2B 是以消费者为出发点汇集具有相似或相同需求的消费者，形成一个特殊消费群体，经过集体议价，以达到购买数量越多、价格相对越低的商务目的。

企业通过 C2B 寻找合适的消费群体，并为这个消费群体提供定制化服务。对消费者而言，C2B 是一种理想的消费模式。

（5）线上与线下结合的电子商务。

O2O 模式，即 Online to Offline，是指将线下的商务机会与互联网结合，让互联网成为线下交易的平台。该模式将互联网和传统实体商业相结合，利用在线渠道吸引消费者，然后引导他们到线下实体店铺进行消费。具体来说，电子商务 O2O 模式的关键点有：

1）线上展示：商家通过线上平台展示商品或服务信息，提供详细的产品描述、价格、用户评价等，以便消费者做出选择。

2）线上支付：消费者在线上平台完成支付，这样既方便了消费者，也提高了交易的安全性和效率。

3）线下体验：消费者凭借线上支付的凭证，在线下实体店提取商品或享受服务。这一步骤强调的是实体体验，如试用、试穿、品尝等。

4）线上线下互动：O2O 模式通过线上平台吸引消费者到线下实体店消费，实现了线上与线下的互动，增强了消费者的购物体验。

O2O 模式的出现是互联网技术与传统商业模式融合的产物，它反映了现代消费者行为的变化和市场环境的发展趋势。它通过线上线下的结合，为消费者提供了更加便捷、高效和个性化的购物体验。同时，也为传统商家提供了数字化转型的机会，帮助其实现在互联网时代的持续发展。

司马逍遥在了解了电子商务模式的概念后，对电子商务有了更深的理解和认识。那么，旅游电子商务模式有什么特点？旅游电子商务模式相对电子商务模式又有何独特之处？在老师的指点下，司马逍遥在电子商务模式概念的基础上，试图从旅游电子商务主体入手分析旅游电子商务模式。

2. 从旅游电子商务主体入手分析旅游电子商务模式

有了对电子商务模式的认识，司马逍遥思考：旅游电子商务是否也可以按照 B2B、B2C 和 C2C 等形式进行划分呢？这个观点得到了老师的肯定，老师说旅游电子商务是电子商务在旅游业这一特殊产业领域的应用。通常，人们对旅游电子商务的概念可以从两个方面来理解：第一是旅游产品和服务的互联网在线销售式，这是从狭义上理解的旅游电子商务概念，旅游网站通过即时的在线服务，对每一位旅游者提供定制化的服务；第二是以整个旅游市场为基础的电子商务，这是从广义上理解的旅游电子商务。旅游电子商务系统从自身模式角度可以分为 B2B、B2C、C2B、C2C 等模式。旅游电子商务的 B2B 一般是旅游网站中交通、住宿、景点等企业与企业之间的；B2C 是旅游网站与旅游者之间的；C2B 是旅游者在网上下单，在线旅游企业竞标接盘；C2C 是旅游者招募志趣相同者、自行组团等。

（1）B2B 模式的旅游电子商务。

B2B 旅游电子商务模式是一种企业间通过互联网进行旅游产品和服务交易的商业模式。在 B2B 旅游电子商务模式下，企业间的交易通常涉及大型旅行社、酒店、航空公司、景区等旅游相关企业。这些企业通过互联网平台进行产品信息的发布、查询、交易、支付等操作，实现旅游产品的在线采购和销售。

B2B 旅游电子商务模式可以让旅游企业之间通过互联网进行数据信息交换、传递，开展贸易活动。这种模式会涉及旅游产品或服务的供应商、分销商、渠道商等企业之间的交易活动。在 B2B 旅游电子商务模式下，企业之间的交易通常是大额、批量的，涉及机票、酒店、景点门票等旅游产品以及相关服务的采购和销售。这种模式下的交易规模较大，操作规范且复杂，需要严格的合同和支付流程来保障交易的合法性和安全性。

B2B 旅游电子商务模式的优势在于能够降低交易成本、提高交易效率、增强信息透明度、促进企业间的合作关系等。通过互联网平台，企业可以快速获取产品信息、了解市场动态、进行价格比较，从而更加便捷地进行采购和销售。同时，平台还可以为企业提供数据分析、营销推广等服务，帮助企业更好地了解市场需求、提升竞争力。

B2B 模式的旅游电子商务特点主要包括：

1）交易规模大：B2B 模式下的交易规模通常较大，涉及的旅游产品和服务多以大额交易为主，不同于 B2C 和 C2C 模式下的日常消费交易。

2）交易操作规范：由于涉及的交易金额较大，B2B 模式的旅游电子商务对合同格式、支付方式、交易流程等都有较高的规范和要求，注重法律的有效性，确保交易的合法性和安全性。

3）交易过程复杂：B2B 模式的旅游电子商务通常涉及多个部门和不同层次的人员，信息交互和沟通更加频繁，对交易过程的控制也更加严格。这要求旅游企业具备良好的内部管理和外部协调能力，以确保交易的顺利进行。

4）多元化产品和服务：B2B 模式的旅游电子商务不仅涵盖传统的旅游产品和服务，如机票、酒店、景点门票等，还逐渐拓展到更广泛的领域，如定制旅游、旅游营销、旅游保险等多元化产品和服务。

5）多渠道分销：B2B 模式的旅游电子商务通过多渠道分销，进一步拓展市场。除了传统的线下旅行社，还与在线旅行社、航空公司、酒店等多个渠道合作，实现资源的有效整合和互利共赢。

6）供应链整合：B2B 模式的旅游电子商务注重供应链的整合和管理。通过与供应商、分销商等合作伙伴建立紧密的合作关系，实现资源的优化配置和信息的共享，提高整个供应链的效率和效益。

在 B2B 旅游电子商务模式下，一些具体的交易形式包括：

1）产品代理：旅游企业通过 B2B 平台代理其他旅游企业的产品，进行销售和推广。

2）组团社间的相互拼团：多个旅游企业联合起来，共同组织旅游团，共享资源，提高利润。

3）旅游地接社批量订购当地旅游饭店客房、景区门票：地接社通过 B2B 平台批量预订酒店和景区门票，降低采购成本。

4）客源地组团社与目的地地接社之间的委托、支付关系：组团社委托地接社提供服务，并通过 B2B 平台进行支付，简化交易流程。

5）航空公司之间的座位互换与合作：航空公司之间通过 B2B 平台进行座位互换，优化资源配置，提高航班客座率。

6）旅游企业之间的联合采购：多家旅游企业通过 B2B 平台联合采购旅游资源，降低采购成本。

7）旅行社之间的线路合作：旅行社之间合作开发新的旅游线路，并通过 B2B 平台进行推广和销售。

8）酒店之间的预订系统对接：酒店之间通过 B2B 平台实现预订系统对接，共享客源，提高预订率。

9）景区之间的门票互惠：景区之间通过 B2B 平台实现门票互惠，吸引更多游客，提高景区收益。

这些交易形式体现了 B2B 模式的优势，有助于优化资源配置、降低成本、提高效率，推动旅游业的创新发展。

（2）B2C 模式的旅游电子商务。

B2C 旅游电子商务模式，也就是电子旅游零售，是旅游企业向消费者提供电子商务服务的形态。交易时，旅游者先通过网络获取旅游目的地信息，然后在网上自主设计旅游活动日程表，预订客房及车、船、机票，或报名参加旅行团。这种模式的优点在于旅游企业可以直接与消费者进行交互，快速定位市场受众，实现精准营销，提高销售效率。B2C 模式下的旅游电子商务平台支持以旅游的线路、酒店、租车、签证、特产等售卖为主要业务的电商系统，帮助零售商家搭建商场，旅游者可直接线上查看产品、预订和支付。B2C 旅游电子商务模式方便旅游者远程搜索、预订旅游产品，克服距离带来的信息不对称。在该模式下，旅游者通过旅游电子商务网站订房、订票，应用较广泛。

以旅游电子商务网站订房、订票业务为例，B2C 旅游电子商务模式使旅游者能够足不出户就获得旅游网站提供的各项服务。旅游者进入网站浏览服务信息，安排自己的旅游路线，提出所需的交通方式和住宿条件等。当选择完毕后，可以再重新挑选服务内容，完全确认后把订单信息通过网络传送到旅游企业网站，企业接到预订信息后，将旅游者和商品信息送到银行认证中心进行电子签名认证并登记，然后企业将预订的票据、凭证送到旅游者手中，同时向银行结算。由于旅游产品具有无形性和不可仓储的特点，生产和销售的过程是在服务的过程中实现的，因此旅游电子商务不用面临物流配送环节。涉及一些交通票据配送的问题，可以通过集中化的物流方式解决，现在很多在线旅游网站已经开始尝试与航空公司合作推出电子机票，这样 B2C 就完全脱离了物流而存在，这也是未来旅游电子商务的发展方向。

B2C 模式的旅游电子商务具有以下特点：

1）便利性：消费者可以通过互联网平台随时随地浏览和预订旅游产品，无须受到时间和地点的限制。

2）信息透明：平台提供详细的旅游产品信息，包括行程安排、价格、酒店标准等，使消费者能够更全面地了解产品，做出更明智的决策。

3）个性化服务：旅游企业可以根据消费者的需求和偏好，提供个性化的旅游产品推荐和服务，满足消费者的多样化需求。

4）互动性：消费者可以在平台上与旅游企业进行实时沟通，咨询问题、提出建议，增强消费者的参与感和满意度。

在 B2C 旅游电子商务模式下，一些具体的交易形式包括：

1）在线预订系统：消费者可以通过旅游企业的在线预订系统预订机票、酒店、景点门票等旅游产品。

2）在线旅行社：旅游企业通过在线旅行社平台销售旅游产品和服务，消费者可以在平台上选择、比较和预订各类旅游产品。

3）旅游团购：旅游企业组织团购活动，提供优惠价格和优质服务，吸引消费者参与。

4）移动支付和电子钱包：消费者可以通过移动支付工具或电子钱包支付旅游产品费用，方便快捷。

5）会员制度和积分奖励：旅游企业建立会员制度，为会员提供积分奖励、优惠折扣等福利，增加用户黏性和忠诚度。

6）智能旅游推荐系统：利用大数据和人工智能技术，根据消费者的历史行为和偏好为其推荐合适的旅游产品和服务。

7）电子导游服务：通过移动设备或智能硬件提供电子导游服务，为消费者提供详细的景点解说和导航指引。

这些交易形式在 B2C 模式的旅游电子商务中发挥着重要作用，有助于提高交易效率和消费者满意度，促进旅游业的发展。

（3）C2B 模式的旅游电子商务。

与 B2C 旅游电子商务模式相对应的就是 C2B 旅游电子商务模式。C2B 旅游电子商务模式是由旅游者提出需求，然后由企业通过竞争满足旅游者的需求，或者由旅游者通过网络结成群体（团购）与旅游企业讨价还价。C2B 旅游电子商务模式主要通过电子中间商（专业旅游网站、门户网站旅游频道）运行。这类电子中间商提供一个虚拟开放的网上中介市场，即信息交互的平台。上网的旅游者可以直接发布需求信息，旅游企业查询获悉后双方通过交流自愿达成交易。

在 C2B 旅游电子商务模式中消费者具有主导地位，在这种模式下，消费者可以以自我需求为导向，与旅游企业进行谈判，从而达成交易。其核心理念是通过聚合数量庞大的用户形成一个强大的采购集团，以此来改变 B2C 模式中用户一对一出价的弱势地位，使之享受到以大批发商的价格买单件旅游产品的利益。在 C2B 模式下，消费者可以根据自己的需求和个性化要求，向企业提出对产品的特定要求，然后由企业生产或提供符合消费者要求的产品或服务。这种模式的优势在于消费者可以获得更加个性化、定制化的产品或服务，同时也能够获得更优惠的价格。

例如，消费者可以先拼团，然后与旅行社进行谈判，看哪个旅行社会接团。这样，消费者能够以更优惠的价格获得旅游服务，而旅游企业也能通过满足消费者的个性化需求来获得更多的业务机会。

C2B 旅游电子商务的主要特点有：

1）消费者主导：C2B 模式强调消费者在交易中的主导地位，消费者可以自主选择旅游产品和服务，提出自己的需求和条件。

2）个性化定制：C2B 模式下的旅游企业可以根据消费者的具体需求和条件，为其量身定制旅游产品和服务，满足消费者的个性化需求。

3）价格优惠：由于 C2B 模式省去了中间环节，降低了不必要的成本，因此旅游企业可以提供更加优惠的价格，吸引更多的消费者。

4）社群化：C2B 模式可以促进消费者之间的交流和互动，形成旅行社群，增加消费者的社交体验。

在 C2B 旅游电子商务模式下，一些具体的交易形式有：

1）反向拍卖：旅游者提供自己的价格范围和需求，旅游企业竞价提供相应的产品和服务，最终由旅游者选择最合适的旅游产品和服务。

2）定制服务：消费者可以根据自己的需求，在平台上定制个性化的旅游服务，如私人导游、特色住宿等。旅游企业根据消费者的需求提供定制化的服务，满足消费者的个性化需求。

3）团购：消费者可以通过平台组织或参与团购活动，以更低的价格购买旅游产品。这种方式能够降低旅游成本，同时增加消费者的旅游体验。

4）动态打包：平台根据消费者的需求，将不同的旅游产品进行动态打包，形成新的旅游产品。消费者可以根据自己的需求选择适合的打包产品，享受更加便捷的旅游服务。

总之，C2B 旅游电子商务模式为消费者提供了更加灵活、个性化和优惠的旅游产品和服务选择。同时，也为旅游企业提供了更加直接、有效的市场渠道和客户关系管理方式。

（4）C2C 模式的旅游电子商务。

C2C 旅游电子商务模式指的是旅游消费者对旅游消费者模式，即个人与个人之间的电子商务。在这种模式下，消费者可以在旅游电子商务平台上发布自己的旅游需求信息，其他消费者可以根据这些信息选择是否提供相应的服务或产品。例如，旅游者可以在平台上发布自己的旅游计划和需求，寻找志同道合的旅伴或者向其他旅游者提供旅游服务。

C2C 模式在旅游电子商务中发挥了很大的作用，它可以让旅游者更加方便地获取旅游信息、预订旅游产品和服务，并且可以通过平台与其他旅游者交流互动，增加旅游的乐趣和便利性。同时，C2C 模式也为旅游者提供了更加多样化的旅游选择和服务，让旅游体验更加个性化和丰富多彩。

旅游电子商务 C2C 模式也是在线的旅游商品出售、转让等消费者与消费者之间的交易。这些旅游商品包括多种形态，如旅行社的折扣券、旅游目的地的特色商品等。

C2C 旅游电子商务模式的特点有：

1）直接交易：C2C 模式允许旅游者直接与旅游服务提供者进行交易，省去了中间环节，降低了不必要的成本。

2）个性化服务：由于 C2C 模式的一对一特性，旅游者可以获得更具个性化的服务，满足自己的个性化需求。

3）信息透明：在 C2C 平台上，旅游者可以更加全面地了解旅游服务提供者的信息，做出更加明智的选择。同时，旅游服务提供者也可以更好地了解旅游者的需求，提供更加精准的服务。

4）社群化：C2C 模式可以促进旅游者之间的交流和互动，形成旅行社群，增加旅游者的社交体验。

在 C2C 旅游电子商务模式下，一些具体的交易形式有：

1）旅游资源共享：个人用户可以在旅游电子商务平台上发布自己的旅游资源，如空闲的房间、私家车座位、旅游攻略等，其他消费者可以直接联系并购买这些资源。这种方式实现了旅游资源的共享，提高了资源利用率。

2）旅游服务交换：消费者之间可以互相提供旅游服务，如导游服务、摄影服务等。通过平台，消费者可以找到愿意交换服务的伙伴，实现服务的互换。

3）拼团旅游：消费者可以在平台上发布自己的旅游计划，寻找有同样计划的伙伴一起拼团旅游。这种方式可以降低旅游成本，同时增加社交体验。

4）二手旅游用品交易：消费者可以在平台上出售或购买二手旅游用品，如相机、户外装备等。这种方式实现了旅游用品的循环利用，降低了消费者的旅游成本。

5）旅游攻略分享与付费咨询：个人用户可以分享自己的旅游攻略和旅行经验，其他消费者可以通过付费方式获取这些攻略和咨询。这种方式为旅游攻略的创作者提供了收益来源，也为消费者提供了更加专业的旅行建议。

旅游电子商务的 C2C 模式为旅游者和旅游服务提供者提供了更加便捷、高效、个性化的交易方式。

（5）O2O 模式的旅游电子商务。

旅游电子商务 O2O 模式是一种将互联网技术与旅游服务相结合的商业模式，它将线上的虚拟经济与线下的商务机会相结合，实现线上线下的相互协作和高度融合。

在 O2O 模式下，消费者可以通过旅游电子商务网站或移动应用等在线平台，浏览和预订旅游产品，如酒店、景区门票、旅游线路等。这些平台提供丰富的旅游信息、优惠活动和便捷的在线支付功能，使消费者能够方便快捷地完成预订和支付。

当消费者到达旅游目的地后，可以凭借在线预订的凭证享受相应的服务。线下的服务提供者，如酒店、景区等，通过在线平台获得更多的客户资源和市场机会，提前了解消费者的需求和偏好，从而提供更加个性化、高质量的服务。

旅游电子商务 O2O 模式的核心优势在于将线上的信息优势与线下的服务优势相结合，为消费者提供更为便捷、个性化的旅游体验。同时，通过线上线下的互动和协作，旅游企业可以更加精准地把握市场变化和消费者需求，提高服务效率和质量，实现可持续发展。

旅游电子商务 O2O 模式的特点主要有：

1）线上与线下结合：旅游 O2O 模式通过线上平台进行营销、查询、预订和支付，同时结合线下的实体旅游产品提供实际的服务体验。

2）线下实体保障：通过线下实体店面或景区的支持，消费者可以享受到更加可靠和优质的服务，保证了旅游体验的质量。

3）信息流与服务流的结合：信息流与服务流的结合在旅游电子商务 O2O 模式中扮演着关键角色。这种结合确保了消费者能够在网上轻松地获取旅游相关的信息、进行预订和支付，同时在现实中享受实际的旅游服务。

4）线上线下营销融合：在旅游 O2O 模式中，线上营销活动与线下营销活动相互融合，共同推动旅游产品的销售和品牌的推广。

5）个性化的服务体验：O2O模式可以根据消费者的需求和偏好，提供个性化的服务推荐和定制化的旅游行程，满足消费者的个性化需求。

6）一站式资源整合：旅游O2O模式倾向于整合线上线下的资源，包括旅游景区、酒店、交通等，形成一站式的旅游服务解决方案。

旅游电子商务O2O模式通过线上线下的深度融合，为消费者提供了更加便捷、个性化的旅游服务体验。

在O2O旅游电子商务模式下，一些具体的交易形式有：

1）在线预订与线下体验：消费者可以通过O2O旅游电子商务平台预订酒店、景区门票、旅游线路等旅游产品，并在实际到达旅游目的地后享受预订的服务。这种交易形式为消费者提供了便捷的预订方式和更多的选择空间。

2）团购与优惠活动：O2O旅游电子商务平台常常推出团购和优惠活动，消费者可以在线上以更优惠的价格购买旅游产品。这种交易形式既为消费者带来了实惠，也为旅游企业增加了销售量和知名度。

3）在线支付与线下消费：消费者可以在O2O旅游电子商务平台上完成在线支付，然后在实际享受服务时凭借支付凭证进行消费。这种交易形式为消费者提供了安全的支付方式和方便的消费体验。

4）会员制度与积分奖励：一些O2O旅游电子商务平台推出会员制度和积分奖励计划，消费者在平台上消费时可以累积积分，积分可以用来兑换礼品或享受折扣优惠。这种交易形式通过积分奖励机制，可以提升消费者的忠诚度和黏性。

5）个性化推荐与定制服务：O2O旅游电子商务平台可以根据消费者的历史行为和偏好进行个性化推荐，提供符合消费者需求的旅游产品和服务。同时，消费者还可以选择在平台上定制个性化的旅游行程，满足自己的特殊需求。

这些交易形式在O2O旅游电子商务模式下得到了广泛应用。

了解了旅游电子商务的基本模式后，司马道遥开始思考作为旅游电子商务的主体——旅游者的相关问题。不管是何种旅游电子商务模式，旅游电子商务产业应该形成一种符合旅游者旅游需求和服务要求的商业形态，逐步增强系统的服务能力，给旅游者进行网络消费以更大的自由性和自主性。

3. 从旅游电子商务产品入手分析电子商务模式

旅游产品具有很强的数字化商品交易的特征，无论是机票还是酒店的房间以及景区的门票，都具有很强的时间价值效应。司马道遥思考，如果能根据旅游产品的时间价值效应的特点，构建一个数字化的旅游电子商务即时在线交易平台，将有效地解决旅游商品的时效性问题。

相对于传统的旅游业来说，旅游电子商务不仅提高了业务的透明度和工作效率，降低了边际成本，而且凸显了旅游产品本身个性化、信息化等特性。旅游产品具有无形性，在传统消费过程中，旅游者在购买这一产品之前无法亲自了解，而旅游电子商务的出现，则使这个问题得到了解决。人们从旅游网站获得的资讯，要比单一地通过旅行社获得的资讯多得多。旅游者通过互联网，可以十分方便地得到目的地的所有相关信息，即使是去一个陌生的地方，也能通过互联网对那里的山川名胜、文物古迹、风土人情了解得一清二楚。旅游电子商务这种全新的旅游体验，使足不出户畅游天下的梦想成真，并且培养了潜在的游客群。所以，旅游电子商务使无形的旅游产品慢慢变得"有形"。

旅游产业具有高度关联性，是由若干性质截然不同的行业组合起来的貌似松散的综合产业，旅游电子商务像一张大网，把众多的旅游供应商、旅游中介、旅游者联系在一起。景区、旅行社、旅游饭店及旅游相关行业，如银行、商店、租车业，可借助同一网站招揽更多的顾客。新兴的旅游电子商务企业将成为旅游行业的多面手，它们将原来市场分散的利润点集中起来，提高了资源的利用效率。旅游电子商务能促进各行业间交叉联合，达到系统经济的新水平。

旅游电子商务将旅游风景介绍通过更丰富、详细的特色功能和技术展现出来，可拉动和激励旅游者的需求。最有效的方法是结合某种旅游产品，如特色游、主题游、商务游、近郊游等，把一系列旅游内容表现在网络上。例如，把经营的线路发布做成能与各个服务网点、旅游资源进行页面链接的方式，让旅游者了解这个线路产品所有的细节和服务内容，这样可以完整地实现信息商品的即时性、真实性和支持性。

旅游电子商务同时是深入开展网络增值服务的一个重要形式。在一个不是非常熟悉的地方，旅游者需要有效的网络支持服务，满足对景区的资讯需求。

我们再从旅游电子商务产品的分销角度探讨旅游电子商务模式。旅游和其他行业一样都有一个产品分销的问题，分销包括信息、市场、资金、物流、订单处理、仓储、分包、打包、售后服务等九大要素。旅游产品和其他电子商务产品有比较大的区别，旅游产品中有很多要素是没有的，一般旅游的分销链条上含有六大要素，包括信息、市场、订单处理、分包、打包、售后服务。

旅游产品还有一些比较特殊的属性，如酒店是一个产品，如果这个酒店的房间到了预订的时间还没有卖出去，价值就归零了。航空公司也是这样，如果在起飞前机票还没有卖出去，价值就归为零。典型的旅游产品如图2-4所示。

机 票　　　　　　　　酒 店　　　　　　　　景 点

图2-4 典型的旅游产品

旅游电子商务企业需要关注消费者对旅游产品选择的规律，提高企业的盈利。

消费者在线制订旅游计划时，需要解决若干问题：国内有哪些航班、谁的价格最便宜、怎么买；有哪些酒店、酒店价格如何、消费者对这个酒店评价如何、酒店的地理信息是什么样的、周边有一些什么设施、周边环境如何。旅游网站要沿着消费者旅游当中遇到的问题逐个解决。

从整个商业模式来讲，所有的在线旅游基本上可以从两个角度盈利：一是从消费者那里盈利，这是旅游供应商做的事情；二是作为渠道从旅游供应商那里盈利，因为旅游电子商务网站帮助旅游供应商销售产品。

在线旅游网站有一个特点：没有一个消费者会始终只上一个在线旅游网站，但是绝大多数消费者都会上他们熟悉并青睐的旅游网站。旅游电子商务网站最大的价值就是媒介价值，可以针对有广告需求的高端人群卖一些广告，如信用卡、汽车、房产、数码产品等，作为旅游电子商务网站辅助的收入来源。

网上旅游是开展得非常活跃和广泛的一种网络经营模式，但是很多网上旅游经营仅仅是把旅行社的经营形式搬到网上进行有效的推广，没有构建一个符合网络经济特征的网络旅游模式。这需要更好地利用网络资源和网络协同，创造一种与旅游需求相结合的网络经营模式。

4. 从旅游电子商务网站的运行模式入手分析旅游电子商务模式

早在 2000 年年初，一批旅游电子商务企业逐渐兴起。发展到现在，国内的旅游电子商务企业众多，它们分布在旅游行业价值链的不同环节，以不同的模式生存和发展。司马逍遥想，到底何种模式才能代表未来旅游电子商务的发展方向呢？为了回答这个问题，司马逍遥对目前国内主流旅游电子商务企业的几种模式进行了简单的梳理。

（1）携程模式。

携程旅行网创办于 1999 年，总部设在上海，目前在北京、广州、深圳、杭州、成都、青岛、厦门、沈阳、武汉、南京等城市有分支机构，是中国领先的综合性旅行服务公司。携程旅行网向注册会员提供包括酒店预订、机票预订、度假预订、商旅管理、特惠商户以及旅游资讯在内的全方位旅行服务。携程旅行网主页如图 2-5 所示。

图 2-5 携程旅行网主页

在机票预订方面，携程旅行网是中国领先的机票预订服务平台，覆盖国内外所有航线，并在多个大中城市提供免费送机票服务。

携程旅行网的度假超市提供近千条度假线路，覆盖海内外众多目的地，是中国领先的度假旅行服务网站。

通过网络加电话预订的方式，携程旅行网成为国内在线旅游预订领域的领军企业，一度被誉为传统旅游与互联网"无缝结合"的典范。

这里我们以携程旅行网的五个最重要的组成要素来进行分析，即顾客价值、经营范围、收益来源、相关活动、核心能力和持续竞争力。

1）顾客价值。顾客价值即企业提供给顾客差异化或低成本的产品和服务时，为顾客所带来的价值。就顾客价值而言，携程旅行网很好地将网上和网下服务相结合。通过携程旅行网，顾客可以注册成为携程用户，实现如酒店和机票预订、度假产品查询预订、目的地信息指南等功能，更可以通过携程社区和其他网友或者携程用户交流。与一般的旅游公司相比，携程旅行网实行的是"鼠标＋水泥"式的经营。

2）经营范围。携程旅行网为顾客提供全方位的商务及休闲旅行服务，包括酒店预订、机票预订、度假预订、商旅管理、特惠商户、旅游资讯。

第一，酒店预订。酒店预订是携程旅行网的主要业务之一，携程直接与酒店合作，为消费者提供在线预订服务。携程旅行网预订酒店覆盖范围广泛，包括各种酒店、宾馆、民宿、农家乐等住宿类型。消费者可以在携程上搜索目的地、酒店名称、入住和离店日期等信息，比较不同酒店的房价和设施，选择符合自己需求的酒店进行预订。同时，携程还提供在线支付、客服支持、免费取消等一站式服务，为消费者提供便利和保障。

第二，机票预订。携程旅行网为消费者提供在线机票预订服务。携程提供国内外所有航线的机票预订服务，消费者可以在携程上比较不同航空公司的价格和航班时间，选择适合自己的航班进行预订。携程还提供在线支付、航班动态查询、机场接送、保险等服务，为消费者提供便利和保障。除了提供机票预订服务外，携程还与航空公司合作推出特价机票、优惠活动等促销措施，吸引更多消费者。此外，携程还针对高端用户推出了高端机票预订服务，提供更加个性化、高端的服务体验。

第三，度假预订。携程旅行网为消费者提供在线度假预订服务。携程提供各种类型的度假产品，包括跟团游、自由行、主题游、邮轮等，消费者可以根据自己的需求和兴趣选择适合自己的产品进行预订。携程还提供在线支付、客服支持、行程管理等一站式服务，为消费者提供便利和保障。

第四，商旅管理。商旅管理是携程旅行网推出的一项商务差旅服务，专注于为企业客户提供差旅管理解决方案。携程商旅结合了携程的差旅预订平台和管理工具，为企业构建高效、合规、可控的差旅管理体系，帮助企业客户优化差旅预算，提高运营效率。

第五，特惠商户。特惠商户是携程旅行网给予 VIP 会员的增值服务。携程旅行网的特惠商户遍布全国知名旅游城市的众多商户，商户类型覆盖各地特色餐饮、酒吧、娱乐、健身、购物、生活等方面。携程旅行网的 VIP 会员可从这些特惠商户享受到折扣优惠。

第六，旅游资讯。旅游资讯是携程旅行网为会员提供的附加服务。携程旅行网为会员提供国内外多家酒店的详细内容、出行情报、火车查询、热点推荐、域外采风、自驾线路等资讯信息，是旅游者出行前必备的"电子导游"。同时，携程网络社区拥有网友发的游记、旅游图片等。此外，还有大量最新的自助线路攻略可供查询，目的地指南涵盖景点的交通、餐饮、住宿、购物、娱乐、出游佳季、推荐线路、注意事项等实用信息。

3）收益来源。收益来源是旅游电子商务模式的关键。携程旅行网的收益主要由以下几部分组成：酒店客房预订提成、机票预订提成、度假预订、商旅管理服务、广告收入、联盟商家提成等。酒店客房预订提成是携程旅行网按照事先的协议跟联盟的酒店的利益分成，酒店客房预订一直是携程旅行网的主要收入来源。机票预订提成是携程旅行网按照事先的协议跟相关的航空公司的利益分成,这一部分也占据了比较大的比重。度假预订是携程旅行网凭借其拥有的强大的酒店、航空公司联盟,以及信息资源为游客制订的一整套旅游计划,为游客节省旅行费用的同时获得利润。商旅管理服务是携程旅行网面向国内外大企业提供全方位的旅行、会议服务,从而获得服务费用,这部分收益目前在整个收益总额里虽然占据不太大的比重,但是随着商务管理市场的逐步扩大,该部分收益所占比重将会逐年增加。广告收入也是收益来源的主要部分,携程旅行网凭借其在领域内的领头羊地位,拥有广泛的知名度和众多的携程客户,使得很多商家决定在携程旅行网投放广告。随着携程旅行网一如既往的良性发展,广告收入也是逐年递增。联盟商家提成是携程旅行网跟各地商家达成相关协议,携程用户持携程信用卡在联盟商家购物可以享受相应的折扣,而携程旅行网则可以按比例和商家分享利润。

4) 相关活动。相关活动是指旅游企业在向其客户提供价值时执行的附加活动和服务。携程旅行网有很多的相关活动,如携程社区的"结伴同游"。结伴同游是由游客自行组织的同一地区的朋友一起去同一目的地出游的活动。通过携程社区,大家可以自行组织,省去了旅行社的服务费用,并且可以认识更多的朋友。还有携程社区的"七嘴八舌",是旅游者结合自己的亲身经历对一些餐馆、酒店、景点的点评,对后来的旅游者有很好的参考价值。

5) 核心能力和持续竞争力。企业核心竞争力是区别于其他企业的,是具有自身特点的能力,是其他企业不能轻易模仿的能力。携程旅行网的核心竞争力体现在经营理念和服务质量上。携程旅行网的经营理念是:以客户为中心,以团队间紧密无缝的合作机制,以一丝不苟的敬业精神、真实诚信的合作理念,来创造一套"多赢"的伙伴式合作体系,从而共同创造最大的价值。携程旅行网的经营模式是 CTRIP 模式,即 Customer——客户(以客户为中心),Teamwork——团队(紧密无缝的合作机制),Respect——敬业(一丝不苟的敬业精神),Integrity——诚信(真实诚信的合作理念),Partner——伙伴(伙伴式的"多赢"合作体系)。携程旅行网作为电子商务服务企业,对服务质量有着严格的控制。携程旅行网在全国范围内提供 7×24 小时不间断服务,坚持"以制造业的标准来做服务业",能够给客户标准化、体系化的信息。

(2) 旅游垂直搜索模式。

在旅游业逐步发展的今天,旅游搜索引擎用户大幅增长,旅游搜索引擎已成为网民获取旅游资讯的第一平台。互联网迅速普及的今天,旅游者更会"货比三家",而旅游搜索引擎能给用户最大的帮助,帮助用户同时搜索多家主流供应商的产品,供用户比较和选择。因此,会有更多的用户接触并使用旅游搜索业务。旅游搜索业务的代表是去哪儿网。旅游搜索网站正在发挥着信息整合平台的价值,成为有旅游需求的用户获取信息和预订产品的重要渠道和平台。

去哪儿旅游搜索引擎和思纬(Synovate)联合发布的在线调查显示,作为旅游垂直搜索引擎代表的去哪儿网已成为广大用户在搜索机票和酒店信息时的首选。在用户的眼中,去哪儿网是一个有用的、有价值的、方便的搜索引擎,它提供全面的价格比较信息、高质量的旅游相关信息,而且搜索旅游信息的速度很快。除此之外,艾瑞(iResearch)最新的研究发现:旅游搜索在机票业务方面的优势明显。

旅游垂直搜索以其专业服务在国外大受追捧。旅游搜索引擎公司 Kayak 已经将酒店用户评论网站 Travelpost 与其现有的垂直搜索业务进行整合，Travelzoo 和 TripAdvisor 也相继发布了垂直搜索功能。

（3）旅游点评模式。

旅游点评模式以 TripAdvisor 为代表。TripAdvisor 是全球最大、最受欢迎的旅游社区，也是全球专业的旅游评论网站。其中，旅游者真实的评论是 TripAdvisor 最大的特点。

TripAdvisor 先后在英国、德国、法国、西班牙、日本、印度等国家建立了分站，2009 年正式进入中国，建立了到到网，2015 年正式更名为"猫途鹰"，见图 2-6。猫途鹰网的目标是在中国成为酒店行业的"大众点评网"。猫途鹰网利用海量的旅游者的真实点评为更多的出行者提供有价值的出行建议。猫途鹰网对网友上传的酒店相关信息都会进行严格的审核和鉴定，其目的就是给广大旅游者提供最真实可靠的旅游信息。猫途鹰网的点评中不光包括来自网友的个性点评，还会有善意的提醒或中肯的建议，可以帮助出行者尽量完善、丰富自己的出行计划，并做好周密的安排，做到出行无忧。

图 2-6　猫途鹰网

猫途鹰网一直都致力于打造以真实的酒店信息来为广大中国旅游者提供旅行建议的服务，并在 2010 年发布了"民选"出来的草根榜单——"到到中国口碑酒店榜"，随后又推出惠及万名"驴友"的"到到绿卡"，让旅游消费者分享旅行的乐趣。2010 年 5 月，猫途鹰网在全国范围内开始推广酒店客户关系管理服务，帮助酒店在同质化的产业链中脱颖而出，与住客实现最和谐的交流。同年 7 月，猫途鹰网在以往针对旅游者个人的服务之后，又依托其母公司的海量资源，推出了针对国内酒店的"酒店全球通"和"酒店中国通"网络推广服务，以帮助酒店、度假村等旅游机构通过直接展示酒店联系方式以及自助上传优惠券等服务，协助酒店做好国内和国际并行的在线营销工作，以获得更多直客订单。

TripAdvisor 的理念非常明确，那就是让游客在互相交流中产生价值，并影响其他游客的消费行为，从而建立一个具有高"黏度"的旅游社区。但是，旅游点评模式的最大运作难点在于：如何在短时间内使国内游客习惯于在网上分享自己的旅行经历，并从网络评价中获取消费参考信息。

（4）网上旅游超市模式。

在国内旅游电子商务行业，以多元化、一站式为特色的网上旅游超市模式正在兴起。这种模式以同程网（见图2-7）为代表。

图2-7 同程网

同程网是成立于2004年的旅游电子商务企业，近年来逐渐从单纯的旅行社B2B模式过渡到涵盖旅行社、酒店预订、机票预订、景区营销、旅游用品和旅游管理软件等多个业务领域的多元化旅游电子商务公司。同程网B2B和B2C双平台运作的模式也在一定程度上保证了其多元化战略的稳步发展。

同程网B2B和B2C模式如图2-8所示。

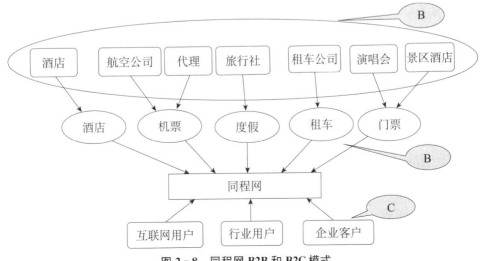

图2-8 同程网B2B和B2C模式

就旅游行业目前的发展趋势而言，一方面，旅游者的消费特征渐趋理性化和个性化，对旅游产品越来越挑剔；另一方面，传统媒体的高推广成本使得旅游企业很难直接将自己的精品有效地展示给消费者，供需之间事实上存在一个"沟通真空"。旅游超市就是一个沟通旅游企业和消费者的直通平台，降低了旅游企业的推广成本，令旅游精品不再被淹没。

司马逍遥通过对旅游电子商务模式的多视角、多维度的探索，感到模式没有好与差的分别，凡是符合时代特点和用户需求的模式都是成功的。旅游电子商务行业发展至今，已经进入一个快速整合的阶段，行业价值链越来越清晰，能否尽快找准自己的方向将决定着一个企业的生存与消亡。

项目小结

经过对旅游电子商务模式的探索，司马逍遥对旅游电子商务模式的概念有了更深的理解，分析了电子商务活动中的各个主体，并按照一定的交互关系和交互内容剖析了电子商务模式中相对固定的商务活动模式，了解了 B2B、B2C、C2B、C2C 及 O2O 等基本模式。通过从旅游产品、旅游主体、旅游网站等角度进行分析，司马逍遥比较清晰地掌握了旅游电子商务运行的各种模式及其特点。

B2B 模式是旅游行业内部合作运营的钥匙，能够优化资源配置，提升整个行业的效率；B2C 模式是旅游电子商务的主流，为消费者提供便捷、个性化的预订体验，同时降低企业的营销成本；C2B 模式是未来旅游电子商务的重要趋势，它强调消费者的个性化需求和参与度，有助于提升消费者忠诚度和品牌影响力；C2C 模式具有较大的发展空间，尤其在共享经济和社交电商的背景下，能够为消费者提供更多元化的选择和更直接的交易体验；O2O 模式是旅游业发展的重要趋势，它通过线上线下的结合，为消费者提供了更加便捷、高效和个性化的旅游服务。

模式不是一成不变的，对旅游电子商务模式的探讨只是从目前旅游行业角度进行的，随着技术的发展和商业模式的创新，未来会有更多的旅游电子商务模式产生。

想一想

1. 在旅游电子商务的框架下，应如何操作各种模式？
2. 各类旅游电子商务模式是如何盈利的？

拓展阅读

基于资源整合的旅游电商模式

当互联网尚未商业化时，信息技术的重要性得到旅游和旅游业的普遍认可，但信息技术并没有像今天这样与旅游体验有密切的关系。特别是随着搜索引擎的快速发展和网络销售渠道的扩大，虚拟社区建设和社交媒体的出现越来越多，信息技术渗透到旅游产业的各个层面，全面提高了旅游产业的技术水平。移动信息技术的普及，尤其是智能手机与信息检索、通信、娱乐、社交媒体和移动信息技术相关的功能的发展，通过整合，可以迅速向旅游中的游客传达信息，提高了游客的旅游体验。对旅游服务和商品售卖体系的分析表明，旅游行业的电子商务化转变蕴含着极大的潜力。目前我国小电商们纷纷抱团取暖，大电商们也不甘落后，可以看出电商资源整合已是大势所趋。

旅游产业是信息密集型和信息依托型产业，具有电子商务的天然适应性，旅游电子商务进入电子商务产业应用的最前沿，海外旅游电子商务的形成、发展处于繁荣阶段。目前，以资源整合为基础的旅游电子商务发展已是大势所趋，但由于中国旅游电子商务起步较晚，在发展过程中需要解决的问题很多，认真分析和正确应对这些问题并提出正确的对策对促进中国旅游电子商务的快速发展具有重要意义。

1. 发展旅游电子商务的O2O模式

O2O模式简单来说，是指通过线上营销带动线下消费，即商家把信息与服务通过互联网推送给游客，进而使他们转化为自己线下的顾客。旅游行业本身的范围区域性消费特征决定了旅游行业有着极强的O2O特征，旅游电子商务已经建立了成熟的O2O模式。电子商务经过近几年的快速发展，在开展业务时已经能够方便快捷地完成网上搜索、订购和线下消费，旅游行业已经可以做到线上线下无缝连接。再加上大数据和人工智能对不同用户需求的快速筛选，这种模式现在不仅可以提供丰富的产品、快速筛选出行方案、提供高质量的个性化服务，还大大降低了人工成本，很大程度上提高了消费者的旅游体验。

2. 开发新的产业价值链体系

旅游移动电子商务整合旅游行业内的所有资源和信息，通过互联网传递给用户，用户再根据自身的需求，选择合适的出行计划或者线上人工智能为用户提供和定制所需的个性化服务。这将扩张各产品服务的范围和领域，形成新的产业价值链体系。

（1）旅游预订服务。整合旅游业景区、酒店、餐饮资源，完成景区门票预订、住宿预订、餐饮预订等。同时，当旅行者要临时更改旅游线路或出行方案时，旅游电子商务系统要能够快速利用传递信息迅速这一优势，根据用户的要求提供合适的出行方案。

（2）位置服务。所有入驻旅游电子商务平台商家的信息，都要在电子地图上共享。这样一来，旅游电子商务平台不但能够定位用户所处的位置，还能做到既定目标位置导航，可以让用户随时清楚地知道自己附近有哪些入驻旅游电子商务平台的商家，再通过线上检索，搜索自己需要的信息或商家，完成即时预订和支付。

（3）电子导游服务。电子导游是通过定位旅行者自身的所在位置，确认旅行者所在景点的位置和旅行者周围的相关信息。这样一来，用户可以随时随地根据自己的需求设计、选择景点某个区域的游玩方案，大大提高了旅行者游玩时的灵活性。

（4）交通预订服务。旅游电子商务平台整合公路、铁路、飞机票务信息系统，在用户提交真实的身份信息和目的地后，就能为旅行者提供一站式的服务。通过这种资源的整合，消费者可以在线上货比三家，选择自己心仪的或是性价比高的出行方案。

（5）救援服务。这一服务通过定位技术，快速锁定用户所在景区位置和相关信息，并迅速给用户提供自救的相关救援信息，以及迅速联系相关部门组织施救。

（6）移动旅游监督评价。旅游电子商务平台应与政府监管机构建立有效的信息互动，并建立监管反馈机制，以有效支持政府的监管职能。在服务质量反馈系统中，用户可以通过旅游网站或者手机 App 发送质量反馈和评分，并提出改进建议，以促进旅游电子商务平台的优化。

在互联网高速发展的时代，如何整合、传递快速更新换代的信息，是旅游移动电子商务赢得更好发展的关键。如果旅游业想在与电子商务的激烈碰撞中抓住机遇，就必须迅速做出反应。因此，在实际的发展过程中，要想旅游移动电子商务获得持续、长久的发展就必须继续探索、创新，以促进旅游电子商务的革新。

资料来源：蔡茜，周文．基于资源整合的旅游电商模式研究．商场现代化，2023 (11).

练一练

一、单项选择题

1. 在电子商务中，B2B 模式主要指的是（　　）。

A. 企业对个人的电子商务　　　　　　B. 企业对企业的电子商务

C. 个人对企业的电子商务　　　　　　D. 消费者对消费者的电子商务

2. B2C 电子商务模式中，（　　）直接向消费者销售产品或服务。

A. 消费者　　　　　　　　　　　　　B. 税务局

C. 政府机构　　　　　　　　　　　　D. 零售商或制造商

3. 在旅游电子商务中，（　　）主要涉及旅游企业之间的产品和服务交易。

A. B2C　　　　　　B. B2B　　　　　　C. C2C　　　　　　D. C2B

4. C2C 旅游电子商务模式通常涉及（　　）的交易。

A. 旅游企业与旅游企业　　　　　　　B. 旅游企业与消费者

C. 消费者与消费者　　　　　　　　　D. 旅游企业与供应商

5. 在旅游电子商务模式（　　）中，消费者可以通过在线平台预订旅游产品，并在到达旅游目的地后享受服务。

A. B2B　　　　　　B. B2C　　　　　　C. C2C　　　　　　D. O2O

二、多项选择题

1. 在旅游电子商务中，常见的商业模式有（　　）。

A. B2B　　　　　　B. B2C　　　　　　C. C2C　　　　　　D. C2B

2. B2B 旅游电子商务模式主要涉及（　　）。

A. 旅游企业之间的产品采购　　　　　B. 旅游企业与供应商之间的合作

C. 旅游企业向消费者销售旅游产品　　D. 旅游企业与金融机构之间的合作

3. B2C 旅游电子商务模式通常提供（　　）。

A. 旅游产品在线预订　　　　　　　　B. 旅游线路定制服务

C. 旅游目的地信息查询　　　　　　　D. 旅游企业之间的合作洽谈

4. C2C 旅游电子商务模式中，（　　）参与交易。

A. 旅游消费者
B. 旅游企业
C. 旅游供应商
D. 旅游平台运营商

三、名词解释

1. 模式。
2. B2C 模式。
3. B2B 模式。
4. C2C 模式。
5. C2B 模式。

四、简答题

1. 简述 B2C 旅游电子商务模式的特点和具体交易形式。
2. 简述 O2O 旅游电子商务模式的特点和具体交易形式。
3. 简述电子商务与传统商务的不同。

实践与实训

旅游电子商务模式实训

【实训目的】

1. 通过实际操作和体验，深入了解旅游电子商务模式的概念、特点及在国内市场的应用情况。

2. 通过对比分析不同类型的旅游电子商务网站，提升对旅游电子商务行业的认知，为今后的学习和工作积累实践经验。

【实训步骤】

1. 查阅旅游电子商务模式的相关知识。

（1）打开浏览器，访问百度"知道"和"百科"栏目，查阅旅游电子商务模式的概念、特点、分类等相关知识。

（2）整理并总结查阅到的信息，为后续的网站体验和分析打下基础。

2. 实际体验旅游电子商务网站。

（1）同程网。

● 访问同程网官网，浏览其首页推荐的旅游产品和服务。

● 选择一项感兴趣的旅游产品，如酒店预订或景区门票进行详细的了解和操作。

● 观察并记录同程网的网站风格、产品展示方式、用户评价等方面的特点。

（2）去哪儿网。

● 访问去哪儿网官网，浏览其首页推荐的旅游产品和服务。

● 在去哪儿网进行机票、酒店等产品的比价查询，体验其价格透明度和搜索功能的便捷性。

● 观察并记录去哪儿网的网站风格、用户体验、服务流程等方面的特点。

（3）携程旅行网。

● 访问携程旅行网官网，浏览其首页推荐的旅游产品和服务。

● 在携程旅行网进行旅游行程的定制和预订板块，体验其个性化服务和专业度。

● 观察并记录携程旅行网的网站风格、客户服务、用户反馈等方面的特点。

3．分析比较三种类型旅游网站的风格和模式。

（1）对比三个网站在旅游电子商务模式上的异同点，以及 B2C、C2C、O2O 等模式的应用情况。

（2）分析三个网站在用户体验、产品展示、价格策略、客户服务等方面的优势和不足。

（3）结合自己的实际体验，谈谈对三个网站的整体印象和感受。

【实训报告】

1．阐述实训过程，包括操作的步骤、遇到的困难及解决办法等。

2．描述实训结果，总结实训体会，包括对旅游电子商务电商平台的操作体验和对比结论等。

知识拓展链接

1．去哪儿网

去哪儿网（见图 2-9）创立于 2005 年，是中文在线旅游媒体平台，为旅游者提供国内外机票、酒店、度假和签证服务的深度搜索，帮助旅游者做出更好的旅行选择。凭借便捷、人性化且先进的搜索技术，去哪儿网对互联网上的机票、酒店、度假和签证等信息进行整合，为用户提供及时的旅游产品价格查询和信息比较服务。

图 2-9　去哪儿网首页

2. 驴妈妈旅游网

驴妈妈旅游网（见图 2-10）创立于 2008 年，是 B2C 旅游电子商务网站。成立之初，驴妈妈旅游网就以自助游服务商定位市场，经过数年的发展，形成了以打折门票、自由行、特色酒店为核心，兼顾跟团游的巴士自由行、长线游、出境游等网络旅游业务，为游客出行提供一站式便利服务。

图 2-10　驴妈妈旅游网首页

项目三　领悟技术要领　积蓄电商功力

学习目标

1. 了解旅游电子商务网络技术和数据库技术的基本概念；
2. 掌握旅游电子商务网络技术和数据库技术的基本内容。

实践目标

1. 学会旅游电子商务网络和数据库的基本技术；
2. 掌握旅游电子商务网络和数据库的常用操作技术。

素养目标

1. 具备数据分析和决策的能力；
2. 根据旅游行业的发展需求，提高旅游服务素养。

问题引入

通过前面的学习，司马逍遥熟悉了国内旅游电子商务企业的一些基本商务模式，并对旅游电子商务的概念有了更深的理解。老师启发司马逍遥：除了对旅游电子商务基本概念和模式要有一定的了解之外，更需要进一步掌握旅游电子商务所涉及的各种技术。要想学好旅游电子商务，就必须掌握一定的网络和数据库技术。电子商务离开了"电子"这个技术手段，"商务"也就无法现代化了。既然学好旅游电子商务要有应用技术的能力，那么该从哪里入手去了解和掌握旅游电子商务的技术呢？

任务导读

旅游电子商务涉及的技术很多，可以从旅游电子商务所需要的基本技术入手去探索。既然旅游电子商务是通过计算机和互联网实现的旅游商务活动，那么计算机和互联网的知识和技术就是必需的了。除此之外，旅游电子商务的网站设计技术、网络发布技术、网络营销技术等也是必不可少的。由此可见，旅游电子商务技术的综合性很强，涉及很多环节。在本项目，我们将和司马逍遥从基本的技术概念入手，一起去探索旅游电子商务网络和数据库技术。

➡ 案例导入

旅游地电子商务门户网站演化模式

电子商务与旅游两大产业的密切结合推动了旅游地向信息化方向快速发展。首先，我们从空间角度认识旅游电子商务。旅游网站节点是指分布在旅游地内外的各种旅游网站。根据业务类型的不同，网站节点可分为：（1）旅游企业基于自身传统业务发展需求而自建的网站，主要开展网络营销和提供实际的旅游服务；（2）旅游网络中间商网站，主要提供代理预订、团购旅游产品、站点导航等网络服务；（3）旅游公共服务部门建立的网站，它为游客、旅游企业提供政策、法律、第三方认证服务等公共信息服务，对客源地开展统一的旅游地网络形象宣传活动，接受旅游网络投诉等行业管理事务。

其次，我们再关注一下网游路径，网游路径是指网络游客在旅游地区内外各类旅游网站或相关网站之间的流动轨迹。从旅游地电子商务网络环境的范围划分，网游路径可分为区内路径和区外路径。其中，区内路径是网络游客在旅游地内部各类旅游网站之间的流动轨迹；区外路径是网络游客通过区外各类网站与区内网站的链接进入区内电子商务环境之前所经过的流动轨迹。网游路径可用流向和流量两大特征来描述。

最后，在以上概念的基础上，我们探究一下旅游地电子商务网络系统的空间结构演化模式。旅游业和电子商务产业环境的发展以及信息技术的变革致使旅游地的电子商务网络系统的发展经历萌芽期、起步期、发展期、成熟期和再优化，这五个阶段的演进反映的是一地旅游电子商务网络系统逐渐发达、成熟的过程。各网络要素在不同发展阶段也呈现出形态各异的结构组合，它们是建立该系统空间结构演化模式的基础和依据。我们把这一系统的空间结构演化模式分为空白、点状、放射、凝聚、扩展五种结构类型。

（1）空白模式。很多旅游地电子商务活动的起点是借助区域外知名度高的旅游网站进行"无站点"网络营销，而非直接建设区内网站。对于旅游业欠发达的地区，因为只有极少数旅游景点为人所知，游客的数量不成规模，区内旅游实体因顾虑较低的经济收益而不愿建立专门的旅游网站，但区外的网站将这些待探究的景点作为宣传对象发布在网上来迎合探险型游客的需求；同时，某些旅游业发达的地区，部分旅游实体鉴于资金、技术、人才等资源限制，也会选择合适的区外网络媒介代理宣传本地的旅游信息的方式。

（2）点状模式。当网络游客达到一定规模，网络旅游服务凸显一定经济效益，本地信息化水平达到一定程度时，旅游地内出现一些旅游实体主办的网站，这些网站可能是专业旅游网站或综合网站中的旅游栏目。网站主要通过一些简单的宣传方式来提高自身知名度，吸引网络游客的注意，但彼此合作意识差，整个网络系统呈现出零散的点状特征。在这种模式下，旅游地的网络游客数量仍然较少，并且仅访问区内个别知名度较高的网站。

（3）放射模式。区域内旅游网站数量在不断增加，但自身的信息收集能力和网络服务能力仍然有限。出于自身利益需求，它们通过友情链接等简单的合作方式实现彼此联通，相互推广网站，而网络游客也可以通过这种联通访问多个区内网站，了解更多的旅游信息。在各类旅游网站中，一些知名度高的网站成为网络游客访问旅游地网站的首要入口，并由此向其他网站扩散，在空间结构上呈现以单点或多点为中心，向其他旅游网站放射。

（4）凝聚模式。随着客源市场规模继续扩大，当散客大量出现时，游客对旅游网站的服务类型和质量都有了较高要求。此时，旅游网站的管理者也会认识到单个网站不可能满足游客所需的所有网络服务。他们开始放弃依靠自身提供全面服务的想法，转向明细分工、对外合作的发展道路，即在整个旅游业供应链上明确自己的定位，强化自身专长业务，并通过加强合作的方式实现某项业务活动和信息资源向某一类网站的"凝聚"。

（5）扩展模式。当客源市场发展到足够广阔时，任何一家网站联盟都不能占领整个区域市场，新的网络联盟不断出现，区外网络联盟组织也纷纷进入本地区。可以说，扩展模式是在凝聚模式基础上形成的，但与之不同的是，旅游网络联盟与单个网站之间的竞争日益减少，联盟之间的竞争成为市场竞争的主流，这种竞争是网络空间结构在凝聚中的扩展。如北京地区就集中了以北京旅游网等多个门户网站为核心的旅游网络联盟，极大促进了北京旅游电子商务行业的发展。

资料来源：杨建朝，朱菁菁，白翠玲. 旅游地电子商务网络系统空间结构演化模式研究. 江苏商论，2012（6）.

🔁 知识探究

阅读了导入案例后，司马逍遥虽然对有些深奥的概念还不太理解，但是他知道了旅游电子商务门户网站的一些基本常识。接下来，司马逍遥从互联网和计算机的基本概念入手，逐步深入地探索旅游电子商务网络和数据技术。

任务一　了解互联网和计算机技术

1. 计算机网络的概念

"计算机网络"是一个在当今社会中出现频率很高的名词，那么什么是计算机网络呢？司马逍遥在互联网中找到了比较通俗的解释：计算机网络是指将地理位置不同的、具有独立功能的多台计算机及其外部设备，通过通信线路连接起来，在网络操作系统、网络管理软件及网络通信协议的管理和协调下，实现资源共享和信息传递的计算机系统。一个基本的计算机网络系统如图3-1所示。

计算机网络包含以下四个主要的组成部分：

（1）主机。

主机可以是各种类型的计算机，大到巨型机，小到便携式计算机，其作用是向用户提供服务。主机可以形象地理解为人的大脑。

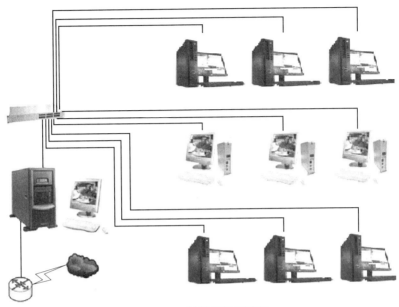

图 3-1 计算机网络系统

（2）工作站。

工作站是各种终端用户在网络中使用的计算机，如台式计算机、便携式计算机等。用户通过工作站进行网络的互联，并共享在服务器中的网络资源。工作站可以形象地理解为人的四肢。

（3）通信网。

通信网由一些通信链路和交换机（也叫通信处理机）组成，用于主机和工作站，以及工作站和工作站之间的数据通信。通信网可以形象地理解为人的血液和神经。

（4）通信协议。

通信协议是主机与主机、主机与通信网或通信网中各节点之间通信的依据，是通信双方事先约定好的和必须遵守的规则，是计算机网络不可缺少的组成部分。

2. 计算机网络的基本类型

计算机网络可以划分为局域网、城域网和广域网，如表 3-1 所示。

表 3-1 计算机网络的基本类型

属性	局域网（LAN）	城域网（MAN）	广域网（WAN）
英文名称	Local Area Network	Metropolitan Area Network	Wide Area Network
覆盖范围	10 千米以内	10 千米～100 千米	几百千米到几千千米
终端组成	计算机	计算机或局域网	计算机、局域网、城域网
成本	相对低廉	中等	较高
特点	连接范围窄、用户数少、配置简单	可看作一个大型的局域网，传输速率高，技术先进、安全	主要提供面向通信的服务，覆盖范围广，通信的距离远，技术复杂
典型例子	企业网络、家庭网络	大学校园网络、城市政府网络	互联网服务提供商的网络、跨国公司的内部网络

局域网是一种在小范围内实现的计算机网络，一般在一个建筑物内或一个工厂、学校、单位内部，为独有的网络。城域网是一种界于局域网与广域网之间，覆盖一个城市的地理范围，用来将同一区域内的多个局域网互联起来的中等范围的计算机网络。广域网用来实现不同地区的局域网或城域网的互联，它的范围很广，可以分布在一个省、一个国家或几个国家。

局域网、城域网和广域网之间的关系如图 3-2 所示。

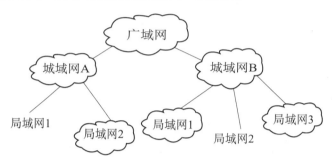

图 3-2　局域网、城域网和广域网之间的关系

3. 互联网的起源

（1）国际互联网的起源。

互联网又称为因特网（Internet），源于 1969 年美国国防高级研究计划署（Advanced Research Projects Agency，ARPA）的项目，在 ARPA 不断发展的同时，其他一些大型的计算机网络也开始组建，采用与 ARPA 网络相同的通信协议。其中，美国国家科学基金会（National Science Foundation，NSF）的网络对互联网的形成起到了关键的作用。

20 世纪 80 年代，NSF 连接了主要大学的超级计算机中心，逐渐成为全国性的网络，并与其他大型网络互联起来，逐步形成互联网。

（2）国内互联网的起源。

1987 年，我国钱天白教授在北京计算机技术研究所发出了我国的第一封电子邮件，"Across the Great Wall，we can reach every corner in the world"（越过长城，走向世界），揭开了中国人使用互联网的序幕，中国互联网进入第一个发展阶段。

1994 年，美国互联网的主管部门美国国家科学基金会同意了中国连入互联网的申请。中国科技网成为我国第一个全功能连入互联网的单位，开创了中国互联网发展的第二个阶段。

4. 电子商务的起源与发展

伴随着计算机网络的兴起，电子商务也获得了突飞猛进的发展。电子商务并非新兴事物，早在 1839 年，当电报刚出现的时候，人们就开始了对运用电子手段进行商务活动的讨论。当商务贸易活动开始以莫尔斯码点和线的形式传输的时候，标志着运用电子手段进行商务活动的新纪元。

20 世纪 70 年代以来，电子计算机技术、网络通信技术及相关技术不断发展，它们在社会生活各个领域的应用形成了逐年扩大的发展势态，电子商务在与这些技术的互动发展中不断完善和快速提升。

电子商务一般被认为起源于电子数据交换（EDI）。计算机字处理软件和电子表格软件的出现，为标准格式（或格式化）商务单证的电子数据交换开发和应用提供了强有力的工具。政府或企业的采购、企业商业文件的处理，从手工书面文件的准备和传递转变为电子文件的准备和传递。随着网络技术的发展，电子数据资料的交换又从磁带、软盘等物理载体的寄送转变为通过专用的增值通信网络进行传送，近年来又转变为通过公用的互联网进行传送。银行间的电子资金转账（Electronic Funds Transfer，EFT）技术与企事业间电子数据交换技术相结合，产生了早期的电子交易（Electronic Commerce，EC）。信用卡（Credit Card）、自动柜员机（Automatic Teller Machine，ATM）、零售业销售终端（Point of Sale，POS）和联机电子资金转账技术的发展，以及相应的网络通信技术和安全技术的发展，使得 B2C 与 B2B 这两种模式的电子商务得到飞速发展。

▶ **小贴士**

EDI 是英文 Electronic Data Interchange 的缩写，中文名为电子数据交换。这是一种融合计算机技术和远程通信技术的信息交流技术。简单来说，EDI 就是按照商定的协议，将商业文件标准化和格式化，并通过计算机网络，在贸易伙伴的计算机网络系统之间进行数据交换和自动处理。由于使用 EDI 可以减少甚至消除贸易过程中的纸面文件，因此 EDI 又被人们称为"无纸化贸易"。

1991 年，美国政府宣布互联网向社会公众开放，允许在网上开发商业应用系统。1993 年，万维网（World Wide Web，WWW）在互联网上出现，这是一种具有处理图文声像超文本对象能力的网络技术，使互联网具备了支持多媒体应用的功能。1995 年，互联网上的商业业务信息量首次超过了科教业务信息量，这既是互联网此后产生爆炸性发展的标志，也是电子商务大规模发展的标志。

具有"商务"概念的电子商务活动是伴随着计算机网络技术的实用化而产生和发展的。20 世纪 90 年代后期，由于个人计算机的广泛应用、互联网的迅速发展、信用卡的普及和电子安全交易协议的制定以及政府的支持与推动，电子商务真正开始发展起来。

5. **网络模型和网络协议**

在计算机网络中，为使各计算机之间或计算机与终端之间能正确地传输信息，必须在信息传输顺序、信息格式和信息内容等方面有一组约定或规则，这组约定或规则即所谓的网络协议。通常，网络协议含有三个要素：语义、语法、规则。语义用来说明通信双方应当怎么做，用于协调与处理控制信息。语法用来规定信息格式、数据及控制信息的格式、编码及信号电平等。规则定义了何时进行通信、先讲什么、后讲什么、讲话的速度等，如是采用同步传输还是采用异步传输等。实质上，网络协议是实体间通信时所使用的一种语言。

自 1970 年以来，国外一些主要计算机生产厂商如美国的 IBM、DEC 等公司都先后推出了本公司的网络体系结构，但它们都属于专用的。为了使不同的计算机厂商生产的计算机能通信，以便在更大范围内建立计算机网络，国际标准化组织信息处理系统技术委员会于 1983 年正式批准将"开放系统互联参考模型"（OSI）作为网络体系结构的国际标准。

（1）开放系统互联参考模型。

为了实现计算机网络的互联，OSI 把整个网络的通信功能划分为 7 个层次，每个层次完成各自的功能，通过各层间的接口和功能的组合与其相邻层连接，从而实现不同系统之间、不同节点之间的信息传输，如图 3-3 所示。

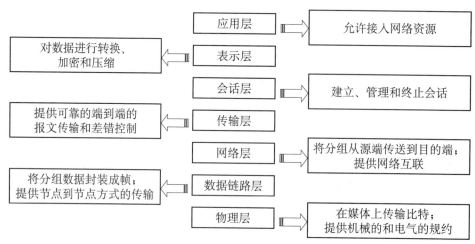

图 3-3　OSI 中的 7 个层次

（2）TCP/IP 协议。

TCP/IP（Transmission Control Protocol/Internet Protocol），即传输控制协议/网际协议。TCP/IP 在计算机网络中占有非常重要的地位。TCP/IP 协议是一种重要的通信协议，在我们常用的计算机上都有设置，图 3-4 就是我们常见的计算机上 TCP/IP 协议的设置界面。

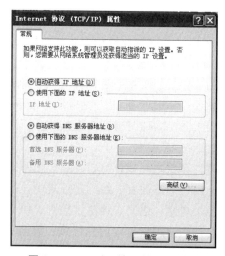

图 3-4　TCP/IP 协议的设置界面

6. 互联网提供的服务

互联网由大量的计算机和信息资源组成，它为网络用户提供了非常丰富的服务。这些服务包括 WWW 服务、电子邮件、远程登录、文件传输、布告栏系统、博客、即时通信等。下面就让我们和司马逍遥一起去探索常见的互联网服务吧！

（1）WWW 服务。

WWW 服务，也称万维网服务。WWW 服务能够提供面向各种互联网的服务，是统一用户界面的信息浏览系统。浏览器是用户端计算机上的应用软件，在屏幕上看到网页的浏览器有 IE、火狐、360 浏览器等。WWW 服务给互联网用户提供了一种非常简单、易用的手段，可查找和获取全球各种组织机构、大专院校、科研院所、公司厂商，甚至个人所提供的共享信息。

（2）电子邮件。

电子邮件（E-mail）服务是一种利用计算机和通信网络传输电子信件等信息的远程服务。通过该服务，用户可以方便、快捷地发送电子邮件，用户彼此之间可以传递文件、图形、图像和语音等信息；查询各种信息资源；加入有关的公告、专题讨论、电子论坛等。与一般邮件相比，电子邮件具有快速、简便、高效、价格低廉等特点。电子邮件不是一种即时化的服务，发送方和接收方不需要直接连接就能工作。因此，即使对方不在，仍然可以将电子邮件送入对方的电子邮箱里。电子邮件是用户使用较多的互联网服务之一。

电子邮箱的地址都有固定的格式，它由两部分组成，中间用"@"隔开。如 tangtai2015@yahoo.com.cn，其中"@"读作"at"，表示"在"的意思；"@"前面的"tangtai2015"表示用户名（又称作电子邮箱名），用来作为标识符号；"@"后面的"yahoo.com.cn"是存放电子邮件的服务器的名字。邮件服务器就是提供电子邮箱，同时提供接收和发送邮件服务的计算机。

以下简要说明免费电子邮箱的申请过程（以 126 免费电子邮箱为例）：

1）打开一个 IE 窗口，在地址栏中输入 https：//www.126.com，进入 126 免费电子邮箱的首页，如图 3-5 所示。

图 3-5 126 电子邮箱主页

2）单击页面上的"注册"按钮，出现欢迎页面。

3）输入"用户名"信息。要注意，用户名的选择不要违反网站上关于用户名的规定。填写好用户名后，单击"检测"按钮，如果选择的用户名别人已经用过了，就需要重新选择。重复本步骤直到选择的用户名未被他人使用为止。

4）选择好用户名后，需要填写相关的个人资料，包括"密码""密码保护问题"等。

请仔细阅读网站的提示，并牢牢记住所填写的内容。

5）填写完毕后，单击"我已阅读并接受'服务条款'和'隐私权保护和个人信息利用政策'"按钮。

6）单击"创建账号"按钮，出现注册成功的页面，说明电子邮箱申请成功。

（3）远程登录。

远程登录是指在网络通信协议 Telnet 的支持下，用户的计算机通过互联网成为远程计算机终端的过程。也就是用户把本地计算机通过互联网与远程计算机连接起来，然后使用远程计算机系统的资源或提供的其他服务。使用 Telnet 可以在网络环境下共享计算机资源，获得信息。通过 Telnet，用户不必局限在固定的地点和特定的计算机上工作，通过网络随时可以使用任何地方的任何计算机。

（4）文件传输。

文件传输服务允许互联网用户将一台计算机上的文件传输到另一台计算机上，网络用户可以利用文件传输协议（File Transfer Protocol，FTP）登录到其他计算机上，下载所需的文件到自己的计算机上，或把自己的文件上传到其他计算机上。使用 FTP 几乎可以传输所有类型的文件，如文本文件、二进制可执行文件、图像文件、声音文件、数据压缩文件等。Telnet 使用界面和 FTP 连接界面如图 3-6、图 3-7 所示。

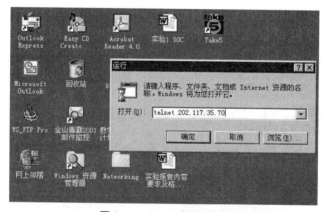

图 3-6　Telnet 使用界面

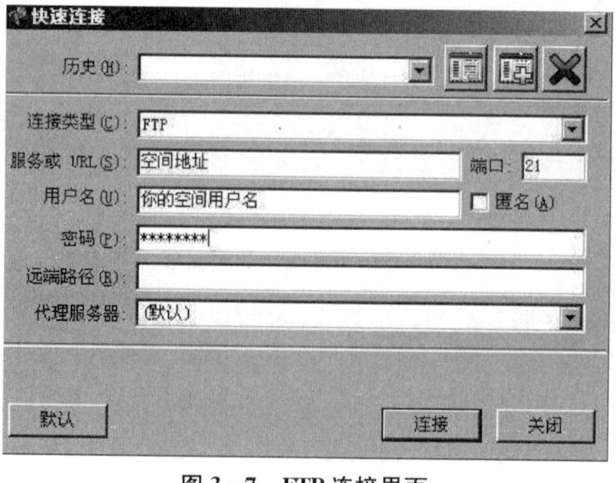

图 3-7　FTP 连接界面

（5）布告栏系统。

布告栏系统（Bulletin Board System，BBS）设计的最初目的是使计算机可以通过互联网远程传输文件和信息。由于用户需求的发展，BBS已经不再是一个简单的"布告栏"了，它包括很多内容，如讨论区、信件区、聊天区、文件共享区等。

BBS站点地址一般以域名形式出现，如合肥论坛，见图3-8。这些站点可通过远程登录进行连接，更多的站点采用WWW的形式供用户使用。

图3-8　合肥论坛界面

（6）博客。

博客又译为网络日志等，是一种由个人管理、不定期张贴新的文章的网站。博客最初的名称是Weblog，由Web和Log两个单词组成，按字面意思理解就是网络日记，后来喜欢新名词的人把这个词的发音改了一下，读成We Blog，Blog这个词就被创造出来。博客的含义："博"为"广博"；"客"不单是"Blogger"，更有"好客"之意，看Blog的人都是"客"。而在中国台湾地区，Blog和Blogger分别译成"部落格""部落客"，认为Blog本身有社区群组的含义在内，借由Blog可以将网络上的网友集结成一个大博客，成为一个具有影响力的自由媒体。

博客上的文章通常根据张贴时间，以倒序方式由新到旧排列。一个典型的博客结合了文字、图像、其他博客或网站的链接、其他与主题相关的媒体，能够让读者以互动的方式留下意见。大部分的博客内容以个人为主，有一些博客专注于艺术、摄影、视频、音乐、播客等主题。博客是社会媒体网络的一部分。

现在国内知名的互联网媒体如新浪、搜狐等都开设了博客专栏，尤其是微博（即微型博客）逐渐成为受欢迎的博客形式。博客的作者不需要写很复杂的文章，只需要记录140字以内的文字即可。

司马逍遥以新浪博客为例，探索了博客的注册方法：

第一步：在新浪网首页顶部，单击"博客"（见图3-9）。

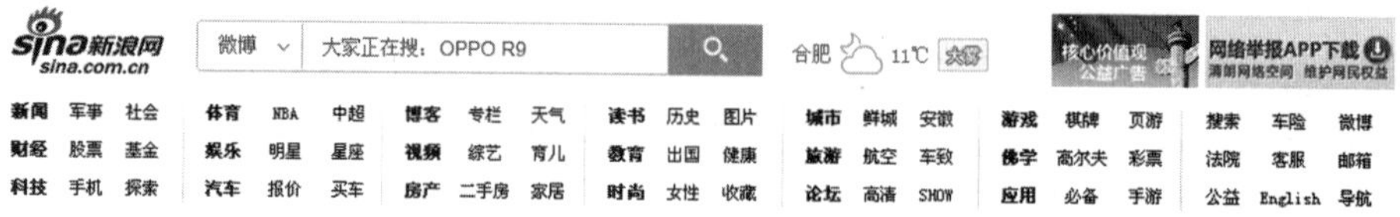

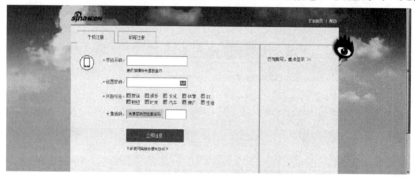

图3-9 新浪首页

第二步：选择"手机注册"或"邮箱注册"，并填写注册信息，设置密码（见图3-10）。

图3-10 注册新浪电子邮箱

第三步：注册成功后，重回新浪首页登录，输入登录名和登录密码，在窗口中选择"博客"，再单击"登录"（见图3-11）。

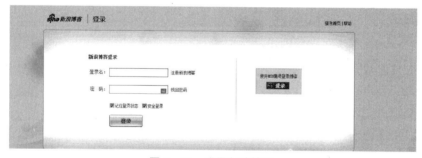

图3-11 登录新浪博客

第四步：开通新浪博客（见图3-12）。

图3-12 开通新浪博客

第五步：注册通行证信息（见图3-13）。

第六步：开通成功，进入博客（见图3-14）。

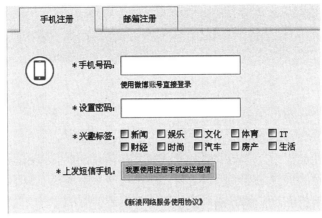

图 3 - 13 注册通行证信息

图 3 - 14 开通并进入博客

（7）即时通信。

即时通信（Instant Messaging，IM）是指能够即时发送和接收互联网信息等的业务。它是一个终端服务，允许两人或多人使用网络即时地传输文字信息、档案、语音与视频进行交流。即时通信分为电话即时通信和网站即时通信，电话即时通信的代表是短信；网站即时通信的代表是 QQ、微博、微信等。

随着近几年互联网的迅速发展，即时通信的功能日益丰富，逐渐集成了电子邮件、博客、音乐、电视、游戏和搜索等多种功能。即时通信不再是一个单纯的聊天工具，它已经发展成集交流、资讯、娱乐、搜索、电子商务、办公协作和企业客户服务等为一体的综合化信息平台。即时通信与 E-mail 的不同之处在于它的交流是即时的。我们的日常生活已经离不开即时通信了。QQ 和微信登录界面如图 3 - 15 所示。

图 3 - 15 QQ 和微信登录界面

7. 网络应用结构

了解了网络的基本概念后，司马逍遥对网络应用结构产生了兴趣。老师告诉他，在网络应用结构中，首先要了解客户机和服务器这两种重要设备的概念。

（1）客户机。

用于访问服务器资料的计算机称为客户机。多台客户机各自具有相应的功能，共同实现完整的应用。用户使用应用程序时，首先启动客户机，然后通过有关命令告知服务器进行连接以完成各种操作，而服务器则按照此指示提供相应的服务。

计算机网络的主要用途之一是支持共享资源。这种共享是通过相对应的两个独立程序来完成的，每个程序在相应的计算机上运行。一个程序在服务器中提供特定资源；另一个程序在客户机中，它使客户机能够使用服务器上的资源。

（2）服务器。

顾名思义，服务器就是提供服务的机器，即向其他计算机提供各种网络服务（如数据、文件的共享等）的设备。服务器是一种高性能计算机，具有很强的处理能力。作为网络中的重要节点，服务器存储、处理网络上的数据、信息，因此也被称为网络的灵魂。打一个形象的比喻：服务器就像是邮局的交换机，而计算机、笔记本电脑、平板电脑、手机等固定或移动的网络终端，就如散落在家庭、各种办公场所、公共场所等处的电话机。我们在日常的生活、工作中与外界的电话交流、沟通，只有经过交换机，才能到达目标电话。同样，网络终端设备如家庭、企业中的计算机通过上网获取资讯，与外界沟通、娱乐等，也必须经过服务器，因此可以说是服务器在"组织"和"领导"这些设备。我们常把所有基于网络、提供网络服务的系统都称为服务器。

8. 互联网域名系统

（1）IP地址。

互联网上的每台主机都有唯一的IP地址，IP地址就像是我们的家庭住址一样。如果你要写信给一个人，你就要知道他（她）的地址，这样邮递员才能把信件送到。发送信息的计算机好比是邮递员，它必须知道唯一的"家庭住址"才不至于把"信"送错。计算机的地址用十进制数字表示。IP协议就是使用这个地址在主机之间传递信息，也是互联网能够运行的基础。IP地址是区别互联网上计算机的唯一标志，可用二进制数或十进制数表示。IP地址用二进制数表示，长度为32位，分为4段，每段8位；IP地址用十进制数表示，每段的数字范围为0～255，段与段之间用句点隔开，例如159.226.1.1和127.255.255.255。

（2）IP地址的分类。

IP地址分成五类：A、B、C、D、E。其中A、B和C类地址是基本的互联网地址，是主类地址，常用的是B和C两类。IP地址由两部分组成：一部分为网络地址；另一部分为主机地址，如图3-16所示。

（3）域名的概念。

由于IP地址很难记忆，所以人们通常用域名来代替IP地址。域名与IP地址之间存在对应关系。域名由多个词组成，用圆点分开，位置越靠左越具体。最右边是一级域名或顶级域名，代表国家或地区，例如我国为cn，英国为uk。

1）域名地址的构成。如安徽大学的网站和域名如图3-17所示。

安徽大学网站的域名解析如图3-18所示。

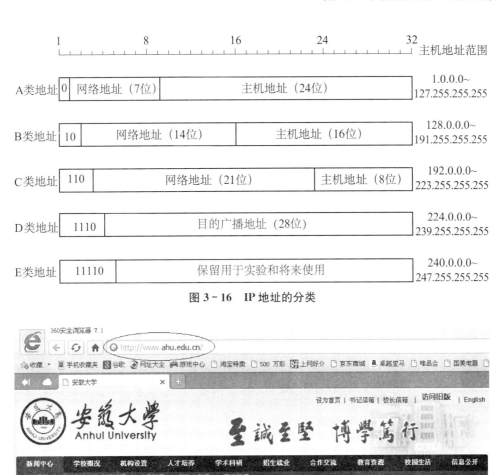

图 3 - 16　IP 地址的分类

图 3 - 17　安徽大学的网站和域名

a h u .	e d u .	c n
安徽大学	教育机构	中国
子域名	子域名	顶级域名

图 3 - 18　安徽大学网站的域名解析

2) 域名的级别。TCP/IP 协议采用分层次结构方法命名域名。域名由若干分量组成，各分量之间用 "." 隔开，可以划分为三级域名、二级域名、顶级域名等。域名只是逻辑概念，并不反映主机所在的物理地点。域名空间的结构如图 3 - 19 所示。

3) 域名命名的规则。首先，域名命名是按层次型结构划分的，如图 3 - 19 中最上边的为顶级域名，下面的为子域名，并且上层包含下层。其次，用 "." 将各级域名分隔开。再次，域名从左到右书写，从右到左解释。最后，域名一律使用小写字母，一般不用大写字母。

4) 顶级域名的规则。所有的顶级域名都由互联网的网络信息中心（Internet Network Information Center，InterNIC）控制，分为两类。

第一类，组织上的顶级域名。如 com 代表商业机构，mil 代表军事机构或设施等，具

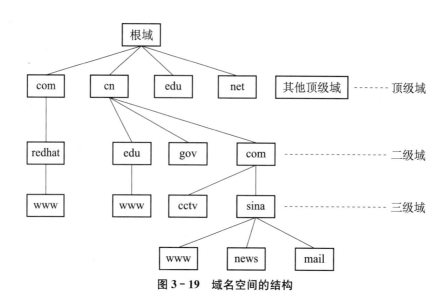

图 3-19　域名空间的结构

体的机构域名如表 3-2 所示。

表 3-2　机构域名一览表

域名	表示的组织或机构的类型	域名	表示的组织或机构的类型
com	商业机构	firm	商业或公司
edu	教育机构或设施	store	商场
gov	非军事性的政府机构	web	和 WWW 有关的实体
int	国际性机构	arts	文化娱乐
mil	军事机构或设施	arc	消遣性娱乐
net	网络组织或机构	info	信息服务
org	非营利性组织机构	nom	个人

第二类，地理上的顶级域名。如 cn 代表中国、uk 代表英国、ca 代表加拿大等，如表 3-3 所示。

表 3-3　常用的国家/地区顶级地理域名

国家或地区	代码	国家或地区	代码
中国内地	cn	德国	ge
中国香港	hk	意大利	it
日本	jp	英国	uk
韩国	kr	加拿大	ca
印度	in	澳大利亚	au
新加坡	sg	法国	fr

（4）域名解析。

人们习惯记忆域名，但计算机只认识 IP 地址，域名与 IP 地址之间的转换工作称为域名解析，域名解析需要由专门的域名解析服务器（Domain Name Server，DNS）来完成。域名解析服务器上装有将域名解释为 IP 地址的软件和数据，整个过程自动进行。每一个网段上都有域名解析服务器，它负责本网段用户需要的域名转换工作。当 DNS 不能解释时，可向上一级域名解析服务器查询。所以，DNS 是一个分布式数据库系统，可根据部门逐级查询，最后即可查出该域名的 IP 地址。

（5）统一资源定位符。

统一资源定位符（Uniform Resource Locators，URL）表明了互联网上资源的位置。URL 格式一般是：协议：//主机．域名［：端口］/［路径/文件名］。URL 的协议有 HTTP、FTP、Telnet、Mailto 等。URL 格式中的"［］"中间的内容可以省略，其中"路径/文件名"省略则默认为主页的位置。

URL 的主要功能是定位信息。URL 是唯一能在互联网上标识计算机的位置、目录与文件的命名协议。URL 的举例如表 3 - 4 所示。

表 3 - 4　URL 的举例

协议名称	用途	例子
http	超文本	http：//www. pku. edu. cn
ftp	FTP	ftp：//ftp. etc. pku. edu. cn
news	新闻组	new：//news. pku. edu. cn
telnet	远程登录	telnet：//www. w3. org. 80

（6）域名注册和申请。

域名申请就是为互联网上的网站申请一个在网络中使用的名字。域名申请可以在国际互联网络信息中心查询，并在中国互联网络信息中心的网站上注册申请。域名是企业在互联网上的名称，在选择域名时，要注意域名的命名方法：

1）简短、切题、易记。选择一个切题、易记的域名是网站成功的重要因素，域名就是网络商标，是用户访问网站的第一个通道。一个简短、易记、反映站点性质的响亮域名往往会给用户留下深刻的印象，域名不宜太长，否则难以记忆。

2）与企业密切相关。一个好的域名应该与企业的性质、名称、商标及宣传语一致，这样的域名易记、易找，也能成为网络中的活广告，无形中提升了企业的形象，保护了企业的利益。如果一个企业的域名选得不规范，就不便于记忆、查找，这会在一定程度上给企业造成损失。

目前，无论是国际域名注册还是国内域名注册，都得通过域名注册代理商进行。国内比较著名的代理商是中国频道和中国万网。

中国频道网站如图 3 - 20 所示。

图 3－20　中国频道网站

任务二　探索数据库技术

通过以上环节的学习，司马逍遥对互联网的基本概念和计算机网络常识有了一定的了解。旅游电子商务除了这些基本的内容外，还有一个重要的技术基础，这就是数据库。电子商务离不开数据库的支持，有了数据库的支持，旅游电子商务网站才能提供更好的服务，才能储存和管理大量的旅游信息资源。那么，什么是数据库？它有哪些特点？下面就让我们和司马逍遥一起去探索神秘的数据库世界吧！

1. 数据库的相关概念

（1）数据。

数据（Data）是通过科学实验、检验、统计等获得的，用于科学研究、技术设计、查证、决策等的数值。它是关于自然、社会现象和科学实验的定量或定性的记录。数据可以有不同的形式，包括数字、文字、图形、图像、视频、声音等。可以说，凡是能被计算机处理的对象都可以称为数据。

（2）数据库。

数据库（Data Base）是按照数据结构来组织、存储和管理数据的"仓库"，它产生于20 世纪 50 年代。随着信息技术和市场的发展，特别是 20 世纪 90 年代以后，数据的管理不再仅仅是存储和管理，而转变成用户所需要的各种数据管理的方式。数据库有很多类型，从最简单的存储有各种数据的表格到能够进行海量数据存储的大型数据库系统，数据库的各个方面都得到了广泛的应用。

在日常工作中，人们常常需要把某些相关的数据放进同一个数据库，并根据管理的需要进行相应的处理。例如，人事部门常常要把本单位职工的基本情况（职工号、姓名、年龄、性别、籍贯、工资等）存放在一张表中，这张表就可以看成是一个数据库。有了这个数据库，就可以根据需要随时查询某职工的基本情况，也可以查询在某个工资范围内的职工人数等。

（3）数据库管理系统。

数据库管理系统（Data Base Management System，DBMS）是一种操纵和管理数据库的大型软件，用于建立、使用和维护数据库。它对数据库进行统一的管理和控制，以保证数据库的安全性和完整性。用户通过 DBMS 访问数据库中的数据，数据库管理员通过 DBMS 进行数据库的维护工作。DBMS 提供多种功能，支持多个应用程序，用户用不同的方法在同一时刻或不同时刻可建立、修改和查询数据库。

常见的数据库管理系统有 Oracle、Sybase、Informix、SQL Server、Microsoft Access、Visual FoxPro 等，每种产品都有自己的独特功能，在数据库市场上各自占有一席之地。

（4）数据管理技术。

数据管理技术是对数据进行分类、组织、编码、输入、存储、检索、维护和输出的技术。可以说，数据管理技术是电子商务的一项重要支撑技术，在电子商务的建设中占有重要的地位。

▶ 小贴士

大数据，是指那些数据量特别大、数据类别特别复杂的数据集。这些数据可能来自手机、电脑、社交媒体、网络等。因为数据多且复杂，普通的方法处理起来很困难，需要用到特别的技术和工具。结合旅游业来说，大数据是指旅游行业的从业者及消费者所产生的庞大数据，包括景区、酒店、旅行社、导游、游客、旅游企业等所产生的旅游经济数据、游客消费数据、交通数据、旅游舆情数据等。

2. 数据库系统

数据库系统（Data Base System，DBS）是在计算机系统中引进数据库技术后形成的。数据库系统由数据库、数据库管理系统、应用开发工具（如 Delphi、Visual Basic、Visual C++等）、应用系统（用户或专业软件开发人员编写的应用程序）、数据库管理员和用户构成。数据库关注的是数据，数据库管理系统强调的是系统软件，是整个数据库系统的核心，而数据库系统侧重的是整个数据库的运行。

举个简单的例子来说明：每个人都有很多亲戚和朋友，为了保持与他们的联系，我们常常用一个笔记本将他们的姓名、地址、电话等信息都记录下来并将其作为一个通讯录，这样要查询某人的电话或地址就很方便。这个通讯录就是一个简单的数据库，每个人的姓名、地址、电话等信息就是这个数据库中的数据。我们可以在这个数据库中添加新朋友的数据，也可以由于某人的电话变动而修改数据。总而言之，我们使用通讯录这个数据库是为了能随时查到某位亲戚或朋友的地址、电话等数据。当我们的亲戚和朋友不多时，可以很快地从通讯录中找到所需的数据，但是当通讯录中的数据很多时，也许就要花费不少时间去查找。而将这个通讯录数字化，也就是将它的内容录入计算机中，那么，即便我们有数以万计的亲戚和朋友，也可以在很短的时间内找到他们的相关信息。这就是数据库的作用。

为了将数据存储在数据库中，通常将描述事物特征的若干数据组成一个数据来记录（Record）。例如，通讯录中的联系人可以写成如下形式：

联系人（姓名，地址，电话，邮箱）

这种形式称为记录型，也就是数据的逻辑结构，它是对联系人的抽象描述。其中，联系人也称为记录名，在关系数据库中通常也作为基本表的表名。姓名、地址、电话、邮箱等称为字段（Field），在关系数据库中也就是各个基本表的表项，对每个字段可以赋予特定的值，例如：

李四（万基社区，0571－8888888，ls@263.com）

这就成为一条记录。在关系数据库中，若干条记录便构成一张表。

3. 关系数据库

关系数据库是目前应用最广泛，也是最重要、最流行的数据库。我们可以把关系数据库的数据结构理解为一张二维表格，如表3-5所示。

表3-5　关系数据库举例

学号	姓名	旅游电子商务	旅游学	总分
24151101	司马逍遥	87	91	178
24151102	王师法	93	95	188
24151103	李晋皖	79	88	167
……	……	……	……	……

表格中的每一行代表一个实体，称为记录；每一列代表实体的一个属性，称为数据项；记录的集合称为关系。

4. 关系数据库标准语言

关系数据库标准语言是一种特定的计算机语言，对用户而言只要说明"做什么"，即指出需要何类数据，至于"如何做"才能获得这些数据的过程，则不要求用户说明，而由计算机的数据库系统来实现。由于关系数据模型的抽象级别比较高，数据模型本身也比较简单，这就为设计非过程关系数据库语言提供了良好的基础。

目前，在关系数据库配备的非过程语言中，应用最广的是结构化查询语言（Structured Query Language，SQL），它是一种基于关系代数和关系演算之间的语言。由于SQL使用方便、功能齐全、简洁易学，它已经成为数据库操作系统的基础。

5. 数据库技术

近年来，随着数据库技术的应用和发展，人们尝试对数据库中的数据进行再加工，形成一个综合的、面向分析的环境，以更好地支持决策分析，于是，数据仓库（Data Warehousing，DW）等技术应运而生。

（1）数据仓库技术。

数据库专家 W. H. 尹蒙（W. H. Inmon）对数据仓库的定义是：数据仓库是支持管理决策过程的、面向主题的、集成的、随时间变化的，但信息本身相对稳定的数据集合。

1）"主题"是指用户使用数据仓库辅助决策时所关心的重点问题。每一个主题对应一个客观分析领域，如销售、成本、利润的情况等。"面向主题"就是指数据仓库中的信息是按主题组织的，按主题来提供信息。

2）"集成"是指数据仓库中的数据不是业务处理系统数据的简单拼凑与汇总，而是经过系统地加工整理，是相互一致的、具有代表性的数据。

3）"随时间变化"是指数据仓库中存储的是一个时间段的数据，而不仅仅是某一个时刻的数据，所以主要用于进行时间趋势分析。

4）"信息本身相对稳定"是指数据一旦进入数据仓库，一般情况下将被长期保留，变动很少。

（2）数据存储和管理技术。

数据仓库需要对大量数据进行存储和管理，所涉及的数据量比传统事务处理数量大得多，并且随着时间的推移而累积。从现有技术和产品来看，只有关系数据库能够担当此任。关系数据库经过几十年的发展，在数据存储和管理方面已经非常成熟，非其他数据管理系统可比。目前，不少关系数据库系统已支持数据分割技术，能够将一个大的数据库表分散在多个物理存储设备中，进一步增强了系统管理大数据量的扩展能力。

▶ 小贴士

计算机常用的存储单位有：

位——Bit（比特）：存放一位二进制数，即 0 或 1，是最小的存储单位。

字节——Byte：8 个二进制位（Bit）为一个字节，是最常用的单位。

计算机存储容量一般用 KB、MB、GB、TB、PB 等来表示，其中的 B 是 Byte 的简写，它们之间的关系如下：

1KB＝1 024B

1MB＝1 024KB

1GB＝1 024MB

1TB＝1 024GB

1PB＝1 024TB

其中：1 024＝2^{10}。

（3）数据挖掘技术。

20 世纪 90 年代以来，随着信息技术和数据库技术的迅猛发展，人们可以非常方便地获取和存储大量的数据。面对海量的数据，传统的数据分析工具只能进行一些表层的处理（如查询、统计等），而不能获得数据之间的内在关系和隐含的信息。为了摆脱"数据丰富、知识贫乏"的困境，人们迫切需要一种能够智能地、自动地把数据转换成有用信息和知识的技术和工具，这种对强有力数据分析工具的迫切需求使得数据挖掘技术应运而生。人们认识到数据库中存储的数据量急剧增大，在大量的数据背后隐藏着许多重要的信息。从海量数据库中挖掘信息的技术，就称为数据挖掘。数据挖掘就是从大量的、不完全的、有噪声的、模糊的、随机的数据中提取隐含在其中的，人们事先不知道的，但又是潜在有用的信息和知识的过程。

关于数据挖掘，我们来分享一个故事。

在美国的一家沃尔玛超市发生过这样的一件趣事：在一个夏季，管理者发现在那段时间里婴儿尿布和啤酒的销量次第拔高，如果在一般的商店，这一现象也许就会被忽略了，但沃尔玛超市的管理者没有轻易放过这个现象。他们立即对这个现象进行了分析和讨论，并且派出了专门的队伍在卖场内进行全天候的守候观察。最后，经过对收集到的大量数据进行分析，谜底终于水落石出：原来，购买这两个产品的顾客一般都是年龄在25～35岁的青年男子，由于他们的孩子尚在哺乳期，所以下班后他们会遵循太太的命令到超市里为孩子购买婴儿纸尿裤，每当这个时候，他们大都会为自己顺带买回几瓶啤酒。沃尔玛的管理者立即针对此现象采取了行动：

第一，将卖场内原来相隔很远的妇婴用品区与酒类饮料区的空间距离拉近，减少顾客的行走时间。

第二，根据本地区新婚新育家庭的消费能力的调查结果，对这两个产品的价格进行了调整，使价格更具有吸引力。

第三，向一些购物达到一定金额的顾客赠送婴儿奶嘴及其他小礼品。

这就是经典的沃尔玛啤酒和尿布案例。

数据挖掘技术是一个新兴且充满希望的研究领域，在电子商务中，数据挖掘可以实现以下几种功能：

1）客户细分。随着"以客户为中心"经营理念不断深入人心，分析客户、了解客户并引导客户的需求已成为企业经营的重要课题。通过对旅游电子商务系统收集的交易数据进行分析，可以按各种客户指标（如自然属性、收入、交易额、价值度等）对客户进行分类，然后确定不同类型客户的行为模式，以便采取相应的营销措施，促进旅游企业利润的最大化。

2）客户获得。利用数据挖掘可以有效地获得客户。比如通过数据挖掘可以发现购买某种商品的消费者是男性还是女性，学历、收入如何，有什么爱好，从事什么职业等。甚至可以发现不同的人在购买该种商品的相关商品后多长时间有可能再购买该种商品，以及什么样的人会购买什么型号的该种商品等。也许很多因素表面上看起来和购买该种商品不存在任何联系，但数据挖掘的结果证明它们之间有联系。在采用了数据挖掘技术后，针对旅游目标客户发送的广告的有效性和回应率将得到大幅度的提高，旅游推销的成本将大大降低。

3）客户保持。客户保持是指企业通过努力来巩固及进一步发展与客户长期、稳定关系的动态过程和策略。数据挖掘可以把电子商务客户分成不同的类，每类客户拥有相似的属性，不同类的客户的属性不同。这样就可以通过给不同类的客户提供完全不同的服务来提高客户的满意度。利用数据挖掘还可以发现具有哪些特征的客户有可能流失，这样挽留客户的措施将更有针对性，相关费用也会下降。

4）个性服务。当客户在电子商务网站注册后，客户将会看到带有客户姓名的欢迎词。根据客户的订单记录，系统可以向客户显示那些可能引起客户特殊兴趣的新商品。普通的产品目录手册常常简单地按类型对商品进行分组，以简化客户挑选商品的步骤。然而对于在线商店，商品分组可能是完全不同的，它常常以针对客户的商品补充条目为基础，不仅考虑客户看到的条目，而且考虑客户购物篮中的商品。

6. 电子商务与数据库技术

数据库技术对于电子商务的支持可以概括为以下几部分：

（1）进行数据的收集、存储和组织。

进行数据的收集、存储和组织是传统数据库系统的主要功能。对于参与电子商务的企业而言，数据不仅仅来自企业内部管理信息系统，还有大量的数据来自外部。数据是企业的重要资源，是决策的依据，是进行各类生产经营活动的基础及结果。

（2）提供决策支持。

决策是企业经营成败的关键，而数据库存储的数据就是决策的依据。对于参与电子商务的企业而言，由于数据库的信息更灵通、过程更规范，故为决策支持打下了良好的基础。

由于电子商务是利用网络来从事商务活动，网络将时空距离对商务的影响降到了最低，所以参与电子商务的企业所面对的市场是一个全球化的市场。这一点对企业而言，既是机遇又是挑战。一方面，由于电子商务的介入，企业可以得到更多的经济信息，有利于企业的经营；另一方面，由于电子商务交易的全球化，某地区或厂商的价格变动可能会影响到其他地区，甚至会波及全球市场，从而使得电子商务市场变化频繁，这些都加大了企业预测市场动向和规划经营管理的难度。在这样的环境中，电子商务就变得更加重要了。企业应该充分利用电子商务的海量数据进行分析，并依据分析结果做出正确的决策，随时调整经营策略，以适应市场的需求。

7. 数据库与网络技术相结合

随着互联网的不断扩展，当前许多企业纷纷在 Web 上建设自己的网站。企业通过主页介绍自己的情况，提供琳琅满目的产品和优惠的价格并配有详细的专家评论，同时可以收集顾客的需求信息，提供丰富的产品信息。将 Web 技术和数据库技术结合在一起，就产生了 Web 数据库。Web 技术与数据库技术相结合，可以集 Web 和数据库的诸多优点于一身。前端有界面友好的 Web 浏览器，后台则有成熟的数据库技术，这样无疑会带给企业一个良好的应用环境。

电子商务应用的前提是企业管理信息系统的广泛应用，而数据库技术是企业管理信息系统的核心技术之一，所以电子商务作为新型的企业经营管理模式，当然也离不开数据库技术的支持。如今，数据库技术正在为推进电子商务应用发挥巨大的作用，将来随着数据库技术的飞速发展，会对优化企业管理模式做出更大的贡献。

8. 常用的数据库开发平台

（1）认识数据库开发平台。

使用数据库开发平台的目的就是建立数据库，将数据库的设计方案付诸实施。

1）数据库服务器。SQL Server、Oracle、Sybase 等都是大型的数据库开发平台，重点在于后端数据库的管理，它们的数据库都是隐身于后端的"服务器"。主要功能有：强大的数据库引擎，高度的数据安全、备份及还原，不同数据库之间的数据转换等。

2）多媒体数据库。多媒体是在计算机控制下把文字、声音、图形、图像等多种类型的数据进行有机集成。其中：数字、字符等称为格式化数据；文字、声音、图形、图像等称为非格式化数据。多媒体数据库是指能够存储和管理相互关联的多媒体数据的集合。这些数据集合语义丰富、信息量特别大、管理过程复杂，因而要求多媒体数据库能够支持多种数据模型，能够存储多种类型的多媒体数据，并针对多媒体数据的特点采用数据压缩与解压缩等特殊存储技术；同时，要提供对多媒体数据进行处理的功能，包括查询、播放、编辑等，可以将物理存储的信息以多媒体方式向用户表现。

（2）常见的数据库产品。

自 20 世纪 70 年代关系数据模型提出后，由于其突出的优点，迅速被商用数据库系统所采用。在 20 世纪 70 年代以来新发展的数据库系统中，主要采用的是关系数据模型，其中涌现出了许多性能优良的商品化关系数据库管理系统。比较有代表性的是国内的华为云 GaussDB、达梦数据库、人大金仓数据库以及国外的 DB2、Oracle、Sybase、SQL Server 等。

项目小结

经过网络和数据库技术的探索，司马逍遥对旅游电子商务的基本技术建立了一些初步的概念，对计算机网络、互联网提供的服务、域名、数据库、数据管理系统等有了一定的认识，这为司马逍遥学习旅游电子商务打下了良好的技术基础。当然，学无止境，老师告诫司马逍遥，他所学到的这些知识还都是一些概念上的内容，要想提升，就必须认真实践，将理论和实践有机地结合起来，只有这样才能真正有所长进。而且当今计算机和网络技术变化无穷，要想紧跟这种变化，就要在互联网浩瀚的知识海洋中不断地进取和学习。有道是：路漫漫其修远兮，吾将上下而求索。

想一想

1. 你理解的计算机网络是什么？
2. 旅游电子商务依托的计算机网络是什么概念？
3. 数据库仅仅就是存储数据的"仓库"吗？

拓展阅读

计算机网络技术人工智能应用

计算机网络技术中的人工智能应用具有重要的价值，可以增强数据处理分析水平。随着数据需求的不断增长，人们开始意识到数据信息的重要性，并致力于提高计算机网络系统中人工智能技术的应用水平。通过在计算机网络技术中应用人工智能技术，可以提升数据处理和分析水平，实现更好的数据信息处理效果。这将为各个领域带来更高效、准确和智能化的决策与管理能力，推动社会进步和发展。

1. 提高计算机网络技术管理水平

在计算机网络技术管理工作中，人工智能技术的应用可以显著提升计算机网络系统的管理水平，使其在激烈的市场竞争中获得更大的发展空间。建立完善的计算机网络技术管理体系和制度，借助人工智能技术的支持，提高计算机网络系统的整体运行效率，这包括加强计算机网络系统的管理和维护工作，确保系统的稳定性和安全性。

人工智能技术可以应用于网络管理和系统评价工作中，人工智能技术在计算机网络技术中的应用，可以进一步优化计算机网络系统的运行模式，在保证计算机网络系统正常运行的基础上，利用人工智能技术的优势，进行智能化的网络管理和系统评价，提高管理效能和决策准确性。通过应用人工智能技术，计算机网络技术管理人员可以更好地利用数据分析和预测能力，及时发现和解决网络问题，提高故障诊断和处理的效率。人工智能技术还可以自动化地进行网络配置和优化，减少人工干预，提高管理效率和降低成本。

2. 提高计算机网络技术安全性

当前，许多企业在使用计算机网络技术进行经营管理时面临各种安全威胁，这严重影响计算机网络系统的正常运行。将人工智能技术应用于计算机网络安全管理工作中，可以实现对计算机网络系统的全面监测和分析，并对系统运行状况进行评估，基于此，可以提出合理的解决方案，从而提高计算机网络系统的安全管理水平。此外，人工智能技术还可以预测和分析计算机网络系统中存在的安全威胁，为安全管理工作提供参考依据。在日常管理工作中，人工智能可以协助建立健全的信息数据安全管理体系和故障处理机制，从而在保证信息数据安全和故障处理效率的基础上，有效提升信息数据安全保障能力。从总体来看，人工智能的应用可以显著提高计算机网络技术的安全性，保护网络系统免受各种安全威胁的侵害，确保网络的稳定运行和数据安全传输。

3. 计算机网络技术人工智能应用方式

（1）在网络安全管理中的应用。

计算机网络安全管理是保护网络免受各种威胁和攻击的重要任务，而人工智能技术在这一领域的应用为网络安全提供新的解决方案。入侵检测系统（IDS）作为一种关键的安全管理工具，通过对网络数据的分类和实时筛选，能够及时识别可疑的活动并向用户提供反馈。这种技术要求在网络性能良好的情况下应用，旨在防止外部攻击对网络造成损害。智能防垃圾邮件系统是另一个重要的网络安全管理应用，它能够全面智能地扫描用户的电子邮件，准确识别有效邮件和垃圾邮件，并对其进行分类。

通过基于用户的信息安全需求，智能防垃圾邮件系统能够及时检测和处理垃圾邮件，确保用户的电子邮件系统正常运行。这些人工智能应用在计算机网络安全管理中发挥重要作用，它们能够自动化地分析和处理大量的网络数据，提高安全事件的检测和响应速度，同时，基于机器学习和深度学习的算法，这些系统能够不断学习和适应新的威胁模式，提高安全性和准确性。然而，当前的挑战是如何应对日益复杂和隐蔽的网络攻击，以及如何提高系统的性能和可扩展性。

未来的发展方向包括基于人工智能的自适应防御系统、网络行为分析和预测以及与其他安全管理工具的集成等。通过不断研究和创新，人工智能在计算机网络安全管理中的应用将为网络安全提供更加可靠和高效的保护。

（2）在网络优化中的应用。

随着网络规模的不断扩大和流量的不断增加，传统的网络优化方法已经无法满足对高效、可靠和智能网络的需求，引入人工智能技术成为改善网络性能和提升用户体验的关键。在网络优化中，人工智能可以通过一系列的应用措施提高网络的性能和效率。其中，智能路由是一项重要的技术，它基于人工智能算法和网络拓扑信息，动态选择最佳的路径传输数据。智能路由可以根据网络拓扑、流量负载和节点状态等因素，实时地调整路由策略，避免网络拥塞和瓶颈，提高数据传输的速度和稳定性。

另外，负载均衡也是网络优化中常用的人工智能应用措施之一。通过负载均衡技术，可以将网络流量均匀地分配到不同的服务器或网络节点上，避免某些节点过载而导致性能下降。人工智能算法可以根据实时的流量负载情况，智能地调整负载均衡策略，保证网络资源的合理利用和高效分配。除了智能路由和负载均衡，人工智能在网络优化中还可以应用于带宽优化和资源管理等方面。通过智能分析和预测网络流量，可以合理规划带宽资源，提高网络的传输效率和带宽利用率。人工智能还可以通过自动化的方式进行网络资源的动态调配和管理，根据实时需求对网络资源进行智能分配，提高资源利用效率和服务质量。

资料来源：宋义秋．计算机网络技术人工智能应用研究．新潮电子，2024（1）.

练一练

一、填空题

1. 计算机网络按网络的覆盖范围可分为_____、城域网和_____。

2. 互联网为网络用户提供了非常丰富的服务。这些服务包括 WWW 服务、_____、_____、文件传输、_____、布告栏系统、_____等。

3. 数据库在旅游电子商务中的作用是存储和管理_____，以便为用户提供更好的服务和体验。

二、单项选择题

1. 局域网（LAN）通常覆盖的地理范围是（　　）。

A. 几米到几千米　　　　　　　　B. 几十千米到几百千米

C. 几百千米到几千千米　　　　　D. 覆盖全球

2. 旅游电子商务网站使用（　　）来存储和检索大量数据。

A. 关系数据库　　　　　　　　　B. 非关系数据库

C. 文件系统　　　　　　　　　　D. 分布式数据库

3. 在旅游电子商务中，数据库的主要作用是（　　）。

A. 提高网站速度　　　　　　　　B. 存储和管理数据

C. 处理用户请求　　　　　　　　D. 加密用户信息

4. 在旅游电子商务中，数据库备份的主要目的是（　　）。

A. 提高数据库性能　　　　　　　B. 防止数据丢失

C. 加密存储数据　　　　　　　　D. 优化数据库结构

三、名词解释

1. 数据库。

2. 计算机网络。

3. 域名。

4. IP 地址。

四、简答题

1. 试述 TCP/IP 协议的含义。

2. 简述局域网、城域网和广域网之间的关系。

3. 你认为旅游网站的域名应该如何设计?

4. 在旅游电子商务中,计算机网络如何帮助提高用户体验?

5. 解释旅游电子商务网站为何需要数据库,并说明数据库在其中的关键作用。

实践与实训

旅游电子商务网络和数据库技术

【实训目的】

1. 掌握 IE 浏览器的默认访问主页、安全级别、连接方式等的设置。

2. 了解 TCP/IP 协议的功能。

3. 掌握局域网中网络的基本配置方法。

【实训步骤】

1. IE 设置。

鼠标右键单击桌面上的 IE 浏览器图标,在出现的快捷菜单中选择“属性”,出现如图 3-21 所示的“Internet 属性”对话框。

(1) 设置默认访问主页。

单击“常规”标签,在“地址”栏输入“https://www.sohu.com”,那么今后打开 IE 浏览器时,就会自动进入设置的网站。

(2) 设置安全级别。

单击“安全”标签,出现如图 3-22 所示的对话框,选择 Internet 图标,设置不同的安全级别,注意阅读不同的安全性能。

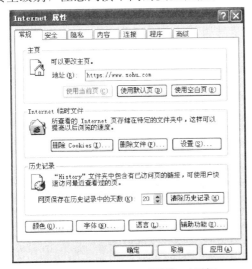

图 3-21 “Internet 属性”对话框

图 3-22 设置安全级别

（3）设置连接方式。

单击"连接"标签，出现如图3-23所示的对话框。

单击"添加"按钮，可以选择适当的拨号连接方式。

单击"局域网设置"按钮，可以选择"自动检测设置"或根据需要选择"使用代理服务器"。

2. Internet TCP/IP 的配置方法。

（1）鼠标右键单击桌面上的"网上邻居"，选择快捷菜单中的"属性"，打开"网络连接"窗口，鼠标右键单击"本地连接"，选择快捷菜单中的"属性"，打开"本地连接属性"对话框。

（2）选中列表中的"Internet 协议（TCP/IP）"，单击右边的"属性"按钮，进入"Internet 协议（TCP/IP）属性"对话框（见图3-24），查看并设置 TCP/IP 地址。

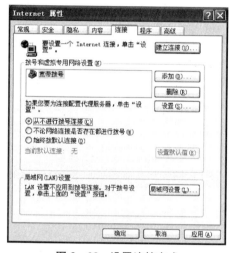

图3-23　设置连接方式

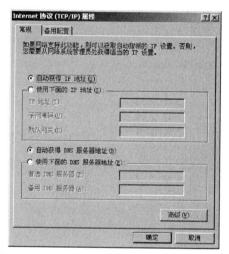

图3-24　Internet 协议（TCP/IP）属性对话框

【实训报告】

1. 详细描述实训操作的流程，体会网络设置的基本方法。

2. 总结实训操作的成效，概括实训操作的感受，并对实训操作的效果进行评析。

知识拓展链接

1. 中国互联网络信息中心

中国互联网络信息中心（CNNIC）（见图3-25）是经国家主管部门批准，于1997年6月3日组建的互联网管理和服务机构。

中国互联网络信息中心负责管理、维护中国互联网地址系统，引领中国互联网地址行业发展，权威发布中国互联网统计信息，代表中国参与国际互联网社群。

2. 中国万网

中国万网（见图3-26）是中国领先的互联网应用服务提供商，企业网络服务首选品

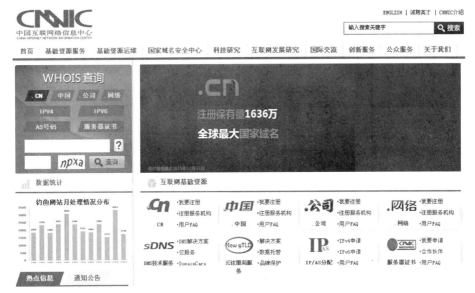

图 3 - 25 中国互联网络信息中心首页

牌。中国万网致力于为企业客户提供完整的互联网应用服务，包括域名服务、主机服务、企业邮箱、网站建设、网络营销以及高端的企业电子商务解决方案和顾问咨询服务，以帮助企业客户应用互联网实现电子商务，提高企业竞争能力。

图 3 - 26 中国万网首页

项目四 学习网站技术 探寻电商门户

学习目标

1. 了解与旅游电子商务网站相关的概念与技术；
2. 熟悉网页常用的设计元素及设计软件。

实践目标

1. 通过浏览旅游电子商务网站，了解网页的基本组成要素；
2. 学会网页基本制作软件的选择方法，并能掌握基础的网页制作知识。

素养目标

1. 具备扎实的网站知识，并通晓一般的网站概念和技能；
2. 具备良好的沟通能力和团队合作能力。

问题引入

通过对项目三的学习，司马逍遥初步了解并掌握了计算机网络及数据库的一些基本知识，但是对于如何设计一个专业型旅游电子商务网站并不了解，而应用网站技术是实现旅游电子商务必不可少的环节。司马逍遥准备尝试建立一个小型的旅游电子商务网站，为自己未来从事旅游电子商务奠定一定的技术基础。

任务导读

旅游电子商务网站涉及的技术很多，通过对项目三的学习，在掌握了计算机网络和数据库知识的基础上，司马逍遥应该从网页的基本概念入手，由浅入深地了解和掌握旅游电子商务网站相关技术。

📥 案例导入

穷游网

2004 年，在欧洲留学的肖某无意中听说瑞士某四星酒店有一欧元一晚的特价促销，便抱着试试看的心态登录该酒店网站并成功预订酒店。这一次尝试让资讯的力量打动了肖某，他以自己收集的信息为基础做了一个简单的网站，主要是和大家一起分享这些资讯。于是，穷游网（见图 4-1）便诞生了。

从诞生那天起，穷游网就是属于穷游群体的。刚开始，这个小小的网站只有一个兼职员工，但它却吸引了众多热心的旅欧学生在这个平台上分享自己的旅行。分享和互助，从那时起就成为穷游网的基因。通过口口相传，很快穷游网就在欧洲有了几万名用户。2008 年，穷游网的国内用户数量已经超过海外用户数量。今天，已经有近亿中国旅行者在穷游网的陪伴下踏上旅途。

现在，穷游网有了很多变化：获得了投资，有了新办公室，建立起了团队，有了更多的产品、更好看的界面以及更多的用户。穷游网还全面升级旅行兴趣社交产品"Biu!"，以美图、声音、短视频等方式帮助用户记录、分享旅行瞬间。

图 4-1 穷游网首页

📥 知识探究

任务一 了解网页的基本概念

看了穷游网的案例，司马逍遥梦想着能在未来也创立一个这样的旅游网站。但是万丈高楼平地起，没有知识的积累和储备是没法实现这个目标的。老师告诉司马逍遥，要想做好旅游电子商务网站，就要了解旅游电子商务网站的各种要素。下面就让我们和司马逍遥一同去探索旅游电子商务网站的奥秘吧！

1. 超文本标记语言

HTML 是 Hyper Text Mark-up Language 的缩写，中文意思是"超文本标记语言"，HTML 是一种用于创建网页的标准标记语言。它不是一种编程语言，而是一种描述性的语言，用于描述网页的结构和内容。HTML 文档由一系列的元素（Elements）组成，这些元素通过标签（Tags）来定义。用它编写的文件的扩展名是".html"或".htm"，是可供浏览器解释浏览的文件格式，可以使用我们常见的 Windows 软件中提供的记事本、写字板或专用的 FrontPage、Dream-weaver 等编辑工具来编写 HTML 文件。HTML 是一种专门用于 WWW 的编程语言，用于描述超文本各个部分的构造，告诉浏览器如何显示文本、怎样生成文档链接等信息。

一个简单的 HTML 文件示例如下：

```
〈!DOCTYPE html〉
〈html〉
〈head〉
〈title〉我的第一个 HTML 页面〈/title〉
〈/head〉
〈body〉
〈h1〉欢迎来到我的第一个网站〈/h1〉
〈p〉这是一个简单的 HTML 页面.〈/p〉
〈/body〉
〈/html〉
```

司马逍遥按照下面的操作步骤进行操作：

（1）创建一个新文件：首先，在电脑上创建一个新的文件。可以使用任何文本编辑器（如记事本、VS Code、Sublime Text 等）来完成这个任务。

（2）编写 HTML 代码：将上面的 HTML 代码复制并粘贴到新创建的文件中。确保所有的标签都正确配对，并且格式正确。

（3）保存文件：保存文件时，确保文件的扩展名为 .html。例如，可以将文件命名为 mypage. html。

（4）打开文件：使用浏览器（如 Chrome、Firefox、Edge 等）打开刚刚保存的 HT-ML 文件。可以通过双击文件或在浏览器中选择"文件"→"打开"来实现。

（5）查看结果：当浏览器打开文件时，应该能看到一个简单的网页，标题为"欢迎来到我的第一个网站"，下面有一行文字"这是一个简单的 HTML 页面。"，如图 4-2 所示。

欢迎来到我的第一个网站

这是一个简单的HTML页面。

图 4-2　HTML 呈现的屏幕效果

这就是一个简单的 HTML 文档及其操作步骤。

使用 HTML 编写的文件之所以被称为超文本文件，是因为其页面内除文本外，还包含图片、链接、音频甚至视频等部分。在 HTML 文件中可以加入图片、音频、视频等网页内容，并且可以从一个文件跳转到另一个文件，与世界各地互联网的网站链接。设计 HTML 语言的目的是把存放在一台计算机中的文本或图形与另外一台计算机中的文本或图形方便地联系在一起，形成有机的整体，不用考虑具体信息是在当前计算机上还是在网络中的其他计算机上。HTML 文本是由 HTML 命令组成的描述性文本。HTML 文本包括头部（Head）、主体（Body）两大部分，其中头部描述浏览器所需的信息，主体则包含所要说明的具体内容。

　　HTML 是网络的通用语言，是一种简单、通用的标记语言，它允许网页制作人建立文本与图片相结合的复杂页面，无论使用的是什么类型的计算机或浏览器，这些页面都可以被网上的任何人浏览。图 4 - 3 展示了一个简单的 HTML 结构及其编辑器。

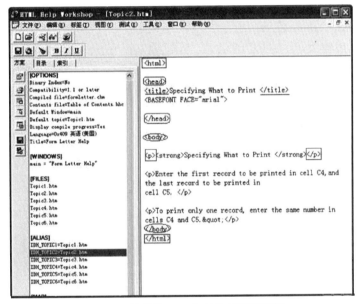

图 4 - 3　简单的 HTML 结构及其编辑器

　　HTML 语言使用标签对的方法编写文件，既简单又方便，它通常使用〈标签名〉和〈/标签名〉来表示标签的开始和结束（例如〈html〉和〈/html〉标签对）。下面让我们了解一下 HTML 的基本标签。

　　（1）HTML 标签。

　　〈html〉标签放在 HTML 文档的最前边，用来标识 HTML 文档的开始；〈/html〉标签放在 HTML 文档的最后边，用来标识 HTML 文档的结束。该标签必须成对使用。

　　（2）文件头标签。

　　〈head〉和〈/head〉构成 HTML 文档的开头部分，在此标签对之间可以使用〈title〉与〈/title〉、〈script〉与〈/script〉等标签对，这些标签对都是描述 HTML 文档相关信息的标签对，〈head〉和〈/head〉标签对之间的内容是不会在浏览器窗口内显示出来的。该标签必须成对使用。

　　（3）文本体标签。

　　〈body〉和〈/body〉构成 HTML 文档的主体部分，在此标签对之间可包含〈p〉与〈/p〉、〈h1〉与〈/h1〉、〈br〉与〈/br〉等众多标签对，定义的文本、图像等内容会在浏览器窗口中显示出来。该标签必须成对使用。

（4）文件标题标签。

在浏览器窗口中，最上边显示的文本信息一般是网页的标题。只要在网页的 HTML 代码中的〈title〉和〈/title〉标签对之间加入要显示的文本，就可以设置网页的标题了。该标签必须成对使用。

（5）换行标签。

上面所讲的都是双标签，即标签只能成对地使用，另外也有单标签，只需单独使用就能完整地表达意思。最常用的单标签是〈BR〉，它表示换行。

（6）段落标签。

为了排列得整齐、清晰，文字段落之间常用〈P〉和〈/P〉来做段落标签。文件段落的开始由〈P〉来标记，段落的结束由〈/P〉来标记，〈/P〉是可以省略的，因为下一个〈P〉的开始就意味着上一个〈P〉的结束。〈P〉标签还有一个属性为 align，它用来指明字符显示时的对齐方式，一般值有 center、left、right 三种。

（7）水平线段标签。

〈HR〉标签可以在屏幕上显示一条水平线，用以分割页面中的不同部分。该标签有四个属性，分别为 size、width、align 及 noshade。

许多单标签和双标签的开始标签内可以包含一些属性，其语法是：

〈标签名字：属性 1、属性 2、属性 3……〉

各属性之间无先后次序，属性也可以省略（即取默认值），例如单标签〈HR〉表示在文档的当前位置绘制一条水平线，一般是从窗口中当前行的最左端一直画到最右端。当然也可以设置水平线的属性，例如：

〈HR size＝3 align＝left width＝"75％"〉

其中：size 属性定义线的粗细，值取整数，默认值为 1；align 属性定义对齐方式，值可以取 left（左对齐）、center（居中，默认值）、right（右对齐）；width 属性定义线的长度，值可以取相对值（由一对引号括起来的百分数，表示相对于充满整个窗口的百分比），也可以取绝对值（用整数表示屏幕像素点的个数，如 width＝300），默认值为 100％。

2. 网页及网页中的元素

学习了超文本标记语言基本概念后，司马逍遥想知道网站的基本组成有哪些。经过老师指点，他找到很多关于网页的资料，并了解了网页的各种基本知识，他将相关的知识总结如下：

网页（Web Page）是通过 WWW 发布的包含文本、图片、声音和动画等多媒体信息的页面，它是网站最基本的组成单位。众多的网页有机地集合在一起就组成了网站。

一个网页实际上就是一个普通的文本文件。在 IE 浏览器中打开一个网页时，单击"查看"菜单下的"源文件"，就会打开一个记事本窗口，显示该网页源文件的内容。

一个网站的第一个网页称为主页（Home Page）。主页是所有网页的索引页，通过单击主页上的超链接，可以打开其他的网页。正是由于主页在网站中的特殊作用，人们也常常用主页指代所有的网页，将个人网站称为个人主页，将建立个人网站、制作专题网站称为网页制作。网页中的基本元素包括站标、文字、图片、动画、音频和视频、超链接、表格、表单、导航栏、其他元素等。从这个意义上说，网页是一种可以在 WWW 上传输，能被浏览器识别、翻译并能显示的特殊文件。

在设计网页之前，必须先认识一下构成网页的基本元素。只有这样，才能在真正的设计工作中得心应手，并根据需要合理地组织和安排网页的内容，从而达到期望的目标。

图 4-4 是重庆市旅游网的首页，在这个网页中，包含了多种网页基本元素。下面将详细介绍。

图 4-4 重庆市旅游网的首页

（1）站标。

站标也叫 Logo，指代表一个网站或品牌的标志，通常位于网站的页眉（Header）或页面左上角，是网站身份和品牌形象的重要组成部分。一个好的网页站标设计能够让用户迅速识别网站，增强品牌的可识别性。

在旅游电子商务网站上，网页站标的作用尤为重要，因为它不仅代表了公司的形象，还能帮助用户在浏览不同的旅游产品和服务时记住并返回主页。站标设计应与网站的整体风格和内容相协调，同时要足够简洁、易记，并且在不同的设备和分辨率上都能清晰可见。

新浪网和搜狐网的站标如图 4-5 所示。

图 4-5 新浪网和搜狐网的站标

（2）文字。

文字是网页的主体，负责传达信息。文字一直是最重要的信息载体与交流工具，网页中的信息以文字为主。与图片相比，文字虽然不如图片那样能够很快引起浏览者的注意，但能准确地表达消息的内容和含义。为了克服文字固有的缺点，人们赋予了网页中文字更多的属性，如字体、字号、颜色、底纹和边框等，通过格式的区别，突出显示重要的内容。此外，用户还可以在网页中设计各种各样的文字列表，来清晰地表达一系列项目。文字示例见图 4-6。

图 4-6　文字示例

（3）图片。

图片在网页中具有提供信息、展示作品、装饰网页、表达个人情调和风格的作用，可以在网页中使用 GIF、JPEG（JPG）和 PNG 等格式的图片，其中使用最广泛的是 GIF 和 JPEG 两种格式。图 4-7 为新浪旅游网站中的图片。

图 4-7　新浪旅游网站中的图片

下面我们讨论 GIF、JPEG（JPG）和 PNG 这三种格式在使用上的一些特点。

▶ 小贴士

图片虽然在网页中起着非常重要的作用，但如果网页上添加的图片过多，不仅会影响网页整体的视觉效果，而且下载速度将明显下降，可能会导致浏览者因失去耐心而离开网站。因此，网页中的图片不宜过大、过多，格式也不宜太复杂。

1）GIF 格式。GIF 的英文全称为 Graphics Interchange Format，中文译为图形交换格式。GIF 图片的扩展名是".gif"。现在所有的图形浏览器都支持 GIF 格式。GIF 格式的图片优点主要有：

第一，支持背景透明。如果将 GIF 图片的背景色设置为透明，它将与浏览器背景相结合生成图片。

第二，支持动画。GIF 格式可以将单帧的图像组合起来，然后轮流播放每一帧，从而形成动画。很多图形浏览器都支持 GIF 动画。

第三，支持图形渐进。渐进是指图片渐渐显示在屏幕上，与非渐进图片相比，渐进图片能更快地出现在屏幕上，可以让浏览者更快地知道图片的概貌。

第四，支持无损压缩。无损压缩是不损失图片细节而压缩图片的有效方法。由于 GIF

格式采用无损压缩，所以它更适用于线条、图标和图纸。

GIF 格式的缺点同样相当明显，因为它采用索引颜色格式，而这种索引颜色格式最大的缺点就是它只有 256 种颜色，这对于质量高的图片显然是不够的。

一个卡通人物爬梯子的 GIF 格式动画各帧如图 4-8 所示。

图 4-8　GIF 图片各帧的组合示例

2）JPEG 格式。JPEG 的英文全称为 Joint Photographic Experts Group，中文译为联合图像专家组。这种格式经常被写成 JPG，JPG 图片的扩展名为".jpg"。

JPG 格式最主要的优点是能支持上百万种颜色，从而可以更好地表现图片。此外，由于 JPG 图片使用更有效的有损压缩算法，从而使文件长度更小，下载时间更短。有损压缩会放弃图片中的某些细节，以减小文件长度。JPG 图片的压缩比相当高，而且从浏览角度来讲图片质量受损不会太大，这样就大大方便了网络传输和磁盘交换文件。

JPG 格式因为是有损压缩，压缩后图片会产生不可恢复的损失，所以经过压缩的 JPG 图片一般不适合打印，在备份重要图片时最好也不要使用 JPG 格式。除此之外，JPG 格式也不如 GIF 格式那么灵活，它不支持图形渐进、背景透明，更不支持动画。

图 4-9 是一组典型的 JPG 图片。

图 4-9　JPG 图片示例

3）PNG 格式。PNG 的英文全称为 Portable Network Graphic Format，中文译为流式网络图形格式。它是 20 世纪 90 年代开始开发的图片文件存储格式，其目的是替代 GIF 格式，同时增加一些 GIF 格式所不具备的特性。

图 4-10 是一组典型的 PNG 图片。

图 4-10　PNG 图片示例

以上三种格式各有优缺点，对于网页制作人员来说，占用的空间越少越好。根据不同的需要，可以将这三种格式搭配使用。

（4）动画。

在网页中使用动画可以有效地吸引浏览者的注意，许多网站的广告都做成动画的形式，使用动画可以输出更多的内容。图4-11中的图片即动画中的一个画面。

图4-11 携程旅行网 GIF 动画广告

动画是动态的图形，添加动画可以使网页更加生动。常用的动画格式包括动态 GIF 图片和 Flash 动画，前者是用数张 GIF 图片合成简单动画；后者采用矢量绘图技术，生成带有声音效果及交互功能的复杂动画。

（5）音频和视频。

音频是多媒体网页中的一个重要组成部分。在将音频添加到网页之前，首先要对音频文件进行分析和处理，包括用途、格式、文件大小和质量等。支持网络的音频文件格式很多，主要有 MIDI、WAVE、MP3 和 AIF 等。网页制作人员在使用这些格式的文件时，需要考虑的因素包括用途、文件大小、质量和浏览器差别等。不同浏览器对于音频文件的处理方法是不同的，彼此之间很可能不兼容。一般来说，不要使用音频文件作为背景音乐，那样会影响网页的下载速度，可以在网页中添加一个打开音频文件的链接，让音乐变得可以控制。

在网页中也可以插入视频文件，视频文件能使网页变得精彩生动。网页中支持的视频文件格式主要有 Realplay、AVI 和 DivX 等。

图4-12就是网页中视频文件的界面。

图4-12 网页中视频文件的界面

（6）超链接。

超链接（Hyperlink）是网页中用于链接到其他网页或网站区域的一段文本或图片。它是互联网的基础性功能，使得用户可以通过点击链接在不同页面和网站之间导航。超链接是一种允许同其他网页或站点进行连接的元素。各个网页连接在一起后，才能真正构成一个网站。"链接"是指从一个网页指向一个目标的连接关系，"超"是指这个目标可以是另一个网页，也可以是相同网页上的不同位置，还可以是一个图片、一个电子邮件地址、一个文件（如多媒体文件、文档或任意文件）、一个程序，或者是本网页中的其他位置。

当浏览者单击超链接时，目的端将显示在浏览器上，并根据目的端的文件类型以不同方式打开。例如，当指向一个 AVI 文件的超链接被单击后，该文件将在媒体播放软件中打开；当指向一个网页的超链接被单击后，该网页将显示在浏览器上。网页中超链接的界面见图 4－13。

图 4－13　网页中超链接的界面

（7）表格。

在网页中，使用表格可以控制网页中信息的结构布局，精确定位网页元素，使网页元素整齐美观。控制网页中信息的布局方式包括两种：一是使用行和列的形式来布局文本、图片以及其他的列表化数据；二是使用表格来精确控制各种网页元素在网页中的位置。网页中的表格示例见图 4－14。

图 4－14　网页中的表格示例

（8）表单。

表单类似于 Windows 程序的窗体，可将浏览者提供的信息提交给服务器程序进行处理。表单是提供交互功能的基本元素，如问卷调查、信息查询、用户申请及网上订购等，都需要通过表单进行信息的收集工作。

使用超链接，浏览者和站点便建立起了一种简单的交互关系，表单的出现使浏览者与网站的交互关系上升到一个新的高度。网页中的表单通常用来接收浏览者在浏览器输入的信息，然后将这些信息发送到目标端进行相关的处理。表单的用途有以下几个方面：

1）收集联系信息。

2）接收浏览者要求。

3）收集订单、货物和费用细则。

4）获得反馈意见。

5）让浏览者输入关键字，在站点中搜索相关的网页。

6）让浏览者注册为会员并以会员身份登录站点。

表单由不同功能的表单域组成，即使是最简单的表单也要包含一个输入区域和一个提交按钮。浏览者填写表单的方式通常是输入文本、选择单选按钮或选中复选框、从下拉列表中选择选项等。网页中的表单示例见图 4 - 15。

图 4 - 15　网页中的表单示例

根据表单功能与处理方式的不同，通常可以将表单分为用户反馈表单、留言簿表单、搜索表单和用户注册表单等类型。

（9）导航栏。

导航栏是网站内多个页面的超链接组合，也是网站中所有重要内容的概括，可以让浏览者在最短的时间内了解网站的主要内容。

导航栏是在规划站点结构、开始设计主页时必须考虑的一项内容。导航栏的作用就是让浏览者在浏览站点时，不会因为"迷路"而终止对站点的访问。在设计站点中的网页时，可以在站点的每个网页上显示一个导航栏，这样，浏览者就可以方便快捷地转向站点的其他主要网页。网页导航栏示例见图 4-16。

图 4-16　网页导航栏示例

一般情况下，导航栏应放在网页中较为醒目的位置，通常是在网页的顶部或一侧。导航栏既可以是文本链接，也可以是一些图片按钮。

（10）其他元素。

网页中除了以上几种元素之外，还有一些其他元素，包括悬浮按钮、Java 特效、ActiveX 等各种特效。这些元素使网页生动活泼，不仅能点缀网页，而且在网上娱乐、电子商务等方面有着不可忽视的作用。

综上所述，网页设计的技术复杂性比传统媒体要大得多，但总体来说，文字和图片是构成网页的基本元素，因此掌握页面排版和图片处理是非常重要的。

▶ **小贴士**

加载项：一种软件组件，就是为浏览器或其他应用程序增加功能的小工具或插件。它们通常由第三方开发者编写，用来给用户的浏览体验增添更多便利。这些加载项可能以插件、扩展组件、工具栏等形式存在。

任务二　熟悉常用的网页制作软件

在掌握了各种基本概念和基本知识后，司马逍遥对网页知识有了一定了解。他深知，光有这些知识，并不能做好旅游电子商务网站。老师也指点司马逍遥，要做好旅游电子商务网站必须借助一些网页制作软件。

从最简单的记事本、EditPlus 等纯文本编写工具到 FrontPage、Dreamweaver 等所见即所得的工具，都可以作为网页制作工具。表 4-1 列出了一些常用的网页制作、动画制作软件。这些软件都可以在互联网获取、注册并使用。

表 4-1　常用的网页制作、动画制作软件

序号	用途	软件名称
1	网页编辑	NoteBook、EditPlus、FrontPage、Dreamweaver
2	图片编辑	PhotoShop、ACDSee、CorelDRAW
3	上传网页	LeapFTP、CuteFTP
4	音乐编辑录制	Audio Editor、GoldWave、WaveCN、Cool Edit Pro、ARWizard
5	Flash 编辑	Flash、FlashMX
6	GIF 动画制作	Ulead GIF Animator、GIF Movie Gear

续表

序号	用途	软件名称
7	三维字体制作	COOL 3D、3ds Max
8	音乐播放	RealPlayer、Winamp、HTML5 Audio Player、SoundManager 2
9	屏幕抓图	HyperSnap-DX、Super-Screen Capture Pro
10	变脸	Morpher、FaceWarp

1. 网页"三剑客"软件

网页"三剑客"软件是一套强大的网页制作工具，最初是由 Macromedia 公司开发出来的，它由 Flash、Dreamweaver、Fireworks 三个软件组成。之所以称为"三剑客"，很大一部分原因是这三种软件能无缝合作进行网站开发。网页"三剑客"的分工如下：利用 Flash 进行动画制作，利用 Dreamweaver 进行网页制作，利用 Fireworks 进行矢量图形制作和图片处理。较为流行的一种做法是：在 Fireworks 中做好主要页面，然后导出，增加 Flash 动画后，在 Dreamweaver 中加以修改、添加链接等，这样便可以制作出一个非常好看的页面。

（1）Flash 软件。

Flash 软件是美国 Macromedia 公司设计的二维动画软件，主要用于设计和编辑 Flash 文档，附带的 Macromedia Flash Player 用于播放 Flash 文档。

Flash 软件是一种集动画创作与应用程序开发功能于一身的创作软件，零售版本为 Adobe Flash Professional CC。Adobe Flash Professional CC 为创建数字动画、交互式 Web 站点、桌面应用程序以及手机应用程序开发提供了功能全面的创作和编辑环境。Flash 软件广泛用于创建吸引人的应用程序，包含丰富的视频、声音、图形和动画。可以在 Flash 中创建原始内容或者从其他 Adobe 应用程序（如 Photoshop）导入，快速设计简单的动画，以及开发高级的交互式项目。设计人员和开发人员可使用它来创建演示文稿、应用程序和其他允许用户交互的内容。Flash 可以包含简单的动画、视频内容、复杂的演示文稿和应用程序以及介于它们之间的任何内容。通常，使用 Flash 软件创作的各个内容单元称为应用程序，即使它们可能只是很简单的动画，用户也可以通过添加图片、声音、视频和特殊效果，构建包含丰富媒体的 Flash 应用程序。Adobe Flash Professional CC 的工作界面如图 4-17 所示。

Flash 软件是矢量图编辑和动画创作的专业软件。人们使用 Flash 软件主要进行动画制作，在多媒体领域，如交互式软件开发、产品展示等方面，其也有广泛的应用。

Flash 具有如下特点：

1）文件小，适于网络传输。Flash 动画采用矢量图形标准，生成的文件极小，却可以生成复杂的效果，因而可以在网络上更快地播放动画，实现交互。

2）实现动画和交互，视觉吸引力强。Flash 软件提供了多种创建动画的便捷方法，使人们不仅可以看到富有动感的画面，而且能进行控制。例如，用 Flash 动画可以创建一个按钮，单击它，可显示信息、播放声音、跳到影片中的不同位置等。

3）拥有插件方式，浏览快速方便。Flash 的工作方式是插件方式，安装 Shockwave Flash 插件，便可将它嵌入浏览器中，因而，启动浏览器，就可以直接浏览带有 Flash 动画的网页。若用户没有安装这一插件，可以到相应网站下载。

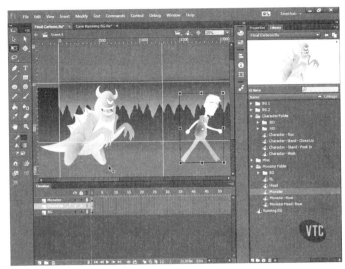

图 4-17　Adobe Flash Professional CC 的工作界面

▶ **小贴士**

插件：计算机软件中的一种特殊程序，它不能单独执行，只有在使用其他软件的环境下方可调用。例如 Shockwave Flash 就是网页浏览器中的一个插件，有了这个插件，网页浏览器就可以直接播放 Flash 动画了。

4）可实现影片集成和网页集成。用户可以很容易地将创建好的场景、组件、动画、按钮以及声音等组合在一起，形成交互影片，而且用户可以控制每个对象出现的时间、位置以及变化等。Flash 还可以很容易地与 HTML 集成，几乎可以无缝地将它结合到网页中。

5）可处理声音。在 Flash 中可以方便地导入和编辑声音，既可以使声音独立地连续播放，也可以使声音与动画保持同步。另外，还可以给一些控件（如按钮）添加声音，对声音设置淡入和淡出的效果。Flash 处理的声音文件格式众多，如 WAVE、MP3 等。

以上这些特点，使得 Flash 软件被广泛应用于网页和多媒体制作，成为网页设计师和开发者的必备工具。Flash 目前已经逐渐成为一种网络标准。

（2）Dreamweaver 软件。

Dreamweaver 软件是美国 Macromedia 公司（该软件现已被 Adobe 公司收购，成为 Adobe Dreamweaver）开发的集网页制作和网站管理于一身的网页编辑器，中文名称为"梦想编织者"。它是为专业网页设计师特别开发的视觉化网页开发工具，利用它可以轻而易举地制作出跨越平台限制和跨越浏览器限制的充满动感的网页。

由于 Dreamweaver 软件支持多种浏览器，可跨平台开发网页，实现了可视化动态 HTML 编程，方便地集成了 Flash、ShockWave、ActiveX 等众多外部媒体，加上使用简便、可扩展性强，因此多数专业网页设计师都选用 Dreamweaver 软件作为网页开发工具。利用 Dreamweaver 软件中的可视化编辑功能，可以快速地创建页面而无须编写任何代码。同时，Dreamweaver 软件提供了强大的设计功能来确保高质量网页的完成，可以迅速高效地开发出代码简洁、专业规范的站点。Dreamweaver 软件是开放式和可扩展的，赋予了用户极大的自由度和灵活性。

目前，流行的 Dreamweaver 软件版本是 Creative Cloud（CC），它的工作界面如图 4 - 18 所示。

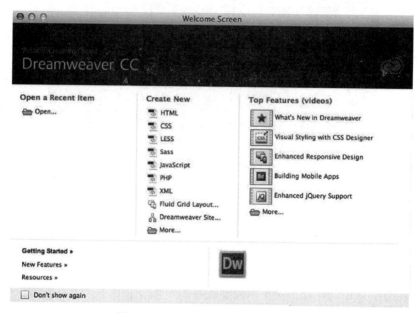

图 4 - 18　Dreamweaver CC 工作界面

Dreamweaver 软件拥有可视化编辑界面，是一种所见即所得的 HTML 编辑器，可实现页面元素的插入和生成。可视化编辑环境减少了大量代码的编写，同时保证了专业性和兼容性，并且可以对内部的 HTML 编辑器和任何第三方的 HTML 编辑器进行实时的访问。无论是用户习惯手工输入 HTML 源代码还是使用可视化的编辑界面，Dreamweaver 软件都能提供便捷的方式使用户设计网页和管理网站变得更容易。

Dreamweaver 软件可以使一个原来对网页一窍不通的人迅速成为网页制作高手，更可以给专业的网站设计师提供强大的开发工具和创作灵感。利用 Dreamweaver 软件，不必写代码就能够实现 JavaScript、动态 HTML 才能实现的特效。

（3）Fireworks 软件。

Fireworks 软件是一个强大的网页图形设计工具，用户可以使用它创建和编辑位图、矢量图，还可以非常轻松地做出各种网页设计中常见的效果，比如翻转图像、下拉菜单等。设计完成以后，如果用户要在其他网页设计中使用，可以将它输出为 HTML 文件，还能输出为可以在 Photoshop、Flash 等软件中编辑的文件格式。

Fireworks 软件可以加速 Web 的设计与开发，是一款创建与优化 Web 图像、快速构建网站与 Web 界面原型的理想工具。Fireworks 软件不仅具备编辑矢量图形与位图的灵活性，还提供了一个预先构建资源的公用库，并可与 Photoshop、Illustrator、Dreamweaver 和 Flash 软件集成，在 Fireworks 软件中将设计迅速转变为模型，或将来自 Illustrator、Photoshop 和 Flash 软件的其他资源直接置入 Dreamweaver 软件中。Fireworks 软件的主界面如图 4 - 19 所示。

Fireworks 软件的特点体现在以下几方面：

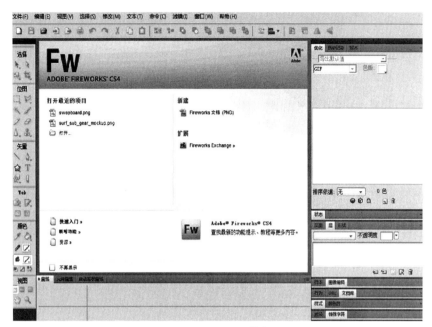

图 4 - 19　Fireworks 的主界面

1）创建和编辑矢量图像与位图图像。可创建和编辑矢量图像与位图图像，并导入和编辑本机 Photoshop 和 Illustrator 文件。

2）图像优化。采用预览、跨平台灰度系统预览、选择性 JPEG 压缩和大量导出控件，针对各种交互情况优化图像。

3）与 Photoshop 和 Illustrator 软件高效地集成。利用 Fireworks 软件可以方便、快捷地导入 Photoshop 文件，导入时可保持分层的图层、图层效果和混合模式，并可将 Fireworks 文件保存为 Photoshop 格式。在导入 Illustrator 文件时，可保持包括图层、组和颜色信息在内的图形完整性。

Fireworks 文件也可以直接导出至 Flash 软件，导出时可保持矢量、位图、动画和多状态不变，然后在 Flash 软件中编辑文件，实现简单有效的集成。

2. PhotoShop 软件

PhotoShop（俗称 PS）软件是 Adobe 公司推出的一款专业的图形、图像处理软件，其功能强大、操作便捷，为设计工作提供了一个广阔的表现空间，使许多不可能实现的效果变成了现实。近几年，美术设计、彩色印刷、网页设计、动漫制作、影视制作、广告制作、多媒体制作等诸多数字媒体技术空前发展，PhotoShop 软件被广泛地应用于各技术领域。随着版本的升级，其功能越来越强大和丰富。目前，PhotoShop 软件流行的版本 Creative Cloud 的功能非常强大，可以提供非常专业的图像编辑与处理功能。PhotoShop CC 的图像启动界面如图 4 - 20 所示。较以前的版本，现在版本的主体感更强，更有"数码"感。

PhotoShop CC 有标准版和扩展版两个版本。PhotoShop CC 标准版适合摄影师以及印刷设计人员使用；PhotoShop CC 扩展版除了包含标准版的功能外，还添加了用于创建及编辑 3D 和基于动画内容的突破性工具。

图 4 - 20 PhotoShop CC 的图像启动界面

PhotoShop CC 的特点体现在以下几方面：

（1）出众的绘图效果。

（2）内容感知型填充。

（3）复杂选择简单化。

（4）操控变形精确化。

（5）出众的成像效果。

（6）高效的工作流程。

（7）更出色的媒体管理。

（8）增强的 3D 素材。

（9）更出色的跨平台性能。

在网页设计的过程中，在进行网站框架和代码设计的同时，还需要用 PhotoShop 设计网站的整体形象。整体形象包括网站导航、背景图片、网站 Logo 图片、网站 Banner 图片、广告图片等。尤其是在首页设计上，对版面、色彩、图像、动态效果、图标等风格和内容的设计就需要借助 PhotoShop 软件的专业化技术处理完成，使网站呈现出独特的风格和魅力。

项目小结

在本项目中，司马逍遥学到了网页和常用设计软件的基本知识，但是仅有这些知识是不够的，没有实践，这些技术就只能停留在纸面上，只有经过实际的操作，这些知识才能变成真正的技能。老师建议司马逍遥去看一些专业的书籍或者上一些专业的网站去了解更深层次的技术，并且自己动手设计一个简单的网站，实现从理论到实践的提升。

目前，所见即所得类型的网站设计工具越来越多，使用起来也越来越方便，制作网页已经变成了一项轻松的工作。建立一个网站就像盖一幢大楼，是一个系统工程，有特定的工作流程，只要我们遵循一定的步骤和规则，按部就班地一步步进行，就能设计出一个满意的网站。下面我们列举一般的网站设计流程。

（1）确定网站主题。

网站主题就是用户建立的网站所要包含的主要内容，一个网站必须有一个明确的主题。特别是个人网站，用户不可能像综合网站那样将内容做得大而全，包罗万象，所以必须找准一个自己最感兴趣的内容，做深、做透，做出自己的特色，这样才能给浏览者留下深刻的印象。

（2）收集材料。

明确了网站的主题以后，我们就要围绕主题开始收集材料了。常言道：巧妇难为无米之炊。要想让自己的网站"有血有肉"，吸引浏览者，就要尽可能多地收集材料，收集的材料越多，以后制作网站就越容易。材料既可以从图书、报纸、光盘上收集，也可以从互联网上收集，然后把收集的材料去粗取精、去伪存真，作为自己制作网页的素材。

（3）规划网站。

一个网站设计得成功与否，很大程度上取决于设计者的规划水平。规划网站就像设计师设计大楼一样，图纸设计好了，才能建成一座漂亮的大楼。网站规划包含的内容很多，如网站的结构、栏目的设置、网站的风格、颜色的搭配、版面的布局、文字图片的运用等，只有在制作网页之前把这些内容都考虑到了，才能在制作时胸有成竹，也只有这样，制作出来的网页才能有个性、有特色，具有吸引力。

（4）选择合适的制作工具。

尽管选择什么样的工具并不会影响网页设计的好坏，但是一款功能强大、使用简单的软件往往可以事半功倍。网页制作过程中涉及的工具比较多，首先就是网页制作工具。目前，大多数人选用的是所见即所得的编辑工具，如 Dreamweaver、FrontPage 等，如果是初学者，FrontPage 是首选。除此之外，还有图片编辑工具，如 PhotoShop、Photoimpact 等；动画制作工具，如 Flash、COOL 3D、GIF Animator 等；网页特效工具，如"有声有色"等软件。网上有许多这方面的软件，可以根据需要灵活运用。

（5）制作网页。

材料有了，工具也选好了，下面就需要按照规划一步步地把自己的想法变成现实了。这是一个复杂而细致的过程，一定要按照先大后小、先简单后复杂的原则来进行制作。所谓先大后小，就是在制作网页时，先把大的结构设计好，然后逐步完善小的结构设计。所谓先简单后复杂，就是先设计出简单的内容，然后设计复杂的内容，以便出现问题时好修改。在制作网页时要灵活运用模板，这样可以大大提高制作效率。

（6）上传测试。

网页制作完毕，最后要发布到 Web 服务器上，才能够让全世界的朋友观看。现在上传的工具有很多，有些网页制作工具本身就带有 FTP 功能，利用这些 FTP 工具，可以很方便地把网站发布到自己申请的主页存储服务器上。网页上传以后，要在浏览器中打开自己的网页，逐页、逐个链接地进行测试，发现问题及时修改。

（7）推广宣传。

网站做好之后，还要不断地进行宣传，这样才能让更多的朋友认识它，提高网站的访问率和知名度。推广的方法有很多，如到搜索引擎上注册、与别的网站交换链接、加入广告链接等。

（8）维护更新。

网站要注意经常维护、更新内容，只有不断地补充新的内容，才能够吸引更多的浏览者。

想一想

1. 旅游电子商务网站具有什么特点？
2. 旅游电子商务网站的网页一般由哪些要素内容组成？
3. 旅游电子商务的网页通常有什么样的设计风格？

拓展阅读

电子商务网站界面的视觉设计及信息传达

电子商务网站旨在宣传企业，树立良好形象。如今，互联网上多媒体技术的应用越来越广泛。现代的网页设计更加注重将多媒体技术与艺术设计结合，深化品牌形象。网页设计是艺术与技术的高度统一，被网站建设者所重视。其中视觉设计扮演着最为重要的角色。

1. 视觉设计概述

视觉设计中的核心要素包括图像、色彩、排版、形状、线条等。图像在视觉设计中可以是具体的照片、插画或图表，通过视觉方式直观地传递信息。色彩选择和运用可以增强作品的吸引力、表达情感或强调重点。排版则包括文字的字体、字号、行距等规划方式，会影响信息的可读性和组织形式。形状和线条的运用可以增加作品的动态感和整体美观度。

视觉设计需要合理的组织来达到信息传达的效果。良好的设计组织能帮助观众或用户更好地理解和接收信息。例如，通过布局、构图、对比等设计手法来引导观众的阅读顺序、强调重要信息、建立视觉层次等。同时，设计组织也需要考虑目标受众的特点和需求，以确保信息传达的准确性和有效性。视觉设计在各个领域应用广泛。广告设计中，通过视觉元素和设计组织来吸引目标用户的注意力，并有效地传递广告信息。品牌设计中，视觉设计有助于塑造和表达企业或产品的形象、价值观，提升品牌的可识别度。网站设计中，视觉设计可以通过界面设计、图片选择、配色等方式来提升用户体验和传达网站内容。标志设计中，则通过图形、色彩和排版等元素来传达企业或组织的核心特点。

2. 电子商务网站界面的视觉设计要素

（1）品牌形象。

通过将企业的品牌形象融入网站设计中，可以方便用户迅速辨识，从而产生信任感和可靠感。用户会觉得在与一个专业、有信誉的企业进行交易，购物风险少。每家企业都有自己独特的品牌个性和竞争优势，这些可以通过各种设计元素来体现。品牌一致性可以突出企业的特点，彰显品牌个性，并与竞争对手区分开来。这有助于企业在激烈的市场竞争中拥有独特的地位。一个具有一致品牌形象的网站可以提供更好的用户体验。无论是从广告、社交媒体链接还是搜索引擎结果跳转到网站，一致的品牌形象可以提供连贯的用户界面，并使用户更容易找到他们需要的信息，从而提高用户满意度和留存率。

（2）色彩和图像。

在电子商务网站设计中，色彩和图像的选择非常重要。在色彩的选择上，应选取与企业品牌形象相符的主色调。例如，如果企业的品牌形象偏向年轻、时尚的定位，可以选择明亮活泼的色彩；如果企业的品牌形象偏向稳重、专业的定位，则可以选择低饱和度的色彩。不同的色彩会引发不同的情感反应，根据企业的定位和目标受众，选择能激发用户情感的色彩。例如，红色可以传达活力和紧迫感，蓝色可以传达冷静和可靠感。在图像的选择上，选择与企业提供的产品或服务相关的高质量图像，以突出产品或服务的特点。图像能吸引用户的注意力并传达清晰的信息。同时，寻找独特而有吸引力的图像，可以让网站在竞争激烈的市场中脱颖而出。这些图像可以是专门为企业定制的、与品牌形象一致的独家图片。总之，通过选取与企业形象相符的色彩和图像，并营造独特的视觉效果，可以使电子商务网站更有吸引力，增加用户对产品或服务的兴趣和信任度。同时，精心选择的色彩和图像也能提升网站的美观性和专业性，从而增强品牌形象和用户体验。

（3）页面布局。

合理的页面布局对提供清晰的导航结构和方便用户查找信息非常重要。主页应该突出显示企业的核心信息、特色产品或服务，使用大标题、醒目的视觉元素和吸引人的图片等要素，引导用户关注主要内容。将相关的信息和功能进行合理分组，使用户快速找到他们需要的信息。通过使用清晰的标题、边框或背景颜色，帮助用户更好地理解页面结构。同时，将主要信息放置在页面的显眼位置，如页面顶部或左侧。次要信息可以放置在页面的中间或底部，避免干扰用户对主要信息的理解。除此之外，页面中应提供足够的空白区域，使文字和其他内容有足够的呼吸空间，增加阅读的舒适性。适当的行距、段落间距和文字大小也是提高可读性的重要因素。合理利用留白空间，使页面元素与其他元素分隔开，避免页面看起来过于拥挤和杂乱。这可以帮助用户更好地理解页面结构，提高信息的可视性和可解析性。

资料来源：郝婕.电子商务网站界面的视觉设计及信息传达研究.上海包装，2023（12）.

国外网站设计创意欣赏

（1）Experience Washington（见图 4-21）。

图 4-21　Experience Washington

（2）Virtual Tourist（见图 4 - 22）。

图 4 - 22　Virtual Tourist

（3）Jacksonville Landing（见图 4 - 23）。

图 4 - 23　Jacksonville Landing

（4）MacAllan Ridge（见图 4 - 24）。

图 4 - 24　MacAllan Ridge

（5）Trapp Family Lodge（见图 4-25）。

图 4-25 Trapp Family Lodge

（6）Monterey（见图 4-26）。

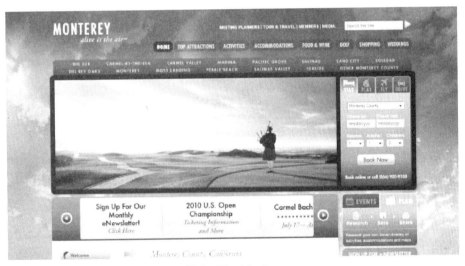

图 4-26 Monterey

练一练

一、单项选择题

1. 被人们称为制作网页"三剑客"的是（　　）。

A. Dreamweaver、Director、Flash

B. Director、Flash、FrontPage

C. Dreamweaver、Fireworks、Flash

D. Dreamweaver、Fireworks、PhotoShop

2. Dreamweaver 是（　　）软件。

A. 图像处理 　　　　　　　　　　　B. 网页编辑

C. 动画制作 　　　　　　　　　　　D. 字处理

3. 下面各项中，不是网页设计工具的是（　　）。

A. FrontPage 2000 　　　　　　　　B. Visual Basic

C. Dreamweaver MX 2004 　　　　　 D. Netscape Designer

4. 在设计一个旅游电子商务网页时，（　　）是提高用户转化率的关键因素。

A. 使用复杂的动画和视频效果

B. 提供详尽的目的地信息和高分辨率图片

C. 隐藏联系方式和预订流程

D. 设置较慢的网页加载速度以增强用户的期待感

5. 在设计一个旅游电子商务网页时，（　　）最有助于提高用户的信任感。

A. 使用鲜艳的颜色和复杂的图案

B. 提供详细的联系信息和客服支持

C. 缺少隐私政策和安全认证标志

D. 只有社交媒体分享按钮，没有用户评价区域

二、名词解释

1. 超文本标记语言。

2. 站标。

3. 超链接。

三、简答题

1. 网站设计的素材有哪些？

2. 你认为应该如何设计一个旅游电子商务网站？

3. 网站的分类有哪些？

4. 网页设计大体分为哪两个方面？

5. 什么是网页的主题？

6. 在动手制作网页时，一定要考虑好哪几个方面的问题？

实践与实训

旅游电子商务网站技术

【实训目的】

1. 通过实训体验旅游电子商务网站的设计方法，并进行一定的实际操作。

2. 学会简单的网站设计技术。

【实训步骤】

1. 熟悉网站制作需要的基本知识和技术。

2. 进入"天极网""网易学院"等专业网页制作指导网站，观看视频教程，逐步了解网站的制作技术。

3. 准备网页制作工具，并动手制作一个简易的旅游电子商务网站，要有自己的创意，图文并茂、主题突出。可以参考以下步骤（以 FrontPage 为例）：

（1）第一阶段。

1）设计网站主题，确定网站风格。

2）学会使用空间。

3）学会文本、图片、表格的插入，超链接的设置。

4）准备相关材料（包括文本、图片、动画）。

5）创建与保存站点及首页。

6）创建与保存站点及 HTML 文档。

（2）第二阶段。

1）美化网站首页，修饰网页。

2）充实网站内容。

3）学会 FrontPage 中的文本段落及编号设置等。

（3）第三阶段。

1）学会 FrontPage 中的表单操作。

2）学会 FrontPage 中的框架操作。

3）学会 FrontPage 中的动态效果制作。

【实训报告】

1. 写出实训的具体过程，分析实训过程中遇到的问题和挑战。

2. 阐述实训结果，总结实训体会，并对实训结果进行分析。

知识拓展链接

1. 天极网

天极网（见图 4-27）是中国首家 IT 消费门户，成立于 1997 年 2 月。天极网以"引领数字消费"为理念，面向广大的 IT 消费者和爱好者，提供 IT 产品的应用、评测、软件下载、群乐社区等资讯内容和互动平台。天极网是体现企业产品价值、导引用户实现精准购买的专业网络媒体。

天极网提供了内容翔实、种类繁多的网站设计素材教程。

2. 模板王

模板王（见图 4-28）是提供网页模板下载、交流、咨询的网络平台。

3. 网易学院

网易学院（见图 4-29）汇集了网页设计流行软件的各种教程，手把手地教浏览者学会这些软件的操作。

图 4 - 27　天极网首页

图 4 - 28　模板王首页

4. 硅谷动力

硅谷动力（见图 4 - 30）是 IT 门户网站，致力于提供 IT 信息与商务服务。硅谷动力提供了网页设计"三剑客"的详细教程。

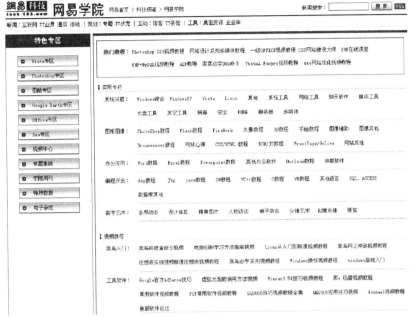

图 4 - 29 网易学院页面

图 4 - 30 硅谷动力首页

项目五　掌握电商支付　做通资金周转

学习目标

1. 理解旅游电子商务支付的内涵；
2. 了解旅游电子商务支付的各种形式及运作特点；
3. 理解电子商务与安全电子支付、网络金融的关系。

实践目标

1. 熟悉旅游电子商务支付的各种实际应用；
2. 能自己动手在旅游电子商务网站完成在线支付。

素养目标

1. 具备支付技能、安全意识、隐私保护和服务意识；
2. 养成团结协作、独立思考、举一反三的思维习惯。

问题引入

掌握了旅游电子商务网站的基本技术后，司马逍遥的信心大增，他对旅游电子商务更加充满了浓厚的兴趣。老师看到他的进步也为他高兴，但是老师同时提醒司马逍遥，旅游电子商务蕴含的知识很多，还需要付出巨大的努力，必须一步一个脚印地学习和实践。老师希望在接下来的学习和实践环节中，司马逍遥能掌握电子商务支付的基本技能。

实施旅游电子商务的过程中，最关键的环节就是电子支付，它直接关系到最终交易的成败。司马逍遥在淘宝网曾经有过购物经历，因此对于电子支付的概念并不陌生，但是光靠这一点的感性认识是远远不够的，他认为电子支付并非那么简单，里面应该包含很多内容。接下来，我们和司马逍遥一起去探索旅游电子商务支付吧！

任务导读

　　电子商务支付涉及电子商务交易的诸多角色，包括消费者、商户、金融机构、认证机构、网络提供商等，它通过信息网络，使用安全的信息传输手段，采用数字化方式进行货币支付或资金流转。在电子商务中，支付过程是整个商务活动中非常重要的一个环节，同时是电子商务中准确性、安全性要求最高的环节，涉及很多技术。司马逍遥首先从电子支付的基本概念和形态入手，逐步深入地了解旅游电子商务支付的各项内容和技术。我们先和司马逍遥一起看一个案例。

案例导入

电子支付在旅游电子商务中的应用现状

　　旅游消费者消费方式的转变促进了电子支付的发展。在传统的旅游业中，支付往往是通过前台支付来完成的，刚刚开始起步的旅游电子商务自然也采用这种方式。然而，2006年10月我国电子客票全面推行后，旅游消费者的消费方式和消费观念也开始发生微妙转变，促使旅游电子商务企业积极考虑应对方案。在旅游电子商务中，电子支付的需求是不断扩大的。随着电子客票的推行，越来越多的消费者从"电话订票，送票付款"的传统方式过渡到"网上支付，实时出票"的全数字化方式。在酒店预订方面，尽管旅游者大多在前台付款，但在旅游高峰期，多数酒店都要求旅游者有信用卡担保或支付订金，由此产生了电子支付的需求。与此同时，全国广泛推行的"交通一卡通"，某些旅游景点推出的基于信息化技术的卡式门票和数字门票，以及电子支付方式的多样化和迅速普及，都对旅游电子商务活动中电子支付的需求产生了一定的推动作用。

　　资料来源：蒋小华，卢永忠．电子支付在旅游电子商务中的应用与发展探讨．现代商业，2011（2）．

知识探究

　　看过这个案例，司马逍遥思考：旅游电子商务的支付到底是一个什么状况？这种支付方式和传统的支付方式有哪些不同？旅游电子商务支付运作有什么规律？下面我们就和司马逍遥一起去寻找这些问题的答案。

任务一　了解传统支付

　　在研究电子商务支付方式之前，司马逍遥觉得有必要对传统的贸易支付方式进行简单的了解，即对传统的支付方式进行一次再认识。

1. 现金

现金支付是每个人都非常熟悉的支付方式。现金有两种形式，即纸币和硬币，它们是由各国政府授权的银行发行的。

在现金交易中，买卖双方处于交易的平等位置，而且交易是匿名进行的，卖方不用了解买方的身份，现金就是最好的身份证明，因为现金本身是有效的，其价值是由发行机构加以保证的，不用买方来认同。加之现金具有使用方便和灵活的特点，因此在日常生活中多数交易都是通过现金来完成的。在这种现金交易中，交易方式在程序上非常简单，通俗地说就是"一手交钱，一手交货"。交易双方在交易结束后马上就可以实现交易目的：卖方用货物换取现金，买方用现金买到货物。现金交易流程如图 5-1 所示。

图 5-1 现金交易流程

现金交易方式的缺点主要表现在两方面：第一，受时间和空间的限制，不在同一时间、同一地点进行的交易，就无法采用现金交易方式来完成。第二，现金的面额固定，在进行大宗交易时，如果携带大量的现金，首先会很不方便，其次会产生很多不安全因素。因此，某些场合不适宜采用现金交易方式。人们现在需要更能适应现代生活节奏与方式的交易方式。

2. 票据

票据交易方式就是在现金交易方式不能满足支付需求后产生的。票据一词，可以从广义和狭义两种意义上来理解。广义的票据包括各种记载一定文字、代表一定权利的文书凭证，如股票、债券、货单、汇票、车票等，人们笼统地将它们泛称为票据。狭义的票据是一个专用名词，专指《中华人民共和国票据法》（以下简称《票据法》）所规定的票据，主要是指汇票、本票和支票三种。汇票是出票人委托他人于到期日无条件支付一定金额给收款人的票据（图 5-2 所示为银行承兑汇票票样）；本票是出票人自己于到期日无条件支付一定金额给收款人的票据；支票则是出票人委托银行或其他法定金融机构于见票时无条件支付一定金额给收款人的票据（见图 5-3）。因此，票据就是出票人依据《票据法》发行的、无条件支付一定金额或委托他人无条件支付一定金额给收款人或持票人的一种文书凭证。

在商业交易中，尤其是在对外贸易活动中，买卖双方往往分处两地或者分处不同的国家，一旦成交就要向外地或外国支付款项等。在这种情况下，如果直接用现金交易，就会给买卖双方带来许多不便。如果在一地将现金转化为票据，再在另一地将票据转化为现金，以票据的转移代替现金的转移，就完全可以避免上述现金交易带来的麻烦和不便。一般的支票交易流程如图 5-4 所示。

在三种票据中，支票、汇票的交易流程大体相同，本票则有所不同。汇票、支票是由卖方通过银行处理的，而本票则是由买方通过银行处理的。不管怎样，票据交易可以异时、异地进行，打破了现金交易同时、同地的局限性，大大增加了买卖实现的机会。同

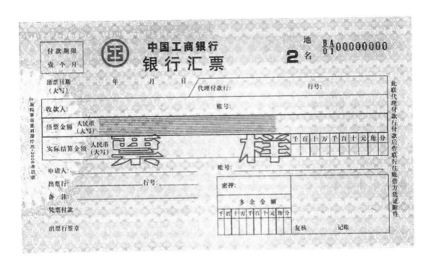

图 5-2　银行承兑汇票

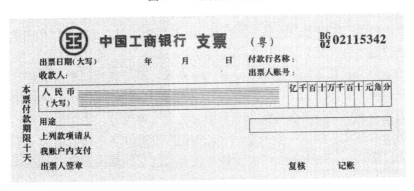

图 5-3　银行支票

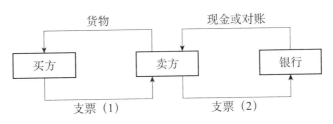

图 5-4　支票交易流程

时，票据的汇兑功能也使得大宗交易成为可能。当然，票据本身也存在着一定的不足，如票据的真伪、遗失等问题。

3. 信用卡

信用卡诞生于美国。1915 年，美国的一些百货商店和饮食业主为招揽生意，在一定范围内给顾客发放信用筹码，顾客可以在这些发放信用筹码的百货商店及其分店赊购商品，约定时间付款。这种方便顾客的新方法对笼络顾客、扩大销售起到了明显的作用。1946 年，美国狄纳斯俱乐部和运通公司等开始发行旅游、娱乐信用卡。1952 年，美国加利福尼亚富兰克林国民银行首先发行信用卡。到了 1959 年，美国已经有 60 多家银行发行信用卡。计算机的发明与普及推广，极大地推动了信用卡业务的发展，使其跨越了国家界限，世界各国掀起了信用卡业务的高潮。20 世纪 80 年代后，在美国、加拿大、日本等国家，信用卡已成为一种普遍的支付工具，逐步取代现金和支票，大到买房置地、旅游购物，小到使用公用电话、乘坐公共汽车都采用信用卡结算。

我国的信用卡发展最早从 1979 年中国银行广东省分行代理香港东亚银行信用卡业务开始，伴随着我国金融体系改革的不断深化，信用卡在我国得到了快速的发展。1985 年，中国银行珠海分行发行了我国第一张信用卡——人民币中银卡。1986 年，中国银行北京分行发行了第一张人民币长城卡，同年 10 月，中国银行总行指定长城卡为中国银行系统的信用卡，并在全国各地发行。1987 年，中国银行加入万事达（MasterCard）国际组织，发行了第一张外汇长城万事达卡。1987 年，中国银行加入维萨（VISA）国际组织，发行了第一张长城维萨卡。国有的其他商业银行如工商银行、建设银行、农业银行也相继发行了自己的信用卡，分别为牡丹卡、龙卡、金穗卡。我国的信用卡业务进入了一个全新的发展时期。

信用卡一般是一张长 85.60 毫米、宽 53.98 毫米、厚 1 毫米的塑料卡片（尺寸大小是由国际标准化组织 ISO 7810、7816 系列文件定义的），由银行或信用卡公司依照用户的信用度与财力发给持卡人，持卡人持信用卡消费时无须支付现金，待结账日再行还款。除部分与金融卡结合的信用卡外，一般的信用卡与借记卡、提款卡不同，信用卡不会从用户的账户中直接扣除资金。信用卡是指由商业银行或者其他金融机构发行的具有消费支付、信用贷款、转账结算、存取现金等全部功能或者部分功能的电子支付卡。

信用卡主要有两个特点：第一，多功能。不同的信用卡，功能和用途各不相同，但主要有四种功能，即转账结算、消费借贷、储蓄和汇兑。第二，高效便捷。由于银行为持卡人和特约商户提供高效的结算服务，这样消费者就乐于持卡购物和消费，同时给消费者带来了更多的便利。利用信用卡结算还可以减少现金流通量，简化收款手续，十分灵活方便，避免了携带现金的不便。信用卡交易流程如图 5-5 所示。

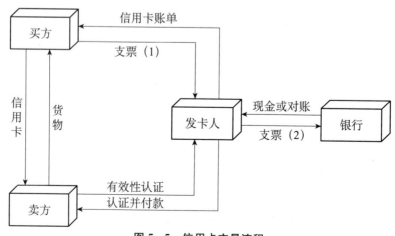

图 5-5　信用卡交易流程

使用信用卡的方式有以下几种：

（1）POS（Point of Sale，销售点）机刷卡。

在 POS 机上刷卡是目前最常见的信用卡使用方式，是一种联网支付的方式。刷卡时，操作员应首先查看信用卡的有效期和持卡人姓氏等信息。然后，根据发卡人以及需要支付的货币种类选择相应的 POS 机，将磁条式信用卡的磁条在 POS 机上划过，或者将芯片式信用卡插入卡槽，连通银行等支付网关，输入相应的金额。远程支付网关接收信息后，POS 机会打出刷卡支付的收据（至少是两联），持卡人检查支付收据上的信息无误后应在此收据上签名。操作员核对收据上的签名和信用卡背后的签名后（包括姓名完全相符和笔迹基本相符），将信用卡及刷卡支付收据的一联给持卡人，至此，POS 机上的刷卡程序完成。

（2）RFID（无线射频识别器）机拍卡。

在 RFID 机上拍卡是一种新型的信用卡使用方式，也是联网支付方式的一种。拍卡时，操作员应首先查看信用卡的有效期和持卡人姓氏等信息。然后，根据发卡行以及需要支付的货币种类选择相应的拍卡机，输入相应的金额，将信用卡平放于感应器上方不多于 10cm 的地方。RFID 机感应到信用卡后会发出讯号声响，然后继续运行程序，远程支付网关接收信息后，打印机（如已连接）会打出拍卡支付的收据，但与 POS 机刷卡方式不同，持卡人无须签字，更快捷、更方便。

（3）手工压单。

手工压单通常是在没有 POS 机或不能联网的情况下使用。压单操作必须有压敏复写式的直接签购单（至少是两联）和电话。压单前的检查工作与使用 POS 机时相同，操作员用压单设备将信用卡上凸起的卡号、姓名等印到签购单上，并书写金额、日期等信息，然后拨打收单银行授权专线电话，报出卡片信息申请授权，并将获得的授权码书写在签购单上，持卡人确认无误后签字。操作员核对签名后，将信用卡及签购单的一联交给持卡人，至此，手工压单程序完成。授权电话通常是即时拨打，但在某些通信不畅或信用度良好的地区，会遇到商户压卡、客户签字后便交付商品完成交易的情况，授权会在日后完成。这样做，商户可能会遭受信用卡诈骗的风险，因为如果客户使用无效卡支付，不立即申请授权码便无法马上发现。

任务二 探索电子商务支付的概念和特征

了解了传统意义上的现金、票据、信用卡这些支付工具后，司马逍遥决定再去探索现代的支付概念和特征。

1. 电子支付的概念与发展

电子支付（Electronic Payment）是以计算机和通信技术为手段、通过计算机网络系统、以电子信息传递形式实现的货币支付与资金流通。电子支付系统指的是消费者、厂商和金融机构之间使用安全电子手段把支付信息通过信息网络安全地传送到金融机构或相应的处理机构，以实现货币支付或资金流转的支付系统。电子支付系统是电子商务活动的基础，人们只有在建立可信的电子支付系统的基础上，才能真正地开展电子商务活动。

电子支付方式的出现要早于互联网，电子支付系统的发展与电子银行业务（Electronic Banking）的发展密切相关。从历史的角度看，电子支付系统经历了五个发展阶段，如图5－6所示。

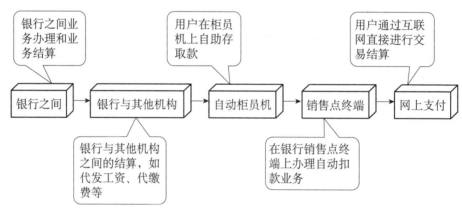

图 5－6　电子支付的不同发展阶段

第一阶段：银行内部电子管理系统与其他金融机构的电子系统连接起来，如利用计算机处理银行之间的货币汇划、结算等业务。

第二阶段：银行计算机与其他机构的计算机之间实现资金的汇划，如代发工资、代缴费等。

第三阶段：通过网络终端向客户提供各项自助银行服务，如 ATM 系统。

第四阶段：利用网络技术为客户在商户消费时提供自动扣款服务，如 POS 系统。

第五阶段：网上支付方式迅速发展，电子货币可随时随地通过互联网直接转账、结算，形成电子化支付环境。

那么，电子支付到底有哪些分类和形态呢？司马逍遥通过上网收集资料将其归纳成图5－7。

2. 电子支付的特征

与传统的支付方式相比，电子支付具有以下几个特征：

（1）电子支付是采用先进的技术，通过数字流转来完成信息传输的，它采用数字化的方式进行款项支付；传统的支付方式则是通过现金的流转、票据的流转及银行的汇兑等物理实体的流转来完成款项支付的。

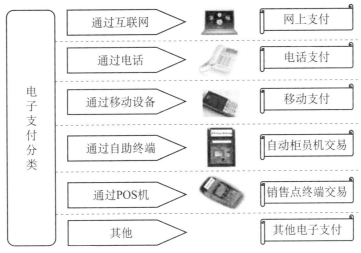

图 5 - 7 电子支付的不同分类和形态

（2）电子支付的环境是基于开放的系统平台；传统支付则是在较为封闭的系统中运行的。

（3）电子支付使用先进的通信手段，如互联网；传统支付使用的则是传统的通信媒介。电子支付对计算机软、硬件设施的要求很高，一般要求有联网的计算机、相关的软件及其他一些配套设施；传统支付则没有这么高的要求。

（4）电子支付具有方便、快捷、高效、经济的优势。客户只要拥有一台能上网的计算机，便可以足不出户，在很短的时间内完成整个支付过程，可以跨时空、跨地域。传统支付则没有上述优势。

（5）电子支付目前还存在一些需要解决的问题，主要是安全问题，如防止黑客入侵、防止内部作案、防止密码泄露等；传统支付则不存在上述问题。

电子商务支付系统如图 5 - 8 所示。

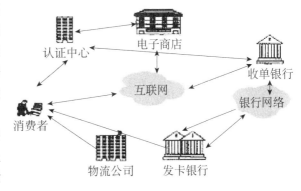

图 5 - 8 电子商务支付系统

任务三 探索电子支付工具

随着计算机技术的发展，电子支付工具越来越多，这些支付工具各有特点和运作模式，适用于不同的交易过程。下面详细介绍电子货币、电子信用卡、智能卡、电子钱包及电子银行的概念和应用。

1. 电子货币

电子货币（Electronic Money）是指以电子化机具和各类交易卡为媒介、以计算机技术和通信技术为手段、以电子数据流形式存储在银行计算机系统并通过计算机网络以信息传递形式实现流通和支付功能的货币。

电子货币包括电子现金（E-Cash）和电子支票（E-Check 或 E-Cheque）等形态。

（1）电子现金。

电子现金，通常被理解为现实货币的数字化形式。它是以数字信息的形式存在的，不同于传统的纸币和硬币，而是依托于电子技术和网络通信进行流通。用户可以通过与银行或第三方支付机构执行特定的协议来提取电子现金，使用它进行支付交易，最终可能将剩余的电子现金存回账户中。

电子现金提供了一种无须携带实体货币即可完成支付的方式，它是随着信息技术的发展而产生的现代支付手段。随着科技的进步和数字经济的发展，电子现金正逐渐成为人们日常生活中不可或缺的一部分。

电子现金券和电子现金系统如图 5-9 所示。

图 5-9　电子现金券和电子现金系统

1）电子现金的特点。

第一，E-Cash 银行负责用户和厂商之间资金的转移。

第二，身份验证是由 E-Cash 本身完成的。

第三，具有匿名性。

第四，具有现金特点，可以存、取、转让，适用于小额交易。

电子现金支付方式存在的一些缺点：只有少数商家接受电子现金，而且只有少数几家银行提供电子现金开户服务；成本较高；存在货币兑换问题；风险较大。

2）电子现金的支付过程。

电子现金的一般支付过程可以分为以下四步：

第一步，用户在 E-Cash 银行开立 E-Cash 账号，用现金服务器账号中预先存入的现金来购买电子现金证书，这些电子现金就有了价值，并被分成若干"硬币"，可以在商业领域中流通。

第二步，使用计算机电子现金终端软件从 E-Cash 银行取出一定数量的电子现金存在计算机中。

第三步,用户与同意接收电子现金的厂商洽谈,签订订货合同,使用电子现金支付所购商品的费用。

第四步,接收电子现金的厂商与电子现金发放银行之间进行清算,E-Cash 银行将用户购买商品的钱支付给厂商。

电子现金的支付过程如图 5-10 所示。

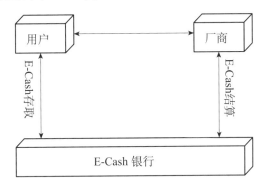

图 5-10　电子现金的支付过程

（2）电子支票。

电子支票是纸质支票的电子替代物,它与纸质支票一样是用于支付的一种合法方式,它使用数字签名和自动验证技术来确定其合法性。电子支票是一种借鉴纸质支票转移支付的优点,利用数字传递将钱款从一个账户转移到另一个账户的电子付款形式。电子支票的支付是在与厂商及银行相连的网络上以密码方式进行的,多数情况下使用公用关键字加密签名或个人身份证号码(PIN)代替手写签名。用电子支票支付,事务处理费用较低,而且银行能为参与电子商务的厂商提供标准化的资金信息,因而是最有效率的支付手段。美国运通易世通电子旅行支票样本见图 5-11。

图 5-11　美国运通易世通电子旅行支票样本

使用电子支票支付,用户可以通过网络将电子支票发送至厂商的电子信箱,同时把电子付款通知单发到银行,银行随即把款项转入厂商的银行账户。这一支付过程在数秒内即可实现。然而，这里面也存在一个问题，那就是：如何鉴定电子支票的真伪以及对电子支票使用者进行认证。因此，就需要有一个专门的验证机构来对此做出认证，同时，该验证机构还应能够对厂商的身份和资信进行认证。

2. 电子信用卡

前面我们已经介绍了信用卡的概念，在传统的支付工具中，信用卡是一种非现金交易付款的方式，是简单的信贷服务。电子信用卡是在传统信用卡的基础上发展而来的，不仅可以实现传统形式上的交易，而且可以在网络上实现电子化、数字化的交易，如实现网上银行业务中的信用卡支付等。

电子信用卡具有快捷、方便的特点，卖方可以及时通过发卡机构了解持卡人的信用度，避免了欺诈行为的发生。由于使用电子信用卡需要通过互联网进行信息传输，因此在技术上需要保证传输的安全性和可靠性。可利用安全电子交易协议（SET）保证电子信用卡卡号和密码的安全传输，在电子信用卡支付的过程中，也需要认证客户、商家以及电子信用卡发放机构的身份，防止抵赖行为的发生。而从持卡人的角度来讲，网络支付被认为是电子信用卡的几种支付方式中风险最大的一种，因为黑客等可能使用网络"钓鱼"、窃听网络信息、假冒支付网关等手段窃取用户资料。为了确保支付的安全，进行网络支付时，需要输入卡号、信用卡有效期、网上交易密码，有时还需要输入姓名、网页随机生成的验证码等。必要时，还可以使用软件与硬件结合的方式进行支付确认，如中国工商银行提供 U 盾等进行硬件上的确认。

电子信用卡具有制造成本低、信息保存可靠性高、开发方便、应用灵活和小型化等特点。电子信用卡与电子信用卡机——小型专用微机相配套可广泛应用于各种有价证券、无价证券、信用证明等场合，也可用于一些分散系统的数据信息采集。

3. 智能卡

智能卡（Smart Card）内嵌有微型芯片，它可以存储和记录持卡人的信息，并可以对这些信息进行一定处理。智能卡包含一个 RFID 芯片，所以它不需要与读写器进行任何物理接触就能够识别持卡人。

智能卡是 IC 卡（集成电路卡）的一种，是在法国问世的。20 世纪 70 年代中期，法国的罗兰德·莫瑞诺（Roland Moreno）采取在一张信用卡大小的塑料卡片上安装嵌入式存储器芯片的方法，率先成功开发 IC 存储卡。真正意义上的智能卡，即在塑料卡上安装嵌入式微型控制器芯片的 IC 卡，是由摩托罗拉公司和布尔（Bull）公司于 1997 年研制成功的。

在我国，随着"金卡工程"建设的不断深入发展，智能卡已在众多领域获得广泛应用，并取得了令人瞩目的成绩。目前智能卡已在旅游业领域得到广泛应用。

4. 电子钱包

电子钱包（Electronic Wallet）是用户用于安全网络交易特别是安全网络支付并且储存交易记录的特殊计算机软件或硬件设备。电子钱包能够存放电子现金、信用卡账号、电子零钱、个人信息等。使用电子钱包的用户通常要在相关银行开立账户。在使用电子钱包时，将电子钱包通过有关的应用软件安装到电子商务服务器上，利用电子钱包服务系统就可以把自己的各种电子货币或电子金融卡上的数据输入进去。发生收付款业务时，用户只要单击一下相应项目（或相应图标）即可完成。

在电子商务服务系统中设有电子货币和电子钱包的功能管理模块，叫作电子钱包管理器（Wallet Administration），用户可以用它来改变保密口令或保密方式，用它来查看自己银行账号上收付往来的电子货币账目、清单和数据。电子商务服务系统中还有电子交易记录器，用户通过查询记录器，可以了解自己都买了什么物品、购买了多少，也可以把查询结果打印出来。

5. 电子银行

电子银行（Electronic Bank）又称网上银行或虚拟银行，是以计算机技术为手段，以网络平台为基础，以银行业务为对象的电子化运作形式。根据中国银行业监督管理委员会2006 年 3 月 1 日施行的《电子银行业务管理办法》中的有关定义，电子银行业务是商业银行等银行业金融机构利用面向社会公众开放的通信通道或开放型公众网络，以及银行为特定自助服务设施或客户建立的专用网络，向客户提供的各种银行业务的服务。电子银行业务主要包括利用计算机和互联网开展的网上银行业务，利用电话等声讯设备和电信网络开展的电话银行业务，利用移动电话和无线网络开展的手机银行业务，以及其他利用电子服务设备和网络、由客户通过自助服务方式完成金融交易的业务，如利用自助终端、ATM（见图 5-12）等。电子银行是金融创新与科技创新相结合的产物。

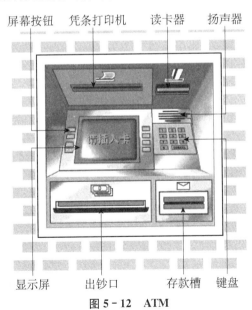

图 5-12　ATM

电子银行有两种运行的架构方式：一种是由一家银行总行统一提供一个网址，所有交易均由总行的服务器来完成，分行只是完成接受现场开户申请以及发放有关软硬件工作；另一种是以各分行为单位设置网址，互相连接，客户交易均由当地服务器完成，数据通过银行内部网络连接到总行，总行再将有关数据传送到其他分支机构服务器，完成交易过程。

第一种模式以中国工商银行、中国银行和中信银行为代表；第二种模式为中国建设银行、招商银行所采用。

电子银行按是否有具体的物理营业场所划分，可以分为纯虚拟电子银行和与传统银行结合的电子银行两种。

安全第一网络银行（Security First Network Bank，SFNB）又称虚拟网络银行或纯虚拟电子银行，是于 1995 年 10 月 18 日成立的世界首家网络银行，其网站主页见图 5-13。这类网络银行一般只有一个具体的网络办公场所，没有现实中的分行、营业柜台、营业人员。

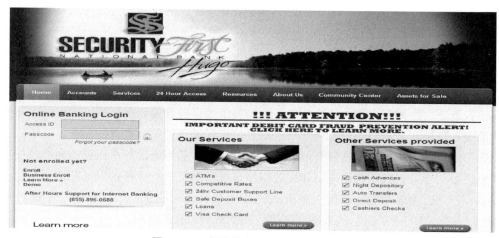

图 5-13　世界首家网络银行——SFNB

与传统银行结合的电子银行是由传统银行发展而来的网络电子银行。这类银行是传统银行的分支机构，是原有银行利用互联网开设的银行分站。它相当于传统银行新开设的一个网点，但是又超越传统的形式，因为它的地域比原来的更加宽广。客户通过互联网就可以办理原来的柜台业务。这类网络电子银行在电子银行中占较高比例。

下面，司马逍遥以国内几家著名的银行为例，探索它们的电子银行业务。1999 年，中国银行推出网上银行服务系列产品。网上银行业务是中国银行为客户提供银行服务的新手段。它以现有的银行业务为基础，利用互联网技术为客户提供综合、安全、实时的金融服务。中国银行网站主页如图 5-14 所示。

招商银行是我国较早的网上银行之一。1997 年，招商银行推出"一网通"网上平台，在国内外引起了很大反响，受到客户的广泛称赞。1999 年，招商银行全面启动网上银行业务。目前，招商银行网上银行的业务水平已居国内领先地位。招商银行网站主页如图 5-15 所示。

中国建设银行和中国工商银行等也都拥有网上银行业务，提供 24 小时不间断服务。

我国银行的主管机构中国人民银行对电子支付系统的建设一直十分重视。从 1989 年开始，先后发起了三项大型系统工程和若干其他工程，以促进网上银行建设的发展。如 1989 年开始电子联行系统工程，1991 年开始设计并建立国家现代化支付系统，1993 年又开始了旨在降低现金流通在支付结算中所占比重的金卡/银行卡工程。中国人民银行、中国工商银行、中国银行都在积极参与电子商务工程的建设，在"统一品牌、联合建设"方针的指导下，由中国人民银行联合各家商业银行共同出资、共同建设统一的金融品牌安全

图 5-14 中国银行网站主页

图 5-15 招商银行网站主页

认证中心，并授权中国人民银行的银行卡总中心负责认证中心的运作和管理。对于旅游业而言，消费者习惯的转变、技术的进步等极大促进了旅游电子支付的发展。

第一，消费者习惯转变。随着互联网的普及和移动支付技术的发展，旅游消费者越来越倾向于使用电子支付方式完成交易。这种消费方式的转变促进了电子支付在旅游业中的应用和发展。

第二，技术进步。目前新技术的发展，如区块链、云计算等，为电子支付提供了更安全、便捷的解决方案。这些技术的应用不仅提高了支付效率，还增强了用户的信任感。

第三，开放银行和智慧银行的发展，银行业务的数字化转型也在推动旅游业的发展。银行通过提供开放的应用接口，允许第三方服务提供商接入并创新金融服务产品，这些产品能够满足旅游产业链相关方全方位的金融需求。

第四，支付方式的多样化，信用卡支付曾在电子商务中占据主导地位，但随着电子钱包和银行转账等支付方式的兴起，消费者的选择变得更加多样化。

第五，政策支持，政府对旅游业和数字经济的支持也是推动电子支付发展的重要因素。政策的引导和扶持有助于营造良好的市场环境，促进电子支付服务的普及和应用。

随着这些因素的不断演进，旅游电子支付的未来发展前景广阔。

任务四　探索电子支付流程

电子支付一般的工作流程如图 5-16 所示。

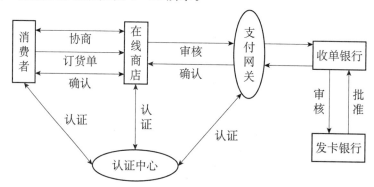

图 5-16　电子支付的工作流程

根据图 5-16，可将电子支付的工作流程分为下面七个步骤：

（1）消费者利用自己的计算机通过互联网选定所要购买的物品，并在计算机上输入订货单，订货单上需包括在线商店、购买物品的名称及数量、交货时间及地点等相关信息。

（2）通过电子商务服务器与有关的在线商店联系，在线商店做出应答，告诉消费者所填订货单的货物单价、应付款数、交货方式等信息是否准确，是否有变化。

（3）消费者选择付款方式，确认订货单，签发付款指令。此时开始启动认证。

（4）在认证中，消费者必须对订货单和付款指令进行数字签名；同时利用双重签名技术保证商家看不到消费者的账号信息。

（5）在线商店接受订货单后，向消费者所在银行请求支付认可。信息通过支付网关到收单银行，再到发卡银行确认。批准交易后，返回确认信息给在线商店。

（6）在线商店发送订货单确认信息给消费者。消费者端软件可记录交易日志，以备将来查询。

（7）在线商店发送货物或提供服务并通知收单银行将钱从消费者的账号转移到在线商店账号，或通知发卡银行请求支付。

任务五 探索电子支付平台

在知晓了电子支付的有关内容后，司马逍遥对我国目前的电子支付情况有了一定的了解。在这个基础上，司马逍遥想要对电子支付做些更深层次的研究，老师建议他去网上了解一些国内著名的支付平台，并对其运作进行分析。老师启发司马逍遥对电子商务支付的发展历程进行探索，了解历史才能展望未来。司马逍遥将电子支付发展历史相关资料整理后，将电子支付发展历程总结成如下几个历史阶段：

起步期：在这个阶段，中国的电子商务支付开始兴起。随着互联网的发展，一些在线购物平台开始出现，如淘宝、京东等。这些平台开始探索使用电子支付方式进行交易，但由于技术限制和用户习惯等因素，电子支付的使用并不普遍。

发展期：在这一阶段，随着支付宝的出现，中国的电子商务支付开始快速发展。支付宝作为第三方支付平台，解决了买卖双方的信任问题，使得电子支付得到了广泛应用。此外，其他第三方支付平台如微信支付、银联在线等也开始崛起。

成熟期：在这个阶段，中国的电子商务支付已经成为一个成熟的市场。支付宝、微信支付等第三方支付平台占据了绝大部分市场份额。同时，这些支付平台开始拓展更多的服务功能，如生活缴费、信用卡还款等。

转型期：随着移动支付的普及和技术的进步，中国的电子商务支付开始向移动支付领域转型。移动支付具有便捷性、安全性等优点，逐渐成为消费者的主要支付方式之一。此外，数字货币的概念也在这一阶段提出并开始研究。

当前，中国的电子商务支付已经非常成熟和便捷。移动支付已经成为主流支付方式之一，数字货币的研究也在不断推进。未来随着技术的不断进步和监管政策的不断完善，电子商务支付将更加安全、便捷、多样化。

通过买卖双方在交易平台内部开立的账号，以虚拟资金为介质（当然这些虚拟资金也是要用人民币来充值的）完成网上交易款项支付，使支付交易只在支付平台系统内循环。从支付手段上看，国内的第三方电子支付公司已经形成了网上支付、电话支付和移动支付多手段的结合。

司马逍遥将网上收集的有关国内几个著名的支付平台的信息整理如下。

1. 支付宝

支付宝是阿里巴巴集团运营的企业。自从 2004 年成立以来，支付宝已经从一个纯粹的在线支付工具发展成为集支付、金融、生活服务等多功能于一体的综合性平台。支付宝提供线上和线下支付服务，支持快速支付、扫码支付、刷脸支付等多种方式。

支付宝登录页面如图 5-17 所示。

支付宝的主要业务包括在线支付、商家收款、金融服务（如余额宝、基金、保险、贷款等）、生活服务（如交通出行、餐饮外卖、电影票务、公共事务支付等）以及商业服务（为商家提供收款、营销、数据分析等一系列商业服务）。

图 5 - 17 支付宝登录页面

支付宝的特点在于其安全性、便捷性和创新性。它采用先进的加密技术、风险控制体系和用户身份验证机制，确保交易安全。同时，用户可以通过手机 App 或网页进行快速支付，操作简便。此外，支付宝不断推出创新性的产品和服务，满足用户的多样化需求。

支付宝以其丰富的服务内容和强大的用户黏性在电子支付市场中保持了竞争优势。目前支付宝拥有比较庞大的用户群体，从消费者到商家都可以使用支付宝进行日常交易和管理财务。

2. 微信支付

微信支付（见图 5 - 18）是腾讯公司旗下的在线支付服务，它集成在微信客户端中。微信支付自 2013 年正式上线后，迅速成为中国移动支付领域的重要组成部分。

微信支付提供了快速、安全、便捷的支付服务，已经成为众多用户的选择。它集成在微信客户端中，用户只需绑定银行卡即可使用，支持扫码支付、H5 支付等多种方式，覆盖线上线下众多场景。安全性方面，微信支付采用了多层加密技术和风险控制机制来保障交易安全。此外，微信支付还不断创新产品，比如推出了微信支付分，为用户提供了更多基于信用的服务。

从用户体验来看，微信支付操作简单，用户只需在智能手机上输入密码即可完成支付，无须任何刷卡步骤，使得支付过程简便流畅。微信支付是一个功能全面、使用方便、安全性高的电子支付工具。与支付宝相比，微信支付在一些功能上有所不同，但两者都是中国第三方支付市场的重要力量。

3. 快钱

快钱是中国人民银行批准的首批第三方支付服务提供商之一。快钱的业务涵盖了 B2B（企业对企业）、B2C（企业对消费者）、C2C（消费者对消费者）等多个领域。提供的服务

图 5-18　微信支付

包括网上支付、信用卡还款、手机充值、机票酒店预订等。快钱为企业客户提供定制化的支付解决方案，包括收款、付款、账户管理、财务管理等。快钱提供包括人民币支付、外卡支付、神州行支付等多种支付方式，满足不同用户的需求。这些支付产品不仅覆盖人群广泛，而且涉及多个行业，如游戏、金融、电子机票、酒店、旅游等，快钱在电子商务领域得到广泛应用。快钱登录页面如图 5-19 所示。

图 5-19　快钱登录页面

4. 银联在线

银联在线是经中国人民银行批准的、由多家国内金融机构共同发起设立的股份制金融机构，于 2002 年 3 月 26 日成立，总部设在上海。

银联在线是中国银联倾力打造的互联网业务综合商务门户网站，致力于为广大银联卡持卡人提供"安全、便捷、高效"的互联网支付服务。其首页如图 5 - 20 所示。

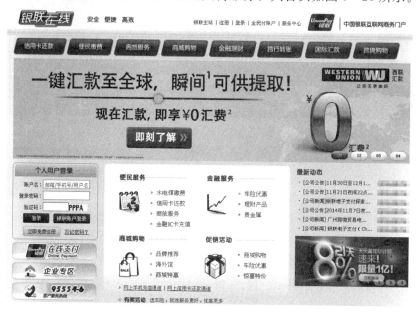

图 5 - 20　银联在线首页

银联在线依托具有中国自主知识产权、国内领先的银联 CUP Secure 互联网安全认证支付系统和银联 EBPP 互联网收单系统，构建了银联便民支付网上平台、银联理财平台、银联网上商城三大业务平台，为广大持卡人提供公共事业缴费、通信缴费充值、信用卡还款、跨行转账、账单号支付、机票预订、基金理财和商城购物等全方位的互联网金融支付服务。

银联便民支付网上平台的业务范围包括信用卡跨行还款、水电燃气缴费、移动电话及固定电话缴费充值等业务。

银联理财平台的业务范围包括基金直销业务、银行理财产品销售业务等。

银联网上商城精选国内及境外银联认证的优质商户，为持卡人提供万余种商品的网上购物支付服务。

5. 贝宝

贝宝（PayPal）是一个全球性第三方支付平台，提供安全、便捷的在线支付服务。与微信支付主要服务于中国市场不同，贝宝支持跨国交易，并接受多种货币。它采用 SSL 加密技术、双因素认证等安全措施保护用户信息和交易安全。贝宝提供一键支付功能，提升支付效率，并提供消费者保障政策。除了基本支付服务，贝宝还提供信用卡、贷款等增值服务，满足不同场景下的支付需求。贝宝首页如图 5 - 21 所示。

PayPal 已经成为全球领先的在线支付解决方案提供商，通过 PayPal 提供的跨地区、跨币种和跨语言的付款服务，用户可以在全球范围内开展电子商务。

图 5 - 21　贝宝首页

项目小结

　　通过对旅游电子商务支付全面的探索，司马逍遥对旅游电子商务支付的概念有了比较深刻的理解。旅游电子商务在实施过程中必然要经过网上询价、报价、预订、支付等一系列与资金流活动密切相关的过程。

　　老师为司马逍遥提供了一本中国旅游经济蓝皮书，其中提到，2024 年开始的新繁荣周期，用升级的供给满足升级的需求将成为旅游市场主基调。露营旅游、冰雪旅游、美食旅游、体育旅游、海洋旅游、旅游演艺，以及近郊休闲、城市漫游等业态不断翻新迭代，旅游业新一轮创业创新的高潮加快到来，不断推动人们的潜在旅游需求转变为有效旅游需求。在这种需求下，电子支付方式的多样化和迅速普及，也对旅游电子商务活动中电子支付的需求产生了一定的推动作用。

　　旅游电子商务活动中电子支付的成功取决于两个方面：一是信用体系的建立，即通过商家信用认证、信用凭证上传、支付信用度累计和用户监督（评价）相结合的办法，尽可能确保商户的诚信和信息的真实；二是引入诚信支付工具，确保用户在享受到服务后再正式支付费用，进一步减少旅游者的交易风险。这种模式建立后，旅游活动的吃、住、行、游、购、娱都可在此模式上发展，从而让旅游活动更加方便和安全。

想一想

1. 旅游电子商务支付的概念是什么？
2. 旅游电子商务支付应如何操作？请列出一般支付流程。

大数据时代下的电子商务支付模式

在这个日新月异的数字时代，大数据已经成为电子商务发展的驱动力。无论是从交易处理、用户行为分析还是从风险控制，所有环节都离不开大数据的加持。而其中，电子支付模式是至关重要的一环，它既是大数据生成的源头，也是大数据运用的落地点。随着电子商务的快速发展，电子支付模式也在不断演变和升级。但是如何才能在大数据时代下制定出一个更加适应未来发展的电子商务支付模式，是一个亟待解决的关键问题。

1. 大数据和电子商务支付模式概述

（1）大数据概述。

大数据是指传统数据处理应用软件难以处理的大量、高增长率和多样化的信息集合，涵盖了结构化数据、半结构化数据和非结构化数据。大数据具有四个特点：大量、多样、快速和真实性。大数据技术的发展使得人们可以从海量数据中提取有价值的信息，进一步支持决策、预测和优化。

（2）电子商务支付模式概述。

电子商务支付模式主要是指在电子商务交易中实现货币的转移和结算的方式。从最初的信用卡支付发展到网银支付，再到现在的第三方支付、移动支付等模式，电子商务支付模式经历了一系列的演变。在电子商务中，支付模式的选择需要考虑便利性、安全性、效率和兼容性等因素。

（3）大数据和电子商务支付模式的关系。

大数据和电子商务支付模式之间存在着密切的联系。一方面，电子商务支付生成了大量的用户行为数据，这些数据可以通过大数据技术进行分析和处理，从而洞察用户行为，优化产品和服务，提升用户体验。另一方面，大数据技术也可以提高电子商务支付的安全性。通过分析交易数据，可以识别异常行为，预防欺诈，保护用户的财产安全。反之，大数据技术的应用也正在推动电子商务支付模式的创新。通过大数据分析，商家可以更准确地理解用户的支付习惯，从而推出更加方便快捷的支付方式。同时，基于大数据的信用评估系统也在推动信用支付模式的发展。在这种模式下，用户可以先使用产品或服务，再根据自己的信用情况进行支付，从而实现更灵活的消费方式。

2. 大数据时代对电子商务支付模式的影响

（1）数据挖掘和分析在消费者行为理解和预测中的作用。

在大数据时代，每一次支付行为都留下了数字足迹，通过对这些数据进行挖掘和分析，能够帮助我们更深入地理解消费者的行为模式。商家可以了解消费者的购物习惯、支付习惯、偏好等信息，从而实现精准的产品推荐和个性化的服务。同时，通过对历史数据的分析，我们还可以预测消费者的未来行为，为商家的营销策略提供依据。此外，数据挖掘和分析还能帮助我们理解市场趋势。通过对大规模的支付数据进行分析，我们可以发现市场的热点、趋势和潜在的机会。通过分析节假日的支付数据，了解消费者的消费峰值时间，从而更好地调整供应链和营销策略。

（2）推动支付模式的创新。

1）更个性化的支付体验。

在传统的支付模式中，面向消费者的支付方式通常是一致的，缺乏针对个人习惯和需求的优化。但在大数据的帮助下，我们可以从海量的消费者行为数据中洞察出各种模式和趋势。例如，通过对购物和支付数据的分析，我们会发现一部分消费者喜欢在夜晚购物。针对这种情况，商家可以推出夜间支付优惠，从而提升这部分消费者的购物体验。这种支付体验的个性化，不仅可以提升消费者的满意度，还可以帮助商家提高用户黏性和消费频率。

2）信用支付模式的发展。

在传统的支付模式中，消费者通常需要先支付费用，才能使用产品或服务。但是，这种支付模式在某些情况下可能会限制消费者的购物体验。例如，对于价格较高的产品，消费者可能会因为犹豫而放弃购买。然而，基于大数据的信用评估系统正在改变这一情况。这种系统可以根据消费者的购物历史、支付行为等数据，评估消费者的信用等级，从而决定消费者是否可以先使用产品或服务，再进行支付。这种信用支付模式大幅提升了消费者的购物体验，同时也促进了消费者购物意愿的提高。

3）基于大数据的定价策略。

在传统的商业模式中，商品的定价通常是固定的，很难快速地根据市场情况进行调整。然而，大数据技术的发展使得商家可以实现更灵活的定价策略。通过对大量的购买数据进行分析，商家可以了解消费者对于商品的需求、价格敏感度等信息，从而实现动态定价、个性化定价等策略。这种基于大数据的定价策略不仅可以帮助商家提升销售和利润，也可以提供更合理的价格给消费者，从而提升消费者的购物体验。

（3）提高电子商务的安全性。

1）欺诈检测与防范。

大数据分析可以对支付过程中的异常行为进行实时识别和预警。例如，通过分析交易数据，系统可以发现某个账户的交易频率、金额或交易地点突然发生了显著变化，这些可能是欺诈或盗窃的迹象。大数据可以及时发现这些异常，预防可能的风险，从而保护消费者的财产安全。

2）风险评估。

大数据可以帮助商家和支付平台进行更准确的风险评估。通过收集和分析消费者的购物记录、支付习惯、信用历史等数据，商家和支付平台可以评估消费者的信用风险和欺诈风险，从而决定是否授信，以及授信的额度。

资料来源：杨宇航．大数据时代下的电子商务支付模式的发展策略研究．中国电子商务，2023（15）．

练一练

一、单项选择题

1. 使用电子支付最关键的问题是（　　　）。

A. 技术问题　　　　B. 安全问题　　　　C. 成本问题　　　　D. 观念问题

2. 以数字形式流通的货币是（　　　）。

A. 电子支票　　　　B. 支票　　　　C. 现金　　　　D. 电子现金

3. 创建中国第一家网上银行的是（　　　）。

A. 招商银行　　　　B. 中国银行　　　　C. 中国工商银行　　　　D. 中国建设银行

4. 电子支付是指（　　　）。

A. 现金交易　　　　　　　　　　B. 实体银行转账

C. 使用电子方式进行的金融交易　　　　D. 传统支票支付

5. （　　　）不是电子支付方式的一种。

A. 信用卡支付　　　　　　　　　B. 移动支付

C. 个人支票　　　　　　　　　　D. 电子钱包

6. 支付宝属于（　　　）的电子支付系统。

A. 移动支付　　　　　　　　　　B. 在线银行

C. 点对点支付系统　　　　　　　D. 预付卡系统

二、判断题

1. 电子支付的技术设计是建立在对传统的支付方式的深入研究基础上的。（　　　）

2. 电子支付系统允许旅游电子商务平台的用户在不离开网站的情况下直接完成支付，这通常要求集成第三方支付服务提供者的支付接口。（　　　）

3. 旅游电子商务网站采用电子支付可以降低因货币兑换引起的成本和损失，因为所有交易都以电子形式结算，避免了实体货币的转换。（　　　）

4. 电子商务的实现必须由两个重要环节组成：一是交易环节；二是支付环节。前者在客户与销售商之间完成，后者需要通过银行网络来完成。（　　　）

5. 由于电子支付的便利性和安全性，越来越多的消费者选择使用电子支付方式进行旅游电子商务交易，这进一步推动了旅游电子商务的发展。（　　　）

三、名词解释

1. 电子支付。

2. 电子货币。

3. 电子银行。

四、简答题

1. 电子支付与传统的支付形式相比有什么特点？

2. 国内的电子支付工具主要有哪些？

3. 电子现金的支付过程是什么？

4. 网络银行有什么特点？

实践与实训

旅游电子商务支付

【实训目的】

1. 掌握电子商务支付的基本概念与流程。

2. 熟悉国内主流电子支付平台的特点与服务。

3. 通过实际操作，体验并理解电子支付在旅游行业中的应用。

【实训步骤】

1. 熟悉专业银行不同的支付平台。

（1）访问光大银行官方网站，分别体验专业版与大众版的登录流程。

（2）对比两者在界面设计、功能布局、服务内容等方面的差异。

（3）深入了解专业版特有的"阳光 e 缴费"功能，分析其在旅游支付中的应用前景。

2. 了解专业银行网上银行及一网通支付。

（1）访问招商银行官方网站，了解并体验一网通网上支付流程。

（2）分析一网通支付在旅游电子商务中的优势，如全国联网、多支付工具选择、安全保障等。

（3）尝试使用一网通支付完成一次模拟购物，感受其便捷性与安全性。

3. 比较支付工具与平台。

（1）选择几种不同的支付工具（如支付宝、微信支付等）进行体验。

（2）比较这些支付工具在旅游电子商务支付中的优缺点。

（3）分析不同支付工具在旅游行业中的适用场景和未来发展趋势。

【实训报告】

1. 描述实训的步骤和操作过程，包括熟悉专业银行不同支付平台的过程、了解专业银行网上银行及一网通支付的过程、比较不同支付工具与平台的结果。

2. 总结并分享在实训过程中的体验、感受以及发现的问题，可以包括支付流程的便捷性、支付工具的特点、支付安全的重要性等。

3. 对实训过程中遇到的问题进行深入分析，探讨其产生的原因和解决方案，并根据实训体验和分析结果，提出改进旅游电子商务支付的建议。

知识拓展链接

1. 支付宝

支付宝（中国）网络技术有限公司是国内领先的独立第三方支付平台（见图 5 - 22），由阿里巴巴集团创办。支付宝致力于为中国电子商务提供"简单、安全、快速"的在线支付解决方案。

图 5 - 22　支付宝首页

2. 快钱

快钱是国内领先的独立电子支付企业（见图 5 - 23），旨在为各类企业及个人提供安全、便捷和保密的综合电子支付服务。

图 5 - 23　快钱首页

项目六 学会网络营销 生意四海通达

学习目标

1. 理解旅游电子商务网络营销的概念和内涵；
2. 了解旅游电子商务网络营销的基本方法；
3. 学会网络营销策略制定和网络广告策划。

实践目标

1. 学会旅游电子商务网络营销的技能；
2. 能自己动手实现旅游电子商务网站的营销策划。

素养目标

1. 具备旅游电子商务网络营销的应用能力；
2. 具备诚信营销的经营理念。

问题引入

旅游电子商务网络营销是做好旅游电子商务的一个重要环节，司马逍遥在接触并学习了旅游电子商务网络技术后，觉得有必要将自己开发的旅游电子商务网站营销出去，让别人能通过网站了解自己所要推荐的旅游产品。那么，如何才能做好旅游电子商务的网络营销呢？在本项目，我们将和司马逍遥一起去探索如何实现旅游电子商务的网络营销。

任务导读

旅游电子商务的网络营销主要是通过旅游网站等平台，通过计算机技术、网络技术、通信技术等手段实现旅游商品及服务的营销。国内的旅游专业网站内容主要包括国内主要的旅游路线、景点介绍、常识和游记作品等。有的旅游网站的旅游信息不能及时、全面地更新，与旅游消费者的网络交互性不强，因而这些旅游网站的访问量不尽如人意。如何做好旅游电子商务的网络营销，让旅游消费者能通过旅游电子商务网站有效地了解和参与旅游是旅游电子商务网站经营者必须面对的问题。我们可以先从网络营销的基本概念入手，逐步深入地了解旅游电子商务网络营销的各项内容和技术。

▶ **小贴士**

门户：英文为 Portal，原意是指房屋的正门或主要出入口，现多指互联网的网站首页，是集成了该网站多样化内容服务的 Web 站点，是进入网站各分支页面的主页面。通俗地讲，就是网上浏览者的出发地点，人们经由它进入网络世界，也可以将它看作上网的"启动港"，即上网第一站。

📧 案例导入

1999 年年初，携程旅行网通过吸纳海外风险投资组建携程计算机（上海）有限公司，成为中国最早的建立在电子商务平台之上的旅行服务公司。该年 10 月，携程旅行网正式开通，此项目同年被上海市徐汇区科委定为高新科技项目予以扶持。携程旅行网的总部设在上海，目前已在北京、广州、深圳、成都、杭州、厦门、青岛、南京、武汉、沈阳等城市设立分公司。携程旅行网摒弃传统面对面的旅行服务模式，通过互联网平台与电话呼叫中心，为商旅出行和度假休闲客人提供包括酒店预订、机票预订、度假预订、商旅管理、特惠商户、旅游资讯在内的一站式旅行服务。

2000 年，携程旅行网用数百万的现金加期权的方式收购了国内最早、最大的传统电话订房中心——北京现代运通。这次并购不仅以最少的资金获得了相对成熟的业务，而且携程旅行网找到了自己的第一个盈利中心，获得了宝贵的人才资源，最重要的是引起了合作伙伴的关注。2002 年，携程旅行网的交易量再翻一番，成为中国最大的宾馆分销商。在吸收了来自凯雷等的第三轮的投资之后，携程旅行网的估价已经大幅上升。携程旅行网开始了新的业务发展计划。2002 年，携程旅行网再度并购了北京海岸航空服务公司，向业内发出信号：携程旅行网将进入机票分销市场。作为北京最大的呼叫中心，海岸航空服务公司的并购同样为携程旅行网带来了重要的呼叫中心技术。另外，海岸航空服务公司管理团队的加盟使携程旅行网如虎添翼，携程旅行网的流程再造也随即启动了。但携程旅行网的脚步并非驻留于此，携程旅行网高管认为：自助旅游一定会是将来中国人旅行的最主要方式，其自由度大，旅行服务公司可以根据个人的爱好与特点设计最佳的旅行套餐，达到最佳的旅行目的。在携程旅行网参股华程西南旅行社后，2004 年 2 月 25 日，携程翠明国际旅行社正式揭牌，它暗示着国内最大的旅游服务网站——携程旅行网正式涉足度假旅游业务。

📧 知识探究

司马逍遥看了以上的案例，觉得携程旅行网的成功在很大程度上取决于它良好的营销策略。采用好的营销策略和方法，能够给旅游电子商务带来事半功倍的效果。那么旅游电子商务的网络营销到底蕴含着什么奥秘呢？让我们和司马逍遥一起去探索吧！

任务一　了解网络营销

司马逍遥坐在书桌前，翻阅着厚厚的营销学教材，一页页地寻找着关于网络营销的章节。他的眉头紧锁，因为在这个信息爆炸的时代，学术界对于网络营销的定义似乎并没有一个统一的标准。他不禁感到有些困惑，决定上网搜寻更多的资料。

打开电脑，司马逍遥开始了他的在线探索。他输入关键词，浏览着一篇篇相关的学术论文和研究报告，希望能找到一些线索。然而，他发现不同的学者对网络营销有着不同的理解和解释，这让他感到更加迷茫。

有些学者认为，网络营销是一种利用互联网技术进行市场推广和销售活动的方式；而另一些学者则认为，网络营销是一种基于互联网的商业模式，涵盖了从产品研发、市场推广到销售和售后服务的全过程。还有一些学者将网络营销定义为一种基于互联网的交互式营销方式，强调了与消费者的互动和沟通。

面对这些不同的观点，司马逍遥开始思考：或许，网络营销概念的多样性正是它的魅力所在。他意识到，网络营销是一个不断发展和变化的领域，需要不断地学习和探索。他决定将这些不同的观点整合起来，形成自己的理解，并在今后的学习和实践中不断完善和发展。

1. 网络营销的定义

网络营销在国外使用的词有 Cyber Marketing、Internet Marketing、Network Marketing、E-Marketing 等，这些不同的词没有本质上的区别，只是从不同的角度反映网络营销的特点，而网络营销的概念和内涵也在不断发展之中。Cyber Marketing 主要是指在计算机上构成的虚拟空间进行营销；Internet Marketing 是指在互联网上开展营销活动；Network Marketing 是指包括互联网在内的可在计算机网络上开展的营销活动，这些网络可以是专用网，也可以是增值网；E-Marketing 是目前比较习惯和采用较多的表述方法，"E"是 Electronic 的缩写，表示电子化、信息化、网络化，既简洁又直观明了，而且与电子商务（E-Business）、电子虚拟市场（E-Market）等对应，所以 E-Marketing 是指在电子化、信息化、网络化环境下开展的营销活动。

综合起来，可以将网络营销全面地定义为：企业以现代营销理论为基础，通过互联网技术和计算机技术开展的营销活动。网络营销是企业整体营销战略的一个组成部分，作为企业的经营管理手段，是企业电子商务活动中最基本和最重要的网上商业活动。营销的核心是商家与客户的沟通。网络营销并不能完全替代传统营销，而是对传统营销的扩展和延伸。

司马逍遥在了解了网络营销的概念后，继续深入对网络营销概念涉及的一些问题进行研究。

（1）网络营销不是孤立存在的。

网络营销是企业整体营销战略的一个组成部分，网络营销活动不可能脱离一般营销环境而独立存在，在很多情况下，网络营销理论是传统营销理论在互联网环境中的应用和发展。对于不同的企业，网络营销所处的地位有所不同。以经营网络服务产品为主的网络公司，更加注重网络营销策略，而在传统的企业中，网络营销通常只是处于辅助地位。由此可以看出，网络营销与传统市场营销之间并没有冲突，但由于网络营销依赖互联网应用环境而具有的自身特点，因而有相对独立的理论和方法体系。在企业营销实践中，往往是传统营销和网络营销并存。

（2）网络营销不等于网上销售。

网络营销是为最终实现产品销售、提升品牌形象的目的而进行的活动。网上销售是网络营销发展到一定阶段的产物，但并不是唯一结果，因此网络营销本身并不等于网上销售。这可以从以下三个方面来说明：

1）网络营销的目的并不仅仅是促进网上销售，很多情况下，网络营销活动不一定能实现网上直接销售的目的，但是可能会促进网下销售的增加，并且提高顾客的忠诚度。

2）网络营销的效果表现在多个方面，如提升企业的品牌价值、加强与客户之间的沟通、拓展对外信息发布的渠道、改善对顾客的服务等。

3）从网络营销的内容来看，网上销售只是其中的一部分，并且不是必须具备的内容。许多企业网站根本不具备网上销售产品的条件，网站主要是作为企业发布产品信息的一个渠道，通过一定的网站推广手段，实现产品宣传的目的。

（3）网络营销不等于电子商务。

网络营销和电子商务是两个紧密相关却又有明显区别的概念，两者很容易混淆。电子商务的内涵很广，其核心是电子化交易，电子商务强调的是交易方式和交易过程的各个环节。网络营销的定义已经表明，网络营销是企业整体营销战略的一个组成部分，无论是传统企业还是基于互联网开展业务的企业，都需要网络营销。但网络营销本身并不是一个完整的商业交易过程，而是为促成交易而提供支持的一个过程，因此它是电子商务中的一个重要环节，尤其在交易发生之前，网络营销发挥着主要的信息传递作用。网络营销和电子商务的这种关系也表明，发生在电子交易过程中的网上支付和电子交易之后的商品配送等环节并不是网络营销所包含的内容。同样，电子商务体系中所涉及的安全、法律等问题也不适合全部包括在网络营销中。

由于网络营销的内涵和方式都是在不断发展演变的，关于网络营销的定义和理解也只能适用于一定的时期。随着时间的推移和技术的进步，这种定义或许不能够反映新时期的实际状况，我们要根据网络营销环境的发展，在实践中根据具体的状况加以灵活运用。

2. 网络营销的内容

网络营销作为新的营销方式和营销手段，内容非常丰富。一方面，网络营销针对新兴的网络市场，要及时了解和把握网络市场的消费者特征和消费者行为模式的变化，为企业在网上市场进行营销活动提供可靠的数据分析和营销依据；另一方面，网络营销作为在互联网上进行的营销活动，它与传统营销的目的是一致的，传统营销中的商品品牌、价格、渠道和促销等要素都会在网络营销中体现，但与传统营销相比，它又有很多变化。

网络营销通常涉及的内容如图 6-1 所示。

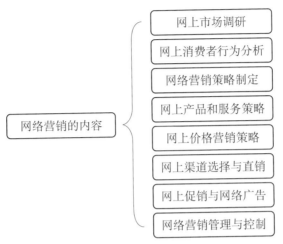

图 6-1　网络营销的内容

3. 网络营销的特点

网络营销的特点可以归纳为以下几个方面：

（1）跨时空。

营销的最终目的是占有市场份额，由于互联网能够超越时间约束和空间限制进行信息交换，因此使得人们脱离时空限制达成交易成为可能，企业有更多的时间和更大的空间进行营销，可每周 7 天、每天 24 小时不间断地随时随地地提供全球性营销服务。

（2）多媒体。

互联网可以传输多种形式的信息，如文字、声音、图像等，可以充分发挥营销人员的创造性和能动性。

（3）交互式。

在互联网中，可以通过网络沟通工具实现供需互动与双向沟通。例如，可以通过网络进行消费者满意度调查、在线问题解答等活动。这种交互功能为商品信息发布、商品销售以及商品的售后服务等提供最佳交互方式。

（4）个性化。

互联网上的促销可以提供一对一的、理性的、消费者主导的、非强迫性的、循序渐进式的服务，而且是低成本与个性化的，避免了推销员的干扰，并通过交流与消费者建立长期良好的关系。

（5）成长性。

互联网网民遍及全球，数量快速增长，其购买力强而且具有很强的市场影响力，因此，网络营销是一种极具开发潜力的市场渠道。

（6）整合性。

通过网络，可以把各个独立的营销系统综合成一个整体，以产生协同效应。这些独立的营销工作包括广告、直接营销、销售促进、包装、赞助和客户服务等。通过以网络工具为基础，立足客户营销需求的准确把握，对客户进行整合式营销，使营销优势得到最大程度的发挥，获得最大的回报。

（7）超前性。

互联网是一种功能强大的营销工具，它兼具渠道、促销、电子交易、互动顾客服务以及市场信息分析与提供等多种功能。它所具备的一对一营销功能，符合定制营销与直复营销的未来趋势。

（8）高效性。

计算机网络可储存大量的信息，供消费者查询，可传送的信息数量与精确度远超过其他媒体，并能应市场需求及时更新产品或调整价格，因此能及时有效地了解并满足顾客的需求。

（9）经济性。

通过互联网进行信息交换，代替以前的实物交换，一方面可以减少企业印刷与邮递成本，可以无店面销售，免交房屋租金，节约水电与人工成本；另一方面可以减少由于多次物物交换带来的损耗。

（10）技术性。

网络营销是建立在以高技术为支撑的互联网的基础上的，企业实施网络营销，必须有一定的技术投入和技术支持，改变传统的组织形态，提升信息管理部门的能力，引进懂营销与计算机技术的复合型人才，未来才能具备市场竞争优势。

4. 网络营销与传统营销

网络营销作为一种全新的营销方式，具有很强的实践性，它的发展速度很快。21世纪是信息化、网络化世纪，那么营销必将走向信息化和网络化。随着我国市场经济发展的国际化、规模化，国内市场必将更加开放，更加容易受到国际市场的冲击，而网络营销的跨时空性无疑会对整个营销产生巨大影响。

（1）对传统营销策略的影响。

传统营销依赖层层严密的渠道，并附以大量人力与广告投入，这在网络时代将成为巨大的负担，而网络营销节省了这些成本。

（2）对传统营销方式的冲击。

随着网络技术迅速朝着宽带化、智能化、个性化方向发展，用户可以在更广阔的领域内实现文、声、图、像一体化的多维信息共享和人机互动。

（3）对营销组织的影响。

互联网带动企业内部网的蓬勃发展，使得企业内外沟通与经营管理均需要将网络作为主要的渠道与信息源。其影响包括：业务人员与直销人员减少，组织层次减少，经销代理与分店数量减少，渠道缩短，虚拟经销商、虚拟门市、虚拟部门等企业内外部虚拟组织增多。这些影响与变化都将促使企业对于组织再造工程（Reengineering）的需要变得更加迫切。企业内部网的兴起，改变了企业内部作业方式以及员工学习成长的方式，企业组织调整成为必要。

（4）网络营销与传统营销的整合。

网络营销作为新的营销理念和策略，凭借互联网特性对传统营销方式产生了巨大的冲击，但这并不等于网络营销将完全取代传统营销，网络营销与传统营销是一个整合的过程。

这是因为：首先，互联网作为新兴的虚拟市场，它覆盖的群体只是整个市场中某一部分。其次，互联网作为一种有效的渠道，有着自己的特点和优势，但对于有些消费者来说，不愿意接受或者使用新的沟通方式和营销渠道，如许多消费者不愿意在网上购物，而习惯在商场一边购物一边休闲。最后，互联网只是一种工具，营销面对的是有灵魂的人，因此一些传统的以人为主的营销策略所具有独特的亲和力是网络营销没有办法替代的。网络营销与传统营销的整合，就是利用整合营销策略实现以消费者为中心的传播统一、双向沟通，最终实现企业的营销目标。

网络营销与传统营销是相互促进和补充的，企业在进行营销时，应根据企业的经营目标和细分市场来整合网络营销和传统营销策略，以最低成本达到最佳的营销目标。

任务二　探索网络营销的理论

司马逍遥在探索网络营销的过程中，发现了不同类型的网络营销理论，在老师的指导下，他进行了认真的归纳整理。

1. 整合营销理论

在传统市场营销策略中，由于技术手段和物质基础的限制，产品的价格、宣传和销售的渠道、企业所处的地理位置以及企业促销策略等就成了企业经营、市场分析和营销策略的关键内容。

（1）以推销产品为中心的模式。

传统营销理论以 4P 理论为典型代表，追求的是利润最大化。所以 4P 理论的基本出发点是企业的利润，而没有把顾客的需求放到与企业的利润同等重要的位置上，它指导的营销决策是一条单向的链。

市场营销策略中的 4P 理论，反映的是销售者影响购买者的营销工具的观点。那么，4P 到底是指什么？司马逍遥经查询，发现其实 4P 是四个以"P"字母开头的词语的组合：

1）产品（Product）。

2）价格（Price）。

3）渠道（Place）。

4）促销策略（Promotion）。

（2）以客户为中心的模式。

网络互动的特性使得消费者能够真正参与到整个营销过程中来，消费者不仅参与的主动性增强，而且选择的主动性也得到增强。在满足个性化消费需求的驱动之下，企业必须严格地执行以消费者需求为出发点、以满足消费者需求为归宿点的现代市场营销思想。据此，以舒尔兹教授为首的一批营销学者从消费者需求的角度出发研究市场营销理论，提出了 4C 组合。4C 是四个以"C"字母开头的词语的组合，其要点是：

1）顾客（Consumer）：需要了解和研究目标顾客的需求和欲望。这是营销策略的出发点，确保产品或服务能够满足顾客的实际需求。

2）成本（Cost）：成本不仅指的是产品的生产成本，还包括顾客为满足其需求所愿意支付的成本。在网络营销中，企业需要考虑到顾客的总成本，包括货币成本、时间成本、精力成本等。

3）方便（Convenience）：提供便利的购买流程是网络营销的关键。这包括确保网站易于导航、支付过程简单安全、物流配送快捷可靠等方面，以便顾客能够轻松购买到所需的产品或服务。

4）沟通（Communication）：有效的沟通能够帮助企业建立与顾客之间的良好关系。在网络营销中，沟通不仅仅是单向的广告传播，更重要的是双向的交流和互动，如社交媒体上的互动、客户服务和反馈机制等。

首先，网络营销要求把消费者整合到整个营销过程中来，从他们的需求出发开始营销过程。在营销过程中，不断地与消费者交流，每个营销决策都要从消费者的角度出发，这就要求企业从被动了解市场变为主动了解市场，从被动为消费者提供需求变为主动寻找消费者的需求。

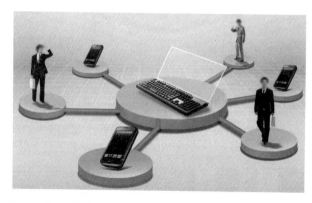

其次，网络营销要求将企业的分销体系及各种利益相关者更紧密地整合到一起。由于

网络的透明性，在不同互联网分销商、不同互联网情境下，企业不可能像传统营销那样可以采取不同的销售条件、销售价格；由于网络的公开性，企业也不可能随意篡改批文、乱贴认证，因为消费者可以很容易地到相应网站求证。把相关群体整合到一起为消费者提供方便，表明了企业的信心和实力。

最后，网络营销要把企业利益和消费者利益整合到一起。进行网络营销，不能只站在企业利润的立场上制定营销策略，要考虑消费者真正的需要，使这二者在网络营销的条件下得到统一。

网络营销过程的起点是消费者需求，营销决策的目的是在满足消费者需求的前提下使企业利润最大化。而且由于消费者的个性化需求得到了良好满足，就会对企业的产品、服务形成良好的印象，这种良好的印象逐步演变为对企业产品、服务的偏好，促使消费者在第二轮购买时首选该企业的产品和服务。随着第二轮的交互，产品和服务可能更好地满足了消费者的需求，如此循环往复。一方面，消费者的个性化需求不断得到满足，从而建立起对企业的忠诚度；另一方面，由于这种满足针对的是个性化很强的需求，就使得其他企业的进入壁垒变得很高，也就是说，其他企业即使生产类似的产品也难以获得消费者认同。这样，企业和消费者的关系就变得非常密切，甚至牢不可破，形成一对一的营销关系。这一理论体现了以消费者需求为出发点、企业和消费者不断交互的特点，它的运作是双向的。

2. 软营销理论

软营销理论通俗来说，就是一种更注重消费者感受和体验的营销策略。它与传统的大规模、强势的营销方式不同，软营销强调企业应该以更友好、更尊重消费者的方式进行营销活动。

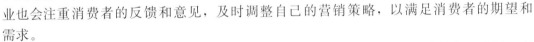

在软营销中，企业会采用更柔和、更友好的方式来与消费者沟通，比如通过提供有价值的内容、分享有趣的故事、参与社交媒体互动等方式，来吸引消费者的关注和兴趣。同时，企业也会注重消费者的反馈和意见，及时调整自己的营销策略，以满足消费者的期望和需求。

总之，软营销理论就是一种以消费者为中心的营销策略，它通过网络礼仪、满足心理需求、建立信任等手段，强调与消费者的互动和沟通，让消费者在轻松、愉快的氛围中接受企业的营销信息，从而实现营销目标。

3. 直复营销理论

直复营销是一种直接与目标顾客进行沟通的营销形式，它强调个性化和双向交流，旨在通过直接的沟通方式引发顾客的问询或订购。直复营销的核心是通过个性化的沟通媒介向目标市场成员发布信息，以寻求直接回应。这种方式与传统营销的单向信息传播不同，它更注重与顾客之间的互动和个性化沟通。直复营销的特点主要有成本较低、效率较高，能够更好地满足消费者的个性化需求。直复营销形式包括电话销售、邮件营销、电子邮件营销、短信营销等，每种方式都有其独特的优势和适用场景。

利用直复营销，企业可以通过互联网把产品直接销售给最终用户。目前常见的方法有两种：一是企业在互联网上建立自己的网站、申请域名、制作主页，由网络管理员专门处理有关产品的销售事务；二是企业委托信息服务商在其网站上发布信息，企业利用相关信息与客户联系，直接销售产品，虽然在这一过程中有信息服务商参与，但主要销售活动是在买卖双方之间直接完成的。

直复营销的作用在于能够精准地定位顾客，提供定制化的服务和产品，从而提高转化率和顾客忠诚度。同时，由于其效果可度量，企业可以根据实际情况调整策略，以达到最佳的营销效果。

4. 数据库营销理论

所谓数据库营销，就是利用企业在经营过程中收集形成的各种消费者资料的数据库，经分析整理后作为制定营销策略的依据，并作为保持现有消费者资源的重要手段。数据库营销是一种利用客户数据信息进行个性化营销的策略和方法，旨在提高销售和客户忠诚度。数据库营销的核心在于通过收集和维护大量的顾客信息，企业能够更精准地了解顾客需求，从而实施有效的营销活动。这种营销方式的特点有：

（1）个性化沟通：企业可以根据数据库中的信息，向不同的顾客群体发送个性化的营销信息，提高沟通的相关性和效果。

（2）目标市场定位：通过分析数据库中的信息，企业可以识别出最佳的潜在顾客和现有顾客，针对性地进行营销活动。

（3）长期关系建立：数据库营销不仅关注即时销售，更重视与顾客建立长期的、牢固的关系，这有助于提升顾客忠诚度和生命周期价值。

（4）数据挖掘分析：利用数据挖掘技术对数据库中的数据进行分析，可以帮助企业发现顾客行为的模式和趋势，从而优化营销策略。

数据库营销的发展经历了多个阶段，从最初的交易信息记录到客户关系管理，每个阶段都是对营销策略的一次升级和完善。在现代营销环境中，数据库营销与数字营销、大数据营销等概念相互关联，共同推动了营销方式的革新和发展。

5. 关系营销理论

关系营销是以系统论为基本思想，把一切内部和外部利益相关者纳入研究范围，用系统的方法考察企业的所有活动及其相互关系。

（1）客户关系营销策略。

客户是企业生存与发展的基础，是市场竞争的根本所在。只有企业为客户提供了满意的产品和服务，才能使客户对产品和服务产生信赖感，进而对整个企业产生信赖感，成为企业的忠实客户。

（2）供销商关系营销策略。

在竞争日趋激烈的市场环境中，明智的市场营销者会和供应商、分销商建立长期的、彼此信任的互利关系。

（3）竞争者关系营销策略。

企业之间不仅存在着竞争，而且存在着合作的可能，应实行"强强联合，共同发展"策略，依靠各自的资源优势实现双方的利益扩张。

（4）员工关系营销策略。

任何企业都必须首先处理好内部的员工关系，只有企业内部的全体员工齐心协力，才能实现"外求发展"，并通过员工的协作实现资源转化过程中的价值最大化。

6. 定制营销理论

定制营销理论是一种以满足消费者个性化需求为核心的营销理念。该理论认为，每个消费者都有独特的需求和偏好，企业应该根据消费者的个性化需求来制定营销策略，提供定制化的产品或服务。

定制营销理论的核心思想是"一对一营销"，即企业通过与每个消费者建立长期的、互动的关系，了解消费者的需求和偏好，并据此提供个性化的产品或服务。这种营销方式可以提高消费者的满意度和忠诚度，增强企业的市场竞争力。

实现定制营销的关键在于企业要建立完善的消费者信息系统，收集和分析消费者的购买行为、兴趣爱好、需求偏好等信息。通过数据挖掘和分析，企业可以发现消费者的潜在需求，预测市场趋势，从而制定更加精准的营销策略。此外，企业还需要具备灵活的生产和供应链管理能力，能够快速响应消费者的个性化需求，并提供高质量的产品或服务。同时，企业还需要加强与消费者的沟通和互动，建立良好的品牌形象和口碑，以提高消费者的信任度和忠诚度。

定制营销理论的优势在于能够满足消费者的个性化需求，提高消费者的满意度和忠诚度，增强企业的市场竞争力。然而，定制营销也需要企业具备强大的数据分析能力、产品研发能力和客户服务能力，以实现个性化的定制和精准的营销。

定制营销有两个显著特点：

（1）大规模生产，为大量消费者服务。

（2）定制生产，满足每个微观消费者的具体需求。

任务三　探索旅游电子商务的网络营销

学习了网络营销的基本概念和常用的网络营销理论后，司马逍遥思考了一个问题：在旅游业中，网络营销应该是什么概念呢？带着这个问题，司马逍遥去请教老师，老师给了司马逍遥一个思路：可以在网络营销的概念上探索什么是旅游电子商务网络营销，然后在旅游电子商务网络营销概念的基础上去探寻旅游电子商务的发展，并在其中找寻到旅游电子商务网络营销的奥秘。

根据老师的指点，司马逍遥通过前期的学习和积累，把网络营销这个概念举一反三，将旅游电子商务网络营销描述为：通过计算机和互联网等媒介，采用网络技术、通信技术和计算机技术等手段，运用营销的方法，在旅游吃、住、行、游、购、娱等各类旅游活动过程中开展的商品交换和服务。

这个概念得到了老师的肯定。有了基本的概念，司马逍遥开始思考：旅游电子商务的网络营销是如何产生和发展的？了解历史才能更好地面对未来。下面我们和司马逍遥一起去了解一下旅游电子商务网络营销的发展。

1. 旅游电子商务网络营销的产生与发展

（1）国外旅游电子商务网络营销的发展历程。

旅游业应用计算机网络展开营销的历史可以追溯到 20 世纪 70 年代。旅游电子商务网络营销是随着计算机网络技术的发展而发展起来的，大致可以将其发展历程划分为三个阶段：旅游企业集团内部的网络营销、旅游行业内部的网络营销、互联网与全球分销系统（Global Distribution System，GDS）相结合的网络营销，如图 6 - 2 所示。

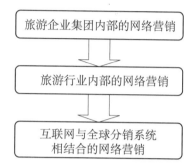

图 6 - 2　旅游电子商务网络营销的发展历程

1）旅游企业集团内部的网络营销。

中央预订系统（Center Reservation System，CRS）最早是美国假日酒店集团为控制客源采用的集团内部的计算机预订系统，由美国假日酒店集团于 1965 年建立，称为假日电讯网。该系统从 20 世纪 70 年代至今不断更新和发展，时至今日已拥有自己的专用卫星，客人住在假日酒店里可随时预订世界其他地方的假日酒店，并在几秒钟内得到确认。目前，假日电讯网每天处理 7 万间订房业务，仅次于美国政府的通信网，并成为世界上最大的民用计算机网络，它已被美国政府指定为紧急状态下的后备通信系统。

美国喜来登集团的 CRS 于 1970 年开通，并于 1983 年在中东设立第一家计算机预订中心办事处，为进一步扩大中东市场提供了条件。目前，喜来登的 CRS 办事处遍布全球，喜来登集团（中国）网站如图 6 - 3 所示。

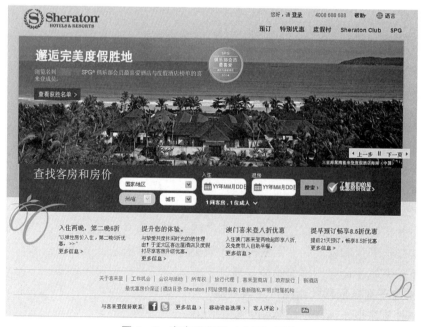

图 6 - 3　喜来登集团（中国）网站

美国希尔顿集团的 CRS 设在纽约斯塔特勒希尔顿饭店，每月要处理大量的客人的预订服务。希尔顿酒店（中国）网站如图 6-4 所示。

图 6-4　希尔顿酒店（中国）网站

英国福特酒店集团采用的是 Forte-Ⅰ中央预订系统，后耗费巨资完善 CRS，升级成为 Forte-Ⅱ，使旅游代理商可以随时预订其在全球多个国家不同档次酒店的客房。

这些集团内部的 CRS 使集团在控制客源方面一直处于领先地位。

2）旅游行业内部的网络营销。

美国赛博股份有限公司于 1960 年创立 GDS 全球行销预订系统，GDS 包含 Amadeus、Calileo/Apollo、Sabre、Worldspan 四大系统。

进入 20 世纪 90 年代，由于卫星通信和 ISDN（综合业务数据网）的发展，GDS 风靡全球。随着计算机技术的飞速进步，国际计算机联网更方便，信息费用降低，酒店的传统经营方式发生巨大变化，GDS 使中小型独立酒店和大型饭店集团站在了同一水平线上，GDS 成为最盈利的饭店经营方式。

3）互联网与全球分销系统相结合的网络营销。

随着互联网的逐渐普及，欧美的预订市场结构发生了很大变化。GDS 虽然接入成本较高，但由于多年积累，应用者众多，业内地位依然不可取代。但是，网络预订的优势也是非常明显的，大型旅游电子商务网站或全球化旅游企业集团提供的旅游产品有三四万种之多，充分满足了旅游者的多样化需求和比较选择愿望。提供特色旅游产品或服务的小型旅游电子商务网站小而精，专门服务于小的细分市场，并在它们从事的领域成为专家。

网络预订的市场份额逐渐上升；同时，一些旅游供应商开始希望摆脱 GDS 的控制，通过互联网来寻求更广阔的营销空间。

面对来自互联网的挑战，以 GDS 为中心的中间商做出相应的应对措施：一是使代理的产品类型更丰富，用户界面更亲切、方便；二是寻求与互联网的融合。同时，GDS 也面临着三个方面的困难：一是原有系统适合快速处理较大的交易量，而不适合处理来自终端旅游者的详细查询和零散预订，旅游者在预订前的多次查询会导致 GDS 系统的崩溃；二是必须开发新的更复杂的报价系统；三是以上两点会导致 GDS 收取的使用费逐年增高，失去了对旅游供应商的吸引力。

无论是旅游供应商还是旅游中间商，它们都看到了通过互联网来分销产品的巨大空间，因此，在欧美发达国家出现了 GDS 和互联网融合的营销趋势。

（2）国内旅游电子商务网络营销的发展历程。

国内旅游电子商务网络营销的发展历程同旅游电子商务网站的发展历程一样，经历了以下三个阶段。

第一阶段：1999—2000 年，旅游电子商务网站初创阶段。

随着中国旅游资讯网等一批中国最早从事旅游电子商务网站的诞生，一股"旅游网站热"拉开了序幕。随后，携程旅行网、华夏旅游网、青旅在线、北京旅游信息网、逍遥网、艺龙商务旅游网、西部旅游信息网等一大批旅游网站纷纷建立。虽然旅游电子商务发展势头良好，但在 2000 年，当互联网泡沫破灭，纳斯达克的股票指数一路狂跌时，有很多旅游电子商务网站被迫倒闭或重组。

第二阶段：2001—2003 年，"金旅工程"起步阶段。

在这一阶段，人们认识到构建一个全国性的旅游信息平台是一个刻不容缓的问题。国家旅游局从 2001 年开始，逐步建立全国旅游部门的国家、省（自治区、直辖市）、重点旅游城市三级计算机网络，重点建立起面向全国旅游部门的业务处理、信息管理和执法管理的现代化信息系统，初步形成旅游电子政府的基本框架；同时，该系统也建立了一个旅游电子商务的标准平台，以及行业标准，提供对旅游电子商务应用环境与网上安全、支付手段的支撑，支持国内传统企业向电子旅游企业转型，最终形成覆盖全国的完整的管理和商务网络。"金旅工程"是国家信息化工作在旅游部门的具体体现，也是国家信息网络系统的一个组成部分。"金旅工程"有两个基本组成要素：一是政府旅游管理电子化，利用现代化技术手段管理旅游业；二是利用网络技术发展旅游电子商务，与国际接轨。总的目标是最大限度地整合国内外旅游信息资源，力争建设和完善政府系统办公自动化网络和面向旅游市场的电子商务系统。"金旅工程"的构成如图 6-5 所示。

第三阶段：2004 年至今，旅游信息平台建设阶段。

国家旅游局等政府部门不仅搭建了全国性的旅游信息平台，而且一些区域性的、与国家"金旅工程"相配套的旅游信息平台也显示出强大的生命力，这些区域性的旅游信息平台在其初期便已显示了良好的前景。

2. 旅游电子商务网络营销的特点

（1）个性化。

旅游电子商务的网上营销正向一对一的个性化发展，这种发展趋势将改变所有旅游企业从事商务活动的方式。个性化驱使旅游销售商根据过去的经验使 Web 站点或 E-mail 更加符合用户需要，适应不同年龄和地区的人的不同爱好，从而在网络营销过程中更加精确化，实现一对一的营销。

有两种个性化技术：一种是共同筛选技术，它把一名旅游消费者的习惯、爱好与其他消费者的习惯、爱好加以比较，以确定他下次要消费什么；另一种是神经网络匹配技术，即设定一套模仿人的大脑的程序，其功能是识别复杂数据中的隐含模式，如产品和消费者间的相关性。如果个性化服务在旅游电子商务网络营销中全面推行，将能够开创旅游电子商务网络营销的新时代。

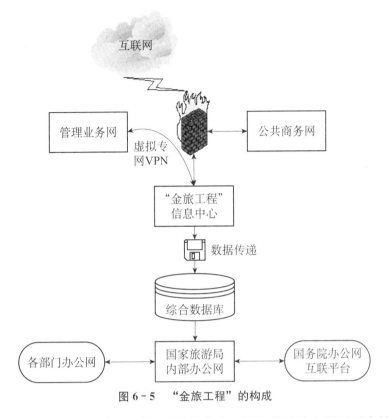

图 6-5　"金旅工程"的构成

网上个性化营销也并非一帆风顺，到目前为止，网络营销从上到下对个性化的重要性的看法很不一致。这是因为个性化服务要求消费者提供个人信息，有时需要填写冗长的表格，但只有少数消费者愿意这样做，更糟糕的是，在个人隐私方面会引发新的问题。

目前，满足个性化需求还需要经历一个漫长的过程，因为个性化服务需要采用复杂的数学公式和算法模型来匹配和挖掘人们可能的兴趣。

对于许多旅游经营商家来说，网络营销能使产品和服务非常精确地个性化，其目的在于极大地增强现有旅游电子商务的基础。将来，旅游电子商务企业将以用户管理者代替产品管理者，用户管理者的工作在于通过针对每个用户的需求，精心提供产品和服务。

互联网具有以个性化迅速赢得数以百万计的用户的能力，这种能力正在创造出以前不能以快捷方式销售的产品。例如，美国航空公司目前采用博达·威森（Broda Vison）公司的个性化销售软件，加强为经常坐飞机的人的服务。公司通过编制出发机场、航线、座舱和餐饮喜好以及他们自己和家人爱好的简介表，提高订票过程的效率。借助这些简介表和快速联系乘机人员的某种方式，在学校放假的几周时间里，美国航空公司为学生的全家提供个性化、定制化的到迪士尼乐园的打折优惠机票，这是一种全新的销售方式。

（2）低成本。

旅游电子商务网络营销给交易双方所带来经济利益上的好处是显而易见的，主要表现在：

1）没有店面租金成本。传统的店面租金相当高，特别是黄金地段，可以说是寸土寸金。而网络营销只需要一台网络服务器，或租用部分网络服务器的空间即可，与实际租用一个商业大厦的费用相比甚至可以忽略不计。

2）低营销成本。网络营销具有极好的促销能力，经营者仅需负担较低的促销广告费用，即可将多媒体化的商品信息动态展示，既可以主动散发，又可随时接受消费者的查询。

3）低结算成本。面向消费者的网络营销系统允许顾客在互联网上以信用卡付款，其着重点在于网上的实时结算，这使得顾客购物更为方便；对于商家而言，则降低了结算成本，电子商务代表了一种以网络为基础的新的商业结构。

（3）电子化。

信息时代给网络营销带来了发展的契机，其电子化的特点尤其突出，主要表现在以下几方面：

1）书写电子化、传递数据化。网络营销中采用电子数据（无纸贸易）、电子传递与旅游消费者进行交流、订货、交易，实现快速、准确的双向式数据信息交流。

2）经营规模不受场地限制。经营者在"网络店铺"中摆放商品的数量几乎不受任何限制，无论经营者有多大的商品经营需求，网络营销系统都可以满足，而且经营方式也很灵活。

3）支付手段高度电子化。为满足旅游电子商务网络营销的支持需要，各银行金融机构、软件厂商纷纷推出了电子支付方案，现已使用的形式主要有信用卡、电子现金、智能卡等。

任务四　探索旅游目的地网络营销策划

1. 旅游目的地营销/管理组织

世界各国，几乎所有的旅游目的地都设有旅游目的地管理机构（Destination Management Organization，DMO），并设有与政府旅游管理机构合为一体的或相对独立运作的旅游目的地营销组织。在我国，各级政府旅游局承担了相关工作。

DMO 的目标是以社会的、文化的、经济的和环境的基本准则来提高目的地的旅游业绩。DMO 须以一种平等的、毫无偏袒的方式来代表目的地的所有旅游企业，并特别对当地的中小旅游企业负责。

DMO 的信息职能主要是收集当地的、区域内的或国内的旅游产品信息并在全世界范围内传播；为当地的旅游企业提供信息，让旅游企业了解当前旅游业发展趋势、旅游市场形势和国内外竞争情况。面向旅游者，DMO 还有提供信息咨询的职责——一个公正可信的机构要为旅游者提供直观的旅游产品信息，以及一些有用的建议。

欧美各国建立 DMO 的时间较早，20 世纪 90 年代以前，这些国家的 DMO 主要通过遍布各地的旅游咨询中心、旅游问询网络（以电话、信函为通信工具）、海外办事处等宣传旅游目的地形象。这一阶段基本没有建立以计算机网络为中心的旅游营销/管理系统，通常每年或每半年组织编写一次旅游宣传资料。由于没有一体化的信息技术，其提供的旅游信息只能尽量简单化，效率也不高，不能全面反映旅游产品的种类和价格的变化。

随着计算机网络技术的成熟，DMO开始应用网络技术来建设功能齐全的旅游目的地信息系统，其一般模式如图6-6所示。

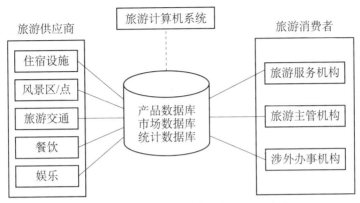

图6-6　旅游目的地信息系统的一般模式

目前，世界各国基本都建立了本国的旅游目的地信息系统，如丹麦、芬兰、新加坡等。这些旅游目的地信息系统既有以国家为中心的，也有以主要旅游名胜地为中心的，我国的一些旅游大省（如海南省）也纷纷建立了以本地为中心的旅游目的地信息系统。

当互联网在世界逐渐普及后，旅游目的地信息系统迅速适应了这一变化，各国的DMO纷纷在互联网上建立网站，互联网将DMO的营销能力扩大到全球范围，同时通过网络增强其管理的效率。

我国各省（区、市）所建立的旅游目的地信息系统具有的功能如图6-7所示。

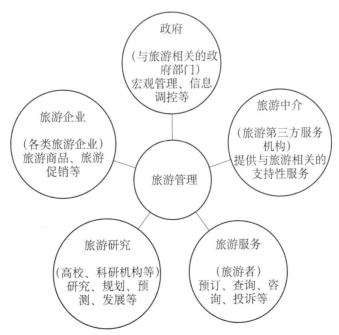

图6-7　旅游目的地信息系统具有的功能

2. 旅游目的地网络营销策划内容

（1）目标定位。

一个旅游目的地通过网络来宣传自己时，先要旗帜鲜明地突出目的地的旅游形象。英国旅游局的"历史文化主题"，中国香港的"动感之都"、武汉的"水上动感之都"等，都为这些目的地的营销贴上了独具特色的标签。

（2）信息内容确定。

要全方位地展示旅游目的地的一切信息，如图 6-8 所示。

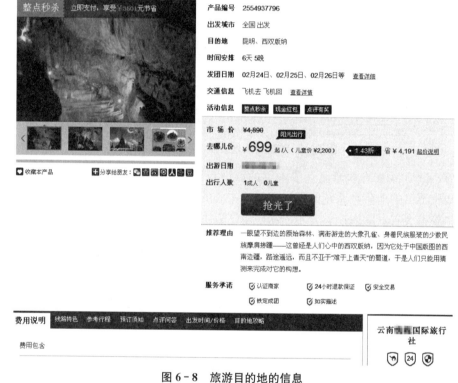

图 6-8　旅游目的地的信息

旅游目的地的信息一般包括以下内容：

1）旅游目的地常规介绍。

2）根据旅游者咨询时可能遇到的问题，提供关于旅游目的地的详细且实用的解答，内容可涉及签证、货币兑换、语言、当地习俗、商店或者银行营业的时间、保健常识、小费等。

3）旅游交通信息，包括主要航班、航船、火车、汽车班次和公路网情况。

4）官方旅游咨询中心的名录和地址，以及它们提供的服务。

5）预订功能（通过网站订购旅游产品）。

6）旅游产品数据库查询（旅游地的饭店、景区/点、餐厅、旅游活动等信息，最好能提供报价）。

7）发布旅游促销信息。

8）出版物预订（出版物包括年度旅游手册或培训资料）。

9）提供目的地旅游企业名录。

10）本地旅游企业的广告位。

11）旅游展销会、交易会的计划和安排。

12）公布旅游目的地开放新景点、推出新型旅游产品的信息。

13）提供不限版权的旅游目的地风景图片、介绍文字和旅游文学作品、多媒体影像资料。

（3）预算决策。

旅游电子商务网络营销任务必须与目标结合在一起，而开展网络营销的预算规模和成本又制约着目标的选择。旅游目的地网络营销的预算包括开发费用和运行费用。全国性旅游目的地营销系统一般由政府独资开发，地区性旅游目的地营销系统开发费用来源多样。

3. 旅游目的地网络营销策划方法

司马逍遥打开电脑，屏幕上出现他精心准备的旅游目的地网络营销策划方案。他知道在这个充满竞争的市场中，一份出色的策划方案对于吸引游客至关重要。那么写旅游电子商务策划方案到底有哪些策略？通过网络搜寻，他总结出如下常用策略：

（1）整合沟通策略。

沟通是营销的核心内容，对于旅游目的地来说，如何利用现有的各种网络营销手段来充分与旅游者、旅游企业以及传媒机构沟通是不能忽视的。具体可采用如下方法和策略（见图 6-9）。

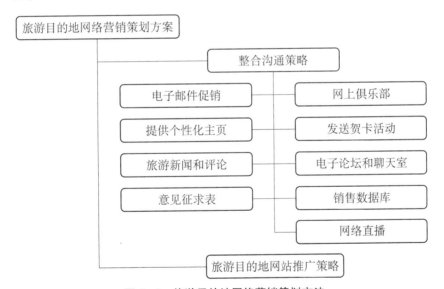

图 6-9　旅游目的地网络营销策划方法

1）电子邮件促销。可从数据库或预订记录中挑选出适合的消费者，向他们发送特定目的的电子邮件，如优惠旅游产品信息或每月简讯。电子邮件可以包含全部信息内容，也可以提供链接地址，让接收者点击地址去查看旅游目的地网站的相关网页。电子邮件促销的优势在于其信息传递速度和反馈周期大大短于传统广告或直接邮寄。

2）网上俱乐部。许多目的地网站给浏览者提供参加专业俱乐部的机会，免费注册成为俱乐部成员可享受增值服务，但需要向 DMO 提供用于客户关系管理的个人详细资料。增值服务包括提前告知旅游优惠信息、定期发送新闻和快捷预订服务。

3）提供个性化主页。有些目的地网站可以根据浏览者的需求，为他们设置个性化的主页，主页通常在上方有一个简单的问候语，如"欢迎你"；主页呈现的信息栏目是浏览者最感兴趣的栏目。这种方式通常需要浏览者回答关于自己的兴趣、喜好及计划等大量问题。

4）发送贺卡活动。许多网站向浏览者提供从站点发送电子贺卡给亲友的功能。用户可选择喜爱的明信片（贺卡上通常是目的地的迷人风景），在"发送方"栏填上自己的姓名和电子邮件地址，在"接收方"填上亲友的姓名和电子邮件地址并附上短信息。贺卡可以两种方式发送：一是通过电子邮件发送，其中附带目的地网站的链接；二是发一个通知让用户登录网站去收取贺卡。电子贺卡是推广目的地网站的有效方法，它为网站带来了更多的浏览者，用户亲友的电子邮件地址也可以纳入旅游目的地网站的客户数据库，成为接收目的地信息的对象。

5）旅游新闻和评论。旅游是个人经历，因此让旅游者写关于他们旅程的短文并在网站上发表让其他人阅读，或者让他们将近期的旅游图片上传到网站是十分有趣的。这些发表游记和评论的旅游者是旅游目的地的宣传使者。

6）电子论坛和聊天室。旅游目的地网站可以开辟电子论坛（采用的技术是"电子公告牌"）、博客或聊天室，提供用户之间进行专题讨论的场所。网站运营者可以提出一些讨论主题以促进旅游者参与，使网站充满生气。要求想加入论坛或聊天室的旅游者注册，这是获取旅游者个人信息的另一个机会。

7）意见征求表。旅游目的地网站通过意见征求表来收集旅游者对旅游经历或对网站本身的意见反馈。设计征求表是很重要的，应尽量使采集的信息少而有效，网站还应向填写表格的用户致谢或给予适当的答复。

一些简单的征求表可以"自动弹出窗口"的形式出现（当访问网站的特定页面时征求表窗口会自动弹出），也可让浏览者在注册或注销时回答一些问题，所有的信息须存入用户数据库。

8）销售数据库。许多旅游者通过电话问询或直接到问询处获取旅游目的地信息，这也是获取旅游者资料的机会。应对索要宣传资料或进行预订的旅游者进行登记，并输入计算机识别出他们是否已经在消费者数据库内。如果不在，就可以创建新的消费者记录，并跟进电子邮件营销工作。

9）网络直播。随着互联网的普及和网络带宽的畅通，旅游目的地网络直播也成为一种时尚。通过直播可以展示旅游目的地的独特魅力和吸引力；直播内容可以围绕景点导览、文化体验、特色美食等展开，同时设计互动环节提升观众参与感，通过提前宣传和推广，吸引更多潜在游客观看直播，并在直播结束后评估效果，不断优化调整策略，从而提升旅游目的地的品牌知名度和市场竞争力。

（2）旅游目的地网站推广策略。

对DMO建立的网站，要做的首要工作就是吸引旅游者个人和旅游企业的访问。站点访问者的数量取决于现有的旅游目的地品牌形象的吸引力，以及网站推广的力量投入和实施技巧。旅游目的地网站提高知名度和访问量的方式包括：

1）与其他网站（电子商务合作伙伴）建立合作关系、交换链接、投入有偿广告或加入搜索引擎。

2）在每一种旅游目的地的宣传资料和印刷品上都印上网站网址。

3）通过网上和网下的各种宣传方式提高旅游目的地网站的知名度。

任务五　探索旅游企业网络营销策划

1. 旅游企业网络营销策划的原则

旅游电子商务的网络营销可以采用分阶段发展的原则。一般分为以下三个阶段：

第一阶段：部分业务电子化阶段。在这一阶段，可选取信息化作用明显、易于实现的经营管理环节率先实现电子化，为旅游企业建立电子商务系统做准备。

第二阶段：电子销售/预订阶段。这一阶段的目标是在业务电子化的基础上，建立电子销售/预订系统。同时，通过数据积累，进行交易信息的全程管理和数据挖掘，为智能化决策分析提供条件。

第三阶段：全面信息化阶段。在这一阶段，通过企业管理信息系统及其各专门系统的接口，实现大部分店内信息流、资金流的自动处理，对人员、物资、设备的信息化管理和控制；对外能接受电子预订、支付，与各类旅游企业形成紧密的联系，实现电子协作。

2. 旅游企业网络营销策划的内容

旅游企业网络营销策划的内容和流程如图 6 - 10 所示。

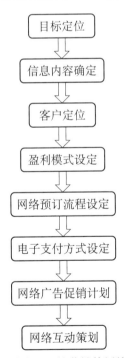

图 6 - 10　旅游企业网络营销策划的内容和流程

（1）目标定位。

建立旅游企业电子商务网站，首先要确定建立电子商务网站的目的。例如：建立一个网上的黄页，以树立企业的形象，宣传企业的产品；推广企业的产品及服务，进行简单的电子商务业务；建立一个完整的电子商务系统，通过网络开展电子商务业务，并为各种客户提供服务和支持。

在目标定位下做好旅游电子商务网站的各项布局，围绕其中心目的实现网络的功能。

（2）信息内容确定。

在网站的目标定位后，如何将网站建成一个对网络消费者富有吸引力的电子商务网站，其网站信息内容的确定是成功的关键。与网站的主题相关的信息内容越丰富，登录上网的浏览者就越多。

网站信息内容的建设需要经过精心设计。网站信息内容需要根据主题和目标，围绕与旅游有关的服务，将内容（旅行指南）、社区（网友咨询和交流）和商务（预订服务）等有机地融合在一起。一般而言，网站信息内容包括以下几个主要方面：

1）旅游综合信息：包括旅游目的地的自然人文景观的资料信息，如饮食、住宿、游玩、购物、娱乐等多方面信息。

2）旅游交通信息：包括主要航班、航船、火车、汽车班次和公路网等信息。

3）旅游相关知识：包括旅游新闻、货币兑换、天气预报等信息。

4）在线交流信息：包括旅游者的倡议、观感、游记和旅游问答等。

5）旅游产品信息：包括与旅游相关的产品和服务信息介绍。

6）旅游促销信息：包括各种机票打折、景区优惠、旅游产品促销等信息。

（3）客户定位。

在网站设计期间应进行充分调研并明确本网站的主要营销对象。我们可以提出这样一个问题：人们为什么要访问我们的站点？也就是要搞清楚本企业的站点与竞争者相比有什么独特的吸引人之处。在进行客户定位时，应该对本网站的竞争对象进行深入和细致的分析，分析它们都提供了一些什么样的内容、所针对的访问对象和本网站的客户定位有什么不同、有何特点和不足等。通过分析比较，就能清楚地了解本身的优点和不足，从而做到扬长避短，发扬特色。实际上，对竞争对象站点的分析应该贯穿在整个企业站点的建设过程之中，通过全面的分析比较，吸取它们的优点，避免它们的短处。

（4）盈利模式设定。

盈利模式设定对网站来说是十分重要的。网站的经营收入目标与企业网站自身的知名度、网站未来的浏览量、网站未来的宣传力度和广告吸引力、浏览者的购买行为、对本网站的信赖程度等因素都有着十分密切的关系。因此，旅游电子商务网站应该根据对这些因素的分析来确定本网站的盈利模式。

（5）网络预订流程设定。

通过电子商务进行并完成网上购物是一个比较复杂的技术流程，在这一复杂的流程中应当尽量做到对客户透明，使客户购物操作方便，让客户感到在网上购物与在现实世界中的购物流程没有本质的差别。在很多电子商务网站中，上网者同样可以找到"购物车""收银台""会员俱乐部"这样熟悉的词，实际上，每一个概念实现的背后都隐藏着复杂的技术细节。但是，一个好的电子商务网站必须做到：不论购物流程在网站的内部操作是多么复杂，其面对用户的界面必须是简单和操作方便的。

（6）电子支付方式设定。

网站向客户提供的可供选择的支付方式当然是越多越好，这是因为网站面对的是各种各样的网上客户，每一种支付方式都有一定的客户覆盖率。

一般而言，旅游电子商务网站提供网上支付和网下付款两种方式。对采用网上支付的客户，可使用多种国内外的信用卡支付系统。网站可以与主要银行机构，如中国银行、招商银行等签署信用卡受理协议，实现网上支付。如果客户选择在网下支付的方式，则可通过银行电汇、邮汇及现金付款的方式等实现支付功能，为用户提供最大的方便。

（7）网络广告促销计划。

网上的广告收入一般是旅游电子商务网站盈利的重要部分，同时是在网上树立旅游电子商务网站良好形象的必要手段。网络广告具有得天独厚的优势，是实施旅游电子商务网络营销媒体战略的重要一部分。基于互联网全新的广告媒体，其速度快、效果好，是旅游电子商务网站扩展和壮大的很好途径。

对于旅游电子商务网站，制定网站的广告宣传策略和促销计划是必需的。企业网站在建立后，若要留住原有的浏览者，吸引更多的浏览者，广告是不可缺少的。因此，企业网站要针对本网站的业务特点和客户群设计独立的网络广告促销推广计划。

（8）网络互动策划。

旅游电子商务网站互动是实现旅游者个性化服务的重要方法，网站策划人应当充分利用旅游电子商务网站的旅游产品（包括旅游线路、餐饮、住宿、纪念品等）与消费者进行互动，最终实现价值营销。

例如，让每个网站浏览者都可以就旅游的各种问题进行咨询，网站在接收到浏览者咨询信息后可同浏览者进行在线（通过网络）或离线（通过电话、邮件）的联系与交流。让浏览者得到满意的答复，让旅游电子商务网站取得浏览者的信任，实现网站旅游产品的最终营销。

在形式上，旅游电子商务网站的互动可以采用 BBS、在线问题解答（FAQ）、博客、网站即时客户服务等形式。

3. 旅游企业网络营销策划的方法

司马逍遥将旅游企业网络营销主要策划方法总结如下：

（1）明确营销目标：旅游企业需要明确自己的营销目标，如提升品牌知名度、增加销售额、拓展市场份额等。这有助于企业制定更具针对性的网络营销策略。

（2）网站建设与优化：旅游企业应建立专业的官方网站，并通过搜索引擎优化（SEO）技术提升网站的排名和曝光率。网站内容应丰富、更新及时，包括景点介绍、产品详情、客户评价等，以吸引和留住潜在客户。

（3）社交媒体营销：利用社交媒体平台（如微博、微信、抖音等）进行广泛的品牌宣传和产品推广。通过发布有趣、有吸引力的内容，与粉丝互动，提升品牌影响力和客户忠诚度。

（4）网络广告投放：在搜索引擎、社交媒体、旅游预订网站等渠道投放网络广告，提高品牌曝光度和产品知名度。广告投放应具有针对性，根据目标客户群体和投放效果进行调整和优化。

（5）电子邮件营销：通过收集客户的电子邮件地址，定期发送旅游产品的优惠信息、活动通知等，保持与客户的联系和互动。电子邮件内容应具有吸引力和个性化，避免被客户视为垃圾邮件。

（6）合作伙伴关系建设：与旅游预订网站、在线旅行社、景点管理机构等建立合作关系，共享资源和客源，实现互利共赢。这有助于提升旅游企业的市场份额和竞争力。

（7）数据分析与调整：定期对网络营销活动的效果进行分析和评估，包括网站流量、广告点击率、转化率等指标。根据数据分析结果，及时调整网络营销策略，优化投入产出比。

总之，旅游电子商务网络营销策划需要综合运用多种方法和手段，以实现企业的营销目标。

项目小结

在本项目中，司马逍遥通过不同的资料和途径了解了旅游电子商务网络营销的基本概念和方法。经过认真的学习和体会，司马逍遥认为旅游电子商务网络营销最主要的功能就是采用适当的手段促销旅游商品，增加旅游商品的销售收益。

想一想

1. 你理解的旅游电子商务网络营销是什么样的概念？
2. 旅游电子商务网络营销的基本方法有哪些？
3. 将你认为行之有效的网络营销方法进行实际操作，通过实际操作体验网络营销，并评估采用方法的有效性。

拓展阅读

大数据下电子商务营销管理的优化路径

合理运用大数据技术，不但可以有效提升企业电子商务营销管理水平、增强营销决策的合理性和科学性，还可以运用平台功能全面了解用户需求偏好，提供个性化服务。因此，对大数据背景下电子商务营销管理的优化路径展开研究，能够为企业提升营销管理提供重要依据，进而推动企业经营和发展的可持续性。基于大数据的电子商务营销管理优化需要完善数据运行体系。

1. 创建数据处理分析平台

在大数据时代，对数据的分析能够让企业在生产运营时做出合理决策，保证决策的科学性。目前大数据技术已经成为企业生产运营中的重要组成部分，并在电商营销中起着至关重要的作用。因此建立数据处理平台是大势所趋。

2. 完善数据运行体系

大数据技术的运用对企业市场营销战略有着积极影响，企业在完善数据运行体系中通过有效收集、整合、处理和分析数据，可以更好地了解用户需求，制定精准的营销策略，提供个性化的服务，从而提高销售额和用户满意度。

对于用户个人信息的处理，平台必须遵守相关法律法规，对数据进行匿名化处理以保护用户隐私。

3. 更新市场营销理念

在大数据背景下，传统经营消费模式随着信息技术的应用而发生了改变，同时改变了多数用户的消费观念。因此，相关企业必须顺应现代市场发展需求，不断优化和改进业务营销模式，进而实现企业长期发展。企业应塑造良好的品牌形象，进一步提高社会声誉，并以市场需求为前提，制定产品经营目标。而产品经营战略作为企业经营发展的关键所在，企业必须合理制定每个阶段的产品经营策略，在各个方面分配适当的资源，实现全新的信息化企业产品营销目标。管理人员必须不断优化经营模式，基于业务本身特性来分别制定产品宣传策略。

如今，有了大数据，企业不仅能相互竞争，更有机会合作，共同应对市场挑战。在制订发展计划时，企业应启用IT网络，创新市场管理模式，加强企业间信息与技术的共享，不断研发高质量产品，最大限度地发挥产品品牌效应。此外，相关技术应用不仅在于收集用户数据，也在于获得更多的用户。对产品经营发展来讲，消费者在日常生活中的消费方向尤为重要。因此，必须深化平台信息采集功能，进而为消费者提供更为有效的产品推荐服务。

4. 构建多渠道营销整合方案

现代企业在运用互联网信息技术构建电子商务信息化营销管理平台时，可以从不同角度探索大数据技术的应用，突出大数据技术优势，有意识地推动电子商务营销科学发展。企业制订营销渠道整合和营销工具整合的工作计划，为线上与线下营销渠道的综合开发创建管理方案。根据线上和线下营销的实际需求，研究用户的行为习惯，确定营销渠道整合计划和营销活动组织计划，确保营销手段和营销渠道的多样化和整体性。在营销实践中，充分利用不同营销渠道的特点和优势，逐步提高电子商务营销的效率和影响力，确保大数据技术在电子商务营销管理中实现价值和作用的最大化。企业优化和应用各种营销方法和营销组合，能够提高电子商务的综合水平，有效控制营销工作的成本，确保在电子商务经济发展实践中获得更大的经济和社会效益。

5. 提高售后服务质量

在现代商业运营发展中，售后服务更为重要。企业只有更加注重客户服务，并将客户服务与营销和业务发展相结合，不断提升产品品牌效应，才能拉近消费者与企业之间的关系，提升企业的市场竞争力。除此之外，对于消费者而言，产品本身的基本功能与延伸功能有着同等的重要性。消费者对产品的性能评价决定了产品是否拥有长期经营条件，而售后服务质量则决定了消费者对于不同企业中同类产品的选择。现阶段，随着同类型消费产品数量的增多，针对产品性能与价格方面的市场竞争日益激烈，而影响用户产品选择的主要因素是售后服务，提高售后服务能力可以提高企业在市场上的竞争力。同时，消费者日常购物数据是企业经营的重要参考依据，而消费者反馈信息与产品评价则可以更好地帮助企业了解消费者的个人需求，并在企业和消费者之间建立信任的桥梁。在为老客户提供优质服务的同时，不断开发新产品来吸引更多新客户购买，能够为企业长期稳定发展提供有力帮助。

资料来源：韩晓霞．大数据下电子商务营销管理的优化路径．商场现代化，2024（4）．

练一练

一、填空题

1. 旅游电子商务网络营销的主要特点有_____、_____、_____等。

2. 网络营销是企业以_____为基础，通过_____和_____开展的营销活动。

二、判断题

1. 网络营销虽然与传统营销的最终目的有较大差别，但它们在促销观念和手段上有很多相似之处。（　　）

2. 网络营销中的病毒式促销是通过传播计算机病毒开展的。（　　）

3. 网络营销是孤立存在的。（　　）

4. 网络营销等于网上销售。（　　）

5. 网络营销等于电子商务。（　　）

三、单项选择题

1. 在线旅游市场中，通过（　　）可以帮助企业收集关于消费者偏好的重要信息。

A. 网络调查问卷　　　　　　　　　　B. 实时监控竞争对手价格

C. 提供免费 Wi-Fi 服务　　　　　　　D. 开展线下宣传活动

2. （　　）不是旅游电子商务网站在网络营销中常用的策略。

A. 搜索引擎优化　　B. 社交媒体营销　　C. 线下广告投放　　D. 电子邮件营销

3. 为了提升旅游产品的在线销售效果，（　　）是不正确的。

A. 提供详尽的产品信息描述

B. 使用高清图片和视频展示产品特色

C. 隐藏用户评价来避免负面评论影响

D. 提供灵活的退改政策以增加用户信任度

4. 在制定营销策略时，企业首先需要考虑的是（　　）。

A. 产品的功能和特性　　　　　　　　B. 顾客的需求和价值

C. 竞争对手的策略　　　　　　　　　D. 市场的定价标准

5. （　　）是 4P 理论中的核心要素。

A. 消费者体验　　B. 产品　　　　C. 成本控制　　　　D. 渠道

6. 根据 4C 理论，企业在定价时应该考虑的首要因素是（　　）。

A. 企业的利润率　　　　　　　　　　B. 消费者的支付能力

C. 产品的生产成本　　　　　　　　　D. 市场竞争状况

7. 在 4P 理论中，促销策略的主要目的是（　　）。

A. 提高产品的知名度和吸引潜在顾客　　B. 降低产品成本以获得竞争优势

C. 建立和维护与消费者的关系　　　　　D. 优化销售渠道以提高销售效率

四、名词解释

1. 网络营销。

2. DMO。

3. 软营销。

4. 直复营销。

五、简答题

1. 网络营销有什么特点？

2. 旅游目的地网络营销策划方法有哪些？

3. 网络营销的理论主要有哪些？

4. 假设你是一家旅游企业的网络营销经理，你会如何制订一份全面的网络营销计划来推广公司的旅游产品？请简要概述你的计划并说明理由。

5. 旅游电子商务网站通过哪些主要方式吸引和保持客户的注意力？请列举至少三种方式并简要说明。

实践与实训

电子商务网络营销网站推广

【实训目的】

1. 将网络营销理论与实际操作紧密结合。

2. 通过实践学习并掌握网站推广的有效方法、技巧及策略。

【实训步骤】

1. 针对关键词"网络营销"的检索与分析。

（1）使用搜索引擎进行关键词"网络营销"的检索，浏览排名前三的网站。

（2）观察搜索结果页面，记录每个网页展示的标题、摘要和链接地址，并分析其对用户点击吸引力的影响。

（3）逐一访问这些网站，深入分析网页内容的布局、功能设计以及用户界面（UI），从而评估用户体验的优劣。

（4）依据所学的网络营销知识，评论这些网站的优势与不足，指出可能的改进方向。

2. 针对关键词"在线旅游"的检索与分析。

（1）使用搜索引擎进行关键词"在线旅游"的检索，并浏览学习搜索结果中排名前三的网站。

（2）记录并比较各网站的标题创意、摘要文案和链接效率，探究它们如何吸引目标用户群体。

（3）访问并细致考察网站架构、内容呈现方式以及交互设计，评价其在用户浏览和操作便利性方面的优劣。

（4）结合电子商务专业视角，分析这些网站在满足用户需求、提供信息和服务方面的表现，找出潜在的弱点。

3. 社交媒体营销实训。

（1）选择适合目标用户的社交媒体平台，如微博、抖音、知乎等。

（2）制订社交媒体内容计划，发布有价值的内容吸引用户关注。

（3）分析社交媒体数据，优化发布时间和内容类型。

4. 内容营销实训。

（1）创作高质量的博客、微信朋友圈等文章、视频、图片等内容。

（2）优化内容分发渠道，如新闻稿发布、论坛参与等。

（3）利用平台数据监控内容效果，进行持续优化。

【实训报告】

1. 总结实训的成果，包括所分析的网站数据、用户体验的评价结果以及得出的结论。

2. 分享实训心得体会，反思在实训过程中的学习点和面临的挑战。

知识拓展链接

百度推广（见图 6-11）是一种按效果付费的网络推广方式，用少量的投入就可以给企业带来大量的潜在客户，有效提升企业销售额和品牌知名度。

图 6-11 百度推广首页

百度推广按照给企业带来的潜在客户的访问数量计费，企业可以灵活控制网络推广投入，获得最大回报。

項目七　**重视电商安全　学会自我保护**

◎ 学习目标

1. 理解旅游电子商务安全的基本要素；
2. 了解实现旅游电子商务安全的基本方法；
3. 熟悉常用的旅游电子商务安全技术。

实践目标

1. 掌握旅游电子商务安全的基本技能；
2. 能自己动手完成旅游电子商务基本安全技术的应用。

素养目标

1. 在旅游电子商务从业过程中，建立强烈的信息安全意识；
2. 具备良好的团队合作能力，能够与他人有效沟通、协作，共同解决网络安全问题。

问题引入

通过前几个项目的学习，司马逍遥感到旅游电子商务的发展前景十分诱人，在快速发展的过程中，旅游电子商务的安全问题也变得越来越突出。如何建立一个安全的、便捷的旅游电子商务应用环境，给旅游电子商务交易提供足够的安全保护，已经成为旅游业相关企业和消费者都十分关心的话题。司马逍遥经常看到电子商务引发的各种安全问题，也知道要采用各种各样的防范手段，但是对于如何系统地提高旅游电子商务安全性还没有一个全面的认知。在本项目，我们和司马逍遥一起去系统地探索旅游电子商务的安全问题。

任务导读

旅游电子商务的一个重要技术特征是利用信息技术来传输和处理旅游的相关商业信

息。因此，旅游电子商务安全从整体上可分为两大部分：计算机网络安全和商务交易安全。

计算机网络安全的内容包括计算机网络设备安全、计算机网络系统安全、数据库安全等。其特征是针对计算机网络本身可能存在的安全问题，实施网络安全增强方案，以保证计算机网络自身的安全性为目标。

商务交易安全则是围绕传统商务在互联网上应用时产生的各种安全问题，在计算机网络安全的基础上，探索如何保障电子商务过程的顺利进行，即实现电子商务的保密性、完整性、可鉴别性、不可伪造性和不可抵赖性。

计算机网络安全与商务交易安全实际上是密不可分的，两者相辅相成，缺一不可。没有计算机网络安全作为基础，商务交易安全就犹如空中楼阁，无从谈起。没有商务交易安全保障，即使计算机网络本身再安全，仍然无法达到电子商务所特有的安全要求。

▶ 小贴士

黑客：源于英文 Hacker，原指热心于计算机技术，水平高超的电脑专家，尤其是程序设计人员。但到了今天，"黑客"一词已被用于泛指那些专门利用电脑系统安全漏洞对网络进行攻击破坏或窃取资料的人。

案例导入

三男子篡改百度推广关键词，冒充网站客服进行诈骗

三名男子通过篡改百度推广的关键词，而后冒充淘宝、京东等网站客服进行诈骗。2013 年 7 月 25 日上午，被告人叶某、李某因诈骗罪在通州法院受审。

朱先生是淘宝网店的店主，因和顾客发生纠纷，想通过淘宝客服解决。2011 年 12 月 15 日晚，他在百度上搜索"淘宝网客服电话"，并按照排名较前的开头为 0571 的号码打过去，接电话的一名男子称是淘宝网客服，他说，要想解决纠纷需要交押金 6 800 元。朱先生就按照该男子的要求，给对方账户转了 6 800 元。随后，该男子又称还需再交押金 6 000 元。感觉受骗的朱先生便报了警。

被抓后，叶某供述，他入侵百度推广后台后，将推广关键词"淘宝客服"等与"钓鱼"网站链接。这样，若有网友在百度上输入"淘宝客服"等关键词，百度推广便会弹出该钓鱼网站及所预留的客服电话。叶某和两名同伙买来多套身份证件及与之配套的银行卡，又购买了多张以 0571 开头的电话卡与手机绑定，这样，一旦有客户打进来电话，叶某便接听询问并诱使对方往指定账户上汇款，再由李某去银行取款。钱取来后，三人按比例分成。

据指控，2011 年 12 月至 2012 年 6 月，三人冒充淘宝、京东等网站或公司客服人员，以办理退款、退货等业务需进行认证抵押等为由骗取钱款，骗取 10 余人 10 余万元。

资料来源：三男子篡改百度推广关键词，冒充网站客服进行诈骗. 中国新闻网，2013-07-26.

⇄ **知识探究**

看了这篇案例，司马逍遥觉得电子商务存在很多的风险。如何抵御这些风险，做好安全防范，这是一个旅游电子商务从业人员必修的功课。下面就让我们和司马逍遥一起开始对旅游电子商务安全的探索吧！

任务一　认识旅游电子商务的安全性

旅游电子商务是一个社会与技术相结合的综合系统，安全性是一个多层次、多方位的系统概念，它不仅与计算机系统结构有关，还与旅游电子商务应用的环境、人员素质和社会因素有关，包括电子商务系统的硬件安全、软件安全、运行安全、电子商务安全立法等。

1. 电子商务系统的硬件安全

电子商务系统的硬件安全是指计算机系统硬件（包括外部设备）的安全。电子商务系统的硬件安全的目标是保证计算机系统自身的可靠性和为系统提供基本安全机制。

2. 电子商务系统的软件安全

电子商务系统的软件安全是指保护软件和数据不被篡改、破坏与非法复制。电子商务系统的软件安全的目标是使计算机系统逻辑上安全，主要是使系统中信息的存取、处理和传输满足系统安全策略的要求。根据计算机软件系统的组成，软件安全可分为操作系统安全、数据库安全、网络软件安全和应用软件安全。

3. 电子商务系统的运行安全

电子商务系统的运行安全是指确保系统能连续和正常地稳定运行，系统可靠且数据不受损害，能抵御各种网络威胁，从而让用户放心进行交易，使得电子商务交易能正常运行。

4. 电子商务安全立法

电子商务安全立法是指对电子商务犯罪的约束，它是利用国家的法律法规，通过安全立法实现电子商务安全的保障。我国电子商务相关的法律主要有：

（1）《中华人民共和国电子商务法》：这是中国针对电子商务活动制定的基础性法律，该法律旨在保障电子商务各方主体的合法权益，规范电子商务行为，维护市场秩序，促进电子商务持续健康发展。

（2）《中华人民共和国消费者权益保护法》：保护消费者的合法权益，特别是在电子商务活动中的知情权、选择权、公平交易权等。

（3）《中华人民共和国网络安全法》：规定网络运营者的安全义务，确保电子商务平台的信息安全。

（4）《中华人民共和国个人信息保护法》：规范电子商务经营者在收集、使用、处理消费者个人信息时的规则，保护消费者隐私权。

（5）《中华人民共和国电子签名法》：规范电子签名行为，确立电子签名的法律效力，并维护相关各方的合法权益。

这些法律法规共同构成了中国电子商务的法律框架，为电子商务的健康发展提供了法律保障。随着电子商务的不断发展和新技术的应用，相关法律法规也在不断完善和更新，以适应新的市场需求和挑战。

任务二　了解旅游电子商务安全威胁

经过上网查询，司马逍遥找到了关于电子商务安全受到威胁的很多资料。经过系统总结，他将旅游电子商务安全面临的威胁归纳为如下几个方面。

1. 网络中存在的安全威胁

计算机网络的安全威胁应从外部与内部两方面考虑。外部安全威胁包括偷盗、窃听、非法入侵等。内部安全威胁主要体现在以下几个方面：

（1）系统隐患。

网络操作系统及 TCP/IP 协议存在着的安全漏洞。

（2）网络软件的漏洞。

编程人员为了方便或疏忽而留下的系统或应用程序"后门"，成为黑客攻入网络内部的捷径。

（3）对数据加密的错误认识。

大多数人认为口令或加密信息难以破译，但实际上口令或加密信息是利用了某些算法，因而黑客可以利用各种渗透技术找出漏洞入侵。

（4）内部人员的威胁。

被解雇的人员或在职人员滥用权限进行非法活动等。

2. 网上电子交易面临的安全威胁

网上电子交易面临的安全威胁主要有信息的截获与窃取、信息的篡改与丢失、信息的假冒、交易的抵赖、系统的中断等。从卖方和买方角度来看，具体的威胁如下所述：

（1）卖方面临的威胁。

包括系统安全被破坏造成的威胁、来自恶意竞争者的威胁、不讲信用的人造成的威胁等。

（2）买方面临的威胁。

包括虚假订单造成的威胁、付款后得不到（满意）商品的威胁、个人信息泄露带来的威胁、卖方拒绝服务带来的威胁等。

任务三 了解电子商务的安全需求

1. 信息的保密性

信息的保密性是指信息在传输或存储过程中不能被他人窃取的特性。因此，信息需要采用一定的加密技术等安全保障措施。例如信用卡号和密码在网上传输时，如果非持卡人从网上拦截并知道了这些信息，他就可以用这个卡号和密码在网上消费。因此，电子商务交易必须对要保密的信息进行加密和保护，再通过网络进行传输。

2. 信息的完整性

信息的完整性是从信息存储和传输两个方

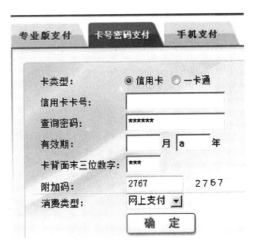

面实现的。在存储信息时，要防止非法篡改和破坏网站上的信息。在传输信息过程中，接收方收到的信息要与发送方发送的信息完全一致，使得信息在传输过程中不遭受破坏。尽管信息在传输过程中被加了密，能保证第三方看不到真正的信息，但并不能保证信息不被修改。例如，如果发送的信用卡号码是"123456"，接收方收到的却是"12345"，这样，信息的完整性就遭到了破坏。

3. 信息的不可否认性

信息的不可否认性又称抗抵赖性，采用这种机制，人们就不能否认自己发送信息的行为和内容，即信息的发送方不能否认已发送的信息，接收方不能否认已收到的信息。例如，买方向卖方订购旅游商品，订购时市场的价格较低，收到订单时价格上涨了，如果卖方否认收到订单的时间，甚至否认收到订单，那么买方就会受到损失。在电子商务环境下，可以通过数字证书机制使用数字签名和时间戳，从而保证信息的抗抵赖性。

4. 信息的可认证性

信息的可认证性，主要是对交易者所发出信息真实性的验证，而交易者身份的真实性就成为其所发信息真实性的关键。因此，在电子商务交易中，首先要保障交易双方确实是存在的，不是假冒的。由于网络交易的虚拟性，交易双方互不了解，要使交易成功，必须互相信任，确认对方是真实的。其次要保证双方所发出的信息都是其真实意愿的表达，信息是经过认证的，不存在虚构。

5. 信息的可靠性

信息的可靠性是指防止因计算机失效、程序错误、传输错误、自然灾害等引起的计算机信息失效或失误。

6. 信息的有效性

信息的有效性是指在具有不确定性并存在信息不对称的市场上，精准地揭示信息以满足信息需求者需求的程度。电子商务以电子形式的贸易信息取代了纸张形式的贸易信息，如何保证这种电子形式的贸易信息的有效性则是开展电子商务的前提。电子商务作为贸易的一种形式，其信息的有效性将直接关系到交易信息的可操作性。因此，要对网络故障、操作错误、应用程序错误、硬件故障、系统软件错误及计算机病毒所产生的潜在威胁加以控制和预防，以保证电子商务贸易数据在确定的时刻、确定的地点是有效的。

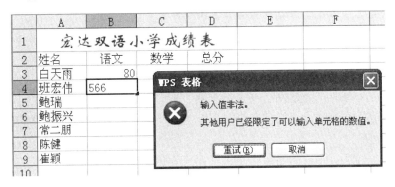

任务四　探索计算机网络安全的对策

随着电子商务的广泛应用，网络中的信息传输量急剧增长，旅游企业在得益于电子商务的方便性、快捷性的同时，电子商务数据会遭到不同程度的威胁。例如：黑客可以窃听网络上的信息，窃取用户的口令、数据库的信息；还可以篡改数据库内容，伪造用户身份、签名；更严重的是，黑客会删除数据库内容、损毁网络节点、传播计算机病毒等。数据的不安全使得企业的利益受到了严重的威胁。

无论是有意的攻击还是无意的失误操作，都会给系统带来不可估量的损失。所以，计算机网络必须有足够有效的安全措施。无论是在局域网还是在广域网中，网络的安全措施应能全方位地针对各种不同的威胁，这样才能确保网络信息的保密性、完整性和可用性。

司马逍遥了解到，旅游电子商务的安全不仅仅是技术问题，它还涉及法律、管理、教育等多个层面。

为了帮助计算机用户区分和解决计算机及网络安全问题，各个国家相继制定了计算机系统的安全等级标准。目前主要的安全评价准则包括以下几个方面：

（1）保密性（Confidentiality）：确保信息不被未授权的个体所获得。这涉及对数据的保护，以防止其被非法访问、披露或使用。

（2）完整性（Integrity）：保证信息和系统未被未授权的个体修改。这包括对数据和系统的保护，以防止其被篡改、损坏或丢失。

（3）可用性（Availability）：确保授权用户需要时能访问、使用信息和资产。这涉及对系统和网络的保护，以防止其被攻击或破坏，从而影响正常使用。

这些安全评价准则为计算机系统安全等级标准的制定提供了基础。各个国家根据自己的实际情况和需求，制定相应的安全等级标准，以便更好地评估和管理计算机网络安全问题。同时，这些准则也为计算机用户提供了区分和解决网络安全问题的指导，帮助他们更好地保护自己的信息和系统安全。

要想保证计算机网络安全，应对网络系统进行全方位防范，从而制定出比较合理的网络安全体系结构。网络系统的安全防范主要有以下几个方面的措施。

1. 网络安全

电子商务基于网络，因此网络安全是确保电子商务安全的基础。这包括硬件系统的安全和软件系统的安全。硬件安全涉及计算机硬件的物理保护，而软件安全则涉及操作系统和应用软件的安全性。

网络安全中，物理安全是网络安全的重要组成部分，它涉及对电缆、计算机硬件、服务器机房等物理设施的保护。物理安全可以分为两个方面：一是人为对网络的损害；二是网络对用户的危害。

人为对网络的损害最常见的是施工人员由于对地下电缆不了解造成的破坏，这种情况可通过立标志牌加以防范；未采用结构化布线的网络经常会出现使用者对电缆的损坏，这就需要尽量采用结构化布线来安装网络；人为或自然灾害对网络的损害需在规划设计时加以考虑。地下线缆如图 7-1 所示。

图 7-1　地下线缆

网络对用户的危害主要是电缆的电击、高频信号的辐射等，需要做好网络的绝缘、接地和屏蔽工作。信号辐射和泄露如图 7-2 所示。

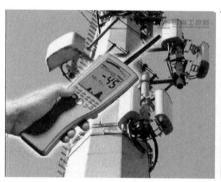
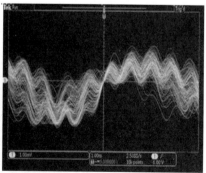

图 7-2　信号辐射和泄露

另外，网络安全还包括入侵检测系统（IDS）和入侵预防系统（IPS），是通过实时监控网络流量，检测异常行为和潜在威胁；电磁信息泄露防护，是防止电磁波泄露导致的信息泄露，保护敏感数据不被未授权的第三方获取；系统安全，是保护网络中各个计算系统的安全，防止系统遭受病毒、恶意软件的侵害，以及确保系统的稳定运行等方面。

2. 应用安全

应用安全是确保应用程序在使用过程中的安全性，包括数据的保密性、完整性和可用性。它涉及一系列措施和策略，旨在防止安全漏洞和其他威胁，如未经授权的访问和数据修改等。其中，访问控制安全是指访问控制识别并验证用户，将用户限制在已授权的活动和资源范围之内。网络的访问控制安全可以从以下几个方面考虑：

（1）口令。

网络安全系统的最外层防线就是网络用户的登录，在登录过程中，系统会检查用户的登录名和口令的合法性，只有合法的用户才可以进入系统。计算机口令的常见输入界面如图7-3所示。

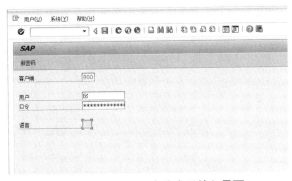

图7-3 计算机口令的常见输入界面

（2）网络安全监管。

网络安全监管简称为"网管"，它的作用主要是对整个网络的运行进行动态监控并及时处理各种事件。通过网管系统地监督、控制网络资源的使用和网络的各种活动，使网络安全化。通过网络安全监管可以简单明了地找出并解决网络上的安全问题，如定位网络故障点、捉住IP盗用者、控制网络访问范围等。

（3）审计和跟踪。

网络的审计和跟踪包括对网络资源的使用、网络故障、系统记账等方面的记录和分析。一般由两部分组成：一是记录事件，即对各类事件进行统计并记录到文件中；二是对记录进行分析和统计，从而找出问题。

3. 传输安全

传输安全是确保数据在传递过程中的安全性，包括防止数据被窃取、篡改和确保数据的完整性。数据传输安全要求保护网络上被传输的信息，可以采取如下措施：

（1）加密与数字签名。

任何一个良好的安全系统都必须包括加密。通过加密，可保证信息不会被他人所窃取。目前可用较多的方法进行综合加密，以增强信息的安全性和可靠性。

数字签名是数据的接收方用来证实数据的发送方确实无误的一种方法，它主要通过加密算法和证实协议实现。

（2）防火墙。

防火墙（Firewall）是互联网上广泛应用的一种安全措施，它是设置在不同网络或网络安全域之间的一系列部件的组合。它能通过监测、限制、更改跨越防火墙的数据流，尽可能地检测网络的内外信息、结构和运行状况，以此来实现网络的安全保护。

防火墙常被安装在受保护的内部网络与连接到的外部网络的节点之间，如图 7 - 4 所示。它可在任何必须进行网络访问控制的地方使用。

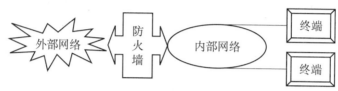

图 7 - 4　防火墙在网络中的位置

（3）用户名/密码认证。

用户名/密码认证，即 User Name/Password 认证，该种认证方式是最常用的一种，用于操作系统登录、远程登录等，但此种认证方式过程不加密，口令容易被监听和解密。

（4）基于 PKI 的认证。

PKI 是电子商务安全中常见的名词，PKI 是公开密钥体系（Public Key Infrastructure）的英文简称。基于 PKI 的认证，即使用公开密钥体系对电子商务的交易数据和交易过程进行认证和加密。该方法安全程度较高，综合采用了摘要算法、不对称加密、对称加密、数字签名、数字时间戳等技术，很好地将安全性和高效性结合起来。这种认证方法目前应用在电子邮件、应用服务器访问、客户认证、防火墙认证等领域。该种认证方法安全程度很高，但是涉及比较繁重的证书管理任务。

（5）虚拟专用网络技术。

虚拟专用网络（Virtual Private Network，VPN）是通过公用网络（通常是互联网）建立的一个临时的、安全的链接，是公用网络中一条安全、稳定的隧道。VPN 技术主要使用在公用网络上，以实现安全的双向通信，采用透明的加密方案以保证数据的完整性和保密性。

任务五　探索信息加密的常规方法

1. 加密技术概述

加密技术是保护信息安全的主要手段之一。它是结合数学、计算机科学、电子与通信等诸多学科于一身的交叉学科，不仅具有保证信息机密性的信息加密功能，而且具有数字签名、身份验证、秘密分存、系统安全等功能。所以，使用加密技术不仅可以保证信息的机密性，而且可以保证信息的完整性和确定性，防止信息被篡改、伪造和假冒。

历史上记载的人类最早对信息进行加密的方法源于这样一则故事：古希腊的斯巴达人将一张皮革包裹在某特定尺寸的棍子上，写上传递给他人的信息，而信息的接收方必须有根相同尺寸的棍子，收到皮革后，将皮革裹到棍子上才可以读出原始信息。这样，即便这张皮革在中途被截走，只要对方不知道棍子的尺寸，所看到的也只是一些凌乱和无用的信息。古埃及、古巴比伦和美索不达米亚都对书面消息的发送采用过加密方法，到罗马帝国时代，恺撒大帝开始使用信息编码，以防止敌方了解自己的战争计划。

作为一种最为古老的对称加密体制，恺撒密码的基本思想是：通过把字母移动一定的位数来实现加密和解密。例如，如果密钥是把明文字母的位数向后移动三位，那么明文字母 B 就变成了密文的 E，以此类推，X 将变成 A，Y 将变成 B，Z 将变成 C。由此可见，位数就是恺撒密码加密和解密的密钥。这种密码的密度是很低的，只需简单地统计字频就可以破译。如今这种方法又叫"移位密码"，只不过移动的位数不一定是 3 位而已。

在第一次世界大战期间，德国间谍曾经依靠字典编写密码。例如：25.3.28 表示某字典的第 25 页第 3 段第 28 个单词。但是，这种加密方法并不可靠，美国情报部门收集了所有德文字典，只用了几天时间就找出了德方所用的那一本，从而破译了这种密码。

在第二次世界大战中，德国人创建了加密信息的机器——Enigma 编码机，利用它创建加密信息。后来，通过英国人阿兰·图灵（Alan Turing）以及其他人的努力，终于破译了德国的 Enigma 密码系统，使德方在战争中遭受重大损失。

随着计算机的发展和计算机运算能力的增强，过去的加密方式都变得十分简单，于是人们不断研究出新的数据加密方式。信息加密日益成为信息保护的最实用、最可靠的方法。与此同时，人们对密码技术提出了更高的要求。通过密码学研究不断产生的新成果，以密码技术为主的商业公司开始出现，密码算法层出不穷，并开始走向国际标准化的道路，出现了 DES、AES 等标准。同时，各个国家和政府对密码技术也越来越重视，对加密技术的出口和进口作了相当严格的规定。

2. 加密技术的分类

数据加密技术的目的在于保护信息不被非法用户获得和破解，其要点是加密算法。加密算法可以分为对称加密、非对称加密等类别。

3. 加密技术的组成

一个密码体制由明文、密文、密钥与加密运算这四个基本要素构成。图 7-5 显示了一个明文加密、解密的过程。

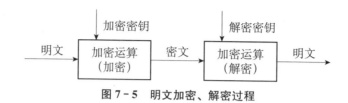

图 7 - 5　明文加密、解密过程

4. 加密术语

明文（Cleartext）：最初的原始信息。

密文（Ciphertext）：被加密信息打乱后的不可读的信息。

算法（Algorithm）：将明文变为密文的方法。

密钥（Key）：将明文转换为密文或将密文转换为明文的算法中输入的数据。

加密（Encryption）：将明文转换为密文的过程。

解密（Decryption）：将密文转换为明文的过程。

5. 对称密钥加密

对称密钥加密，就是指在加密和解密的过程中使用同一把密钥。对称加密的密钥可以比喻为一把"万能钥匙"，这把钥匙既可以用来锁门（加密），也可以用来开门（解密）。就像是你有一个保险箱，不论是把东西放进去锁上（加密），还是把东西取出来打开（解密），用的都是同一把钥匙。这个钥匙就是所谓的"私钥"或"密钥"，它对于信息的发送方和接收方是共享的，但不能让其他人知道。

可以说，对称加密就像是两个人约定了一个秘密的暗号（钥匙），只要拥有这个暗号，就可以互相传递秘密信息而不必担心被外人听懂。但这种方法的关键是要确保这个暗号不被其他人知道，否则秘密就会被泄露。只要钥匙不丢失，秘密就是安全的；但如果钥匙被偷了，那么秘密也就不再是秘密了。图 7 - 6 显示了对称密钥加密、解密过程。

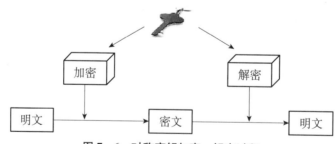

图 7 - 6　对称密钥加密、解密过程

对称密钥加密的优点在于算法实现后的效率高、速度快。对称密钥加密的缺点在于密钥的管理过于复杂。假设任何一对发送方和接收方都有他们各自商议的密钥，那么很明显，如果有 N 个用户进行对称密钥加密通信，按照上述方法，则要产生 $N(N-1)/2$ 把密钥，每一个用户要记住或保留 $N-1$ 把密钥。当 N 很大时，记住密钥是不可能的，而保留起来又会增加密钥泄露的可能性。

常用的对称算法有 DES、TripleDES、RC2、RC4、RC5、Blowfish 和 IDEA 算法等。

6. 非对称加密方法

非对称加密方法又称公钥密码体制，是指对信息加密和解密使用不同的密钥，即有两个密钥：一个是公开密钥，另一个是私有密钥。这两个密钥称为"密钥对"。如果用公开密钥对数据进行加密，则只有用对应的私有密钥才能解密；反之，如果用私有密钥对数据进行加密，则须用相应的公开密钥才能解密。

非对称加密的本质在于加密和解密过程使用了一对密钥，通常被称为公钥和私钥。公钥是可以公开的部分，任何人都可以使用它来加密信息，但只有对应的私钥才能解密这些信息。私钥则是保密的部分，只有信息的接收者拥有。这种方式的好处是即使公钥被其他人获取，没有私钥，他们也无法解密信息，从而保证了信息的安全性。

非对称加密可以想象成一对钥匙，其中一把钥匙（公钥）可以放在公共场合，任何人都可以用它来锁东西，但是另一把钥匙（私钥）是私密的，只有拥有私钥的人才能打开被锁住的东西。这种加密方式的原理可以用一个生活中的比喻来理解：假设你有两把钥匙，一把是公开的，你可以把它交给任何人，这就像公钥；另一把则是秘密的，只有你自己持有，这就是私钥。现在，如果某人想要给你发送一个保险箱（相当于信息），他会使用你的公开钥匙将保险箱锁上（加密）。但只有你的秘密钥匙才能打开它（解密）。这样即使有人截获了保险箱，由于没有秘密钥匙，他们也无法打开它，从而保护了信息的安全。

非对称加密提供了一种更安全的方式来保护数据传输，尤其是在需要高度安全性和身份验证的场景中。图7-7为非对称密钥加密、解密过程。

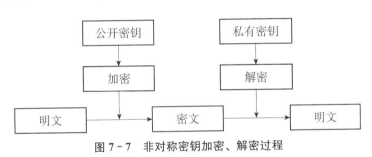

图7-7　非对称密钥加密、解密过程

非对称加密方法的优点是易于实现、使用灵活、密钥较少；缺点是要取得较好的加密效果和强度，必须使用较长的密钥，这样就会加重系统的负担和减慢系统的吞吐速度。所以，非对称加密方法不适合对数据量较大的报文进行加密。

非对称加密方法的代表算法有RSA算法、背包算法、Rabin、ECC等。

7. 对称和非对称加密的联合运用

对称加密和非对称加密的联合运用可以提高安全性和效率。对称加密和非对称加密各有优势和局限性。对称加密的优势在于加解密速度快，适合处理大量数据，但缺点在于密钥分发困难，因为需要确保密钥在通信双方之间安全传递。非对称加密则解决了密钥分发问题，因为公钥可以公开传输而不需要保密，但缺点是加解密速度慢，不适合处理大量数据。

为了充分利用这两种加密方法的优点，通常会将它们结合起来使用。通过这种方式，既解决了密钥分发的问题，又保证了数据传输的效率和安全性。在实际的应用中，这种结合使用是非常常见的，如在HTTPS协议中，就使用了这种加密机制来保护网页内容的传输安全。

对称和非对称密码算法的联合应用如图 7 – 8 所示。

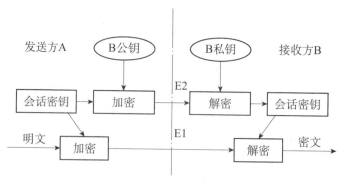

图 7 – 8　对称和非对称密码算法的联合应用

8. 密钥管理技术

加密体系中有两个基本要素：加密算法和密钥管理。密钥管理技术是确保加密系统安全的重要组成部分，是确保加密系统安全性的关键环节，它涉及密钥的生成、分发、保护、存储、使用和废弃等多个方面。以下是密钥管理技术的几个关键点：

（1）密钥生成：需要保证密钥的随机性和复杂性，以防止密钥被预测或轻易破解。

（2）密钥分发：涉及如何安全地将密钥传递给需要使用的各方，公钥密码体制允许通信双方在不需要事先共享秘密信息的情况下进行密钥协商和产生。

（3）密钥保护：确保密钥在存储和传输过程中的安全性，防止泄露或被未授权访问。

（4）密钥存储：密钥在存储时需要特别保护，通常采用硬件安全模块（HSM）或加密存储来防止非法访问。

（5）密钥使用：在使用密钥时，需要确保其用途正确，以及在密钥受损或泄露时能够及时检测并采取措施。

（6）密钥废弃：当密钥不再使用时，必须按照特定的程序进行销毁，以防止旧密钥被利用。

（7）密钥恢复：在密钥丢失或损坏的情况下，可以通过备份或密钥恢复机制来恢复密钥。

密钥管理技术是一个复杂的领域，它不仅需要技术上的精确实施，还需要结合组织内部的政策和流程，以及外部的法律和标准。有效的密钥管理对于维护整个加密系统的安全性至关重要。

9. 公钥基础设施

公钥基础设施（PKI）是一个用于创建、管理、分发、使用、存储及撤销数字证书的系统，它基于公钥加密技术，能够提供安全的通信和身份验证服务。

PKI 是一种遵循标准的密钥管理平台。PKI 通过自动管理密钥和证书，为用户建立一个安全的网络运行环境，使用户可以在多种应用环境下方便地使用加密和数字签名技术，为复杂的互联网系统提供统一的身份认证、数据加密和完整性保障机制。

公钥基础设施可以被理解为一种用于识别和验证网络世界中用户身份的系统，它确保了网络通信的安全性。

首先，PKI 的核心是证书认证机构（CA），它类似于网络世界中的"公证员"，负责发放和管理数字证书。这些数字证书就像是网络用户的身份证，上面记录了用户的身份信息和他们的公钥。

其次，当用户想要在网络中安全地传输信息时，他们会使用自己的私钥和对方的公钥进行加密和解密。而这个过程的安全保障，就是通过 PKI 提供的。依赖方（如网站或应用程序）会预先安装 CA 的证书，以便在需要时验证用户的证书是否有效和可信。

再次，除了管理证书，PKI 还包括了一系列的硬件和软件工具，以及相关的人员、策略和规程。这些都是为了确保密钥和证书能够安全地生成、存储、分发和撤销。

随着互联网和电子商务的普及，组织和个人越来越依赖网络进行通信和交易。因此，PKI 成为保护信息在网络中传输的重要手段，它帮助组织确保数据的安全，防止身份盗用和数据泄露等风险。

总之，PKI 是一个复杂的系统，但它的主要目的是提供一个安全的网络环境，让用户可以信任网络中的其他用户，并确保他们的通信是私密和完整的。

任务六　探索安全认证技术

司马逍遥通过上面的五个步骤分析了电子商务安全中常用的几种信息加密技术及方法，在这些方法的基础上，如何实现对商务信息的有效认证，确保信息传输安全呢？下面是司马逍遥在老师指导下，通过网络了解学习到的几种技术。

1. 数字摘要

数字摘要（Digital Digest）又称安全哈希（Hash）编码法，其原理是采用单向哈希函数将需加密的明文进行某种变换运算，得到固定长度的摘要码。不同的明文摘要变成密文，其结果总是不同的，而同样的明文其摘要必定一致。

数字摘要，是一种通过特定算法从任意长度的数据中计算出的固定长度的字符串。这个过程类似于对数据进行"指纹"提取。

想象一下你有一本非常厚的书，你想要快速找到特定页面上的信息，但每次都要翻阅整本书显然效率很低。为了提高效率，你可能会给每一页分配一个独特的页码，这样就能快速定位到想要的内容了。数字摘要的概念与之类似，它通过数学算法从大量数据中提取出一个简短的固定长度的字符串（通常是一个散列码），这个字符串就像是原始数据的"指纹"或"页码"。

首先，无论原始数据的大小如何，计算出来的数字摘要长度总是固定的。例如，无论一篇文章的篇幅有多长，它的数字摘要（哈希值）都可能是相同长度的。

其次，数字摘要的一个重要特性是，即使原始数据只有一点点改变，计算出来的数字摘要也会完全不同。

再次，从数字摘要几乎不可能恢复出原始数据。这就像是通过指纹无法还原出一个人的全貌。

最后，如果两份数据的数字摘要相同，那么这两份数据本身也应该是完全相同的。这可以用来检查数据的完整性，防止数据在传输过程中被篡改。

总的来说，数字摘要是一种能够标识数据的方法，是一种能够提供数据完整性保证的技术。它通过对数据进行哈希计算，生成一个能够代表原始数据的短字符串，这个过程有点类似于将复杂信息浓缩成一个简单的"指纹"，用于之后的数据验证。它确保了数据的完整性和一致性，被广泛应用于数据加密、身份验证和数据校验等领域。

2. 数字签名

在网络环境中，由于参与交易的各方在整个交易过程中有可能自始至终不见面，因此多采用数字签名方式来解决真实性问题。

数字签名是指通过使用非对称加密系统和哈希函数来变换电子记录的一种电子签名，使得同时持有最初未变换电子记录和签名人公钥的任何人，可以准确地判断该项变换是否使用与签名人公钥相配的私钥做成的，进而判断变换后初始电子记录是否被改动过。数字签名的简要应用过程如图7-9所示。

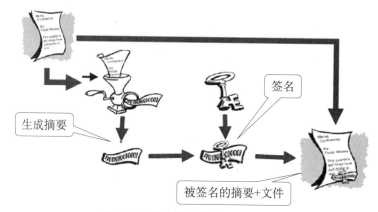

图7-9　数字签名的简要应用过程

数字签名与用户的姓名及手写签名形式毫无关系，它实际上是采用了非对称加密技术，用信息发送方的私钥变换所需传输的信息，因而不能复制，安全可靠。

数字签名就像是在电子文件上盖上的个人电子印章。想象一下，你有一个非常特别的印章，它不仅能够盖在任何文档上，还能神奇地确保没人能伪造你的印章，或者更改文档的内容而不被发现。这就是数字签名的作用。

（1）数字印章：数字签名就是你的数字印章。当你发送一个文件时，你会用你的私钥对这个文件进行"数字化加盖"，创建一个独特的印记——数字签名。

（2）身份的证明：就像你的印章代表你的身份一样，数字签名证明了这条信息确实是你发出的。其他人可以用你的公钥来检查这个印记，确认它确实是你的。

（3）保护文件不被篡改：如果你的文件在传递过程中被某人篡改了，那么数字签名就会失效，接收方在验证时就能立即察觉。

（4）无法抵赖的证明：一旦你用你的私钥对文件加盖了数字签名，你就不能否认你发送过这个文件，因为只有你的私钥才能创建那个特定的印记。

所以，数字签名就是保证电子文件真实性和完整性的一种技术手段，它借助加密技术，为电子世界的通信和文件交换提供了一种安全和可信赖的方式。

在日常的社会生活和经济领域中，签名盖章和识别签名是一个重要的环节。例如，银行业务、挂号邮件、合同、契约和协议的签订等都离不开签名。在书面文件上，签名是确认文件的一种手段，其作用有三点：第一，因为签名难以否认，从而可确认文件已签署这一事实；第二，因为签名不易仿冒，从而可确定文件是真的这一事实；第三，如果对签名有争议，可以请专家分析、辨认笔迹的真伪。

数字签名与书面文件签名有相同之处。采用数字签名，也能确认以下三项内容：第一，信息是由签名者发送的；第二，信息自签发后到收到为止未曾做过任何修改；第三，如果签名者否认对信息的签名，可以通过仲裁解决签名者和接收者之间的争议。因此，数字签名可用来防止电子信息因易被修改而被伪造，或冒用别人名义发送信息，或发出（收到）信件后又加以否认等情况发生。但数字签名又不同于手写签名：数字签名随文本的变化而变化，而手写签名反映某个人的书写特征，是不变的；数字签名与文本信息是不可分割的，而手写签名是附加在文本之后的，与文本信息是分离的。

在实际应用过程中，通常一个用户拥有两个密钥对，一个密钥对用于数字签名，另一个密钥对用于加密，这种方式提供了更高的安全性。在实际运用中，由于公钥体制加密、解密速度慢，因此直接用私有密钥对相当长的文件进行签名并不完全可行。通常的解决办法是引入可公开的哈希函数（也叫散列函数或摘要函数）。它取任意长度的消息做自变量，结果产生规定长度的消息摘要。该函数能保证即使对原文作任何一点点修改，再产生的数字摘要也会不同。

利用哈希函数进行数字签名和文件验证的传输过程如下：

（1）发送方首先用哈希函数从待发原文得到数字摘要，然后采用公钥密码体制，用发送方的私有密钥（简称私钥）对数字摘要进行签名，并把签名后的数字摘要附在要发送的待发原文后面。

（2）发送方选择一个会话钥对文件进行加密，并把加密后的文件通过网络传输给接收方。

（3）发送方用接收方的公有密钥（简称公钥）对会话钥进行加密，并通过网络把加密后的会话钥传输给接收方。

（4）接收方使用自己的私钥对密钥信息进行解密，得到会话钥的明文。

（5）接收方用会话钥对文件进行解密，得到附有经过加密的数字摘要的原文明文。

（6）接收方用发送方的公钥对数字签名进行解密，得到发送方计算的数字摘要的明文。

（7）接收方对得到的原文明文用同一哈希函数重新计算数字摘要，并与解密后的数字摘要进行对比。如果两个是相同的，说明文件在传输过程中没有被破坏。

上述流程如图 7-10 所示。

如果第三方冒充发送方发出了一个文件，只要第三方不是用发送方的私钥加密，接收方就不能正确解密发送来的密文，这是因为接收方在对数字签名进行验证时使用的是发送方的公钥。这就提供了一个确认发送方身份的方法。如果原文被篡改，得到的数字摘要就会与传送过来的数字摘要不同，从而可保证原文不会被篡改。如果一切正常，发送方的私钥是保密的，他就无法否认该原文是他签发的。

数字签名的法律依据是《中华人民共和国电子签名法》，该法于 2004 年 8 月 28 日经第十届全国人民代表大会常务委员会第十一次会议通过，自 2005 年 4 月 1 日起实施。当

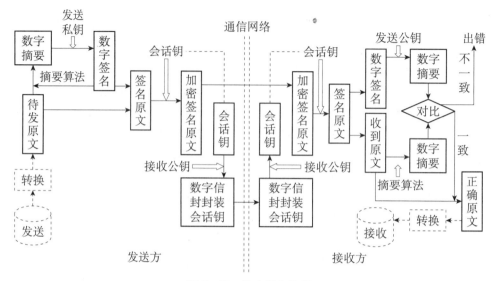

图 7-10　数字签名流程

前版本为 2019 年 4 月 23 日第十三届全国人民代表大会常务委员会第十次会议修正。

3. 数字水印

由于图形、图像、视频和音频等数字信息很容易通过网络、CD 进行传递与复制，存在非法传播或篡改有版权的作品的问题，因此，能对数字产品实施有效的版权保护及信息保密的数字水印技术应运而生。数字水印技术是通过一定的算法将数字、序列号、文字、图像标志等版权信息嵌入多媒体数据中，但不影响原内容的价值和使用，并且一般不能被人觉察或注意到。被保护的信息可以是任何一种数字媒体，如软件、图像、音频、视频或一般性的电子文档等。在产生版权纠纷时，可通过相应的算法提取出该数字水印，从而验证版权的归属，确保版权人的合法利益，避免非法盗版的威胁。数字水印如图 7-11 所示。

图 7-11　数字水印

数字水印可以想象成一种特殊的"隐形标签"，它被嵌入数字内容中，比如照片、视频或音频文件。这些标签不容易被肉眼看到，但它们确实存在，并且可以通过特定的技术被检测出来。这些"隐形标签"的用途很多。例如，它们可以帮助我们确认数字内容的来源，就像商品的条形码或二维码一样。如果有人在未经授权的情况下使用了你的照片或视频，这些数字水印就能帮助你证明这些内容的所有权。

此外，数字水印还可以用来验证数字内容的完整性。有时候，数字文件在传输或存储过程中可能会被篡改。但是，如果这些文件带有数字水印，我们就可以通过检测水印来确定文件是否被改动过。因此，数字水印就像是一种保护数字内容的"魔法标签"，它们虽然隐形，但却有着强大的功能，可以帮助我们保护版权、验证数据的真实性，并确保数字内容在传播和使用过程中得到更好的保护。

信息隐藏及数字水印技术在版权保护、真伪鉴别、隐藏通信、标志隐含等方面具有重要的应用价值。数字水印的应用见图 7-12。

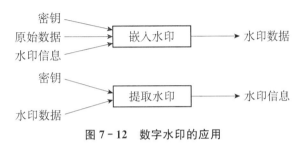

图 7-12　数字水印的应用

4. 数字时间戳

数字时间戳就像是一种电子版的"时间印章"，用于证明数据或文件在特定时间点的存在性和完整性。在书面文件中，文件签署的日期与签名一样，均是防止文件被伪造和篡改的关键性内容，一般由签署人自己填写。在电子交易过程中，同样需要证明电子文件的有效性，因此，进行数字签名时经常包括相应的时间标记。这种时间戳一般由认证单位的数字时间戳（Digital Time Stamp，DTS）服务负责，以收到文件的时间为依据。数字时间戳用于证明某个数据或电子文件在特定时间点的存在性，它是为了提供电子文件发表时间的安全保护而诞生的。

数字时间戳是一个经加密后形成的凭证文档，它包括三个部分：

（1）需加时间戳的文件的摘要（Digest）。

（2）DTS 收到文件的日期和时间。

（3）DTS 的数字签名。

数字时间戳可用于证明电子文档在其时间戳所述的期限内有效。数字时间戳的生成过程如图 7-13 所示。

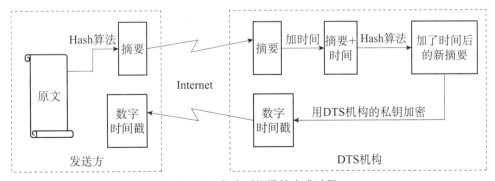

图 7-13　数字时间戳的生成过程

5. 数字证书

数字证书也称数字标识（Digital ID），是采用公钥密码体制经证书授权中心数字签名的、包含公钥拥有者信息以及公钥的文件。它是各类实体（持卡人/个人、商户/企业、网关/银行等）在网上进行信息交流及商务活动的身份证明。数字证书，就像我们在网络世界中的"身份证"。它是由权威的第三方机构颁发的，用于证明某个实体（个人、组织或服务器）的身份和公钥的有效性。当我们在网上进行交易、发送加密邮件或访问安全网站时，数字证书就能确保我们的身份和信息的安全性。

数字证书的内容包括证书申请者的名称及相关信息、申请者的公钥、签发证书的 CA 数字签名及证书的有效期等。最简单的证书包含一个公钥、名称以及证书授权中心的数字签名。数字证书示例见图 7 - 14。

图 7 - 14　数字证书示例

数字证书被广泛地用于各种电子交易中，如发送安全电子邮件、网上招投标、网上公文传送、网上缴费、网上炒股、网上购物和网上报关等。它提供了一种在互联网上进行身份验证的方式，人们可以通过出示数字证书来证明自己的身份，查询在线信息或享受有关服务，与日常生活中的身份证相似。个人数字证书可存放于计算机硬盘、智能卡中。

从证书的用途来看，数字证书可分为签名证书和加密证书。签名证书主要用于对用户信息进行签名，以保证信息的不可否认性；加密证书主要用于对用户传送的信息进行加密，以保证信息的真实性和完整性。

数字证书的颁发过程如下：

（1）用户生成密钥对：首先，用户需要生成自己的公钥和私钥。公钥是用于加密和验证数字签名的，而私钥则是用于解密和生成数字签名的。

（2）提交申请：用户将自己的公钥和部分个人身份信息提交给一家可信赖的证书颁发机构（CA）。

（3）身份核实：证书颁发机构在收到申请后，会核实用户的身份。这通常涉及验证用户的身份信息、组织信息或其他相关证明文件。

（4）证书签发：一旦用户的身份得到核实，证书颁发机构就会签发一个数字证书。这个证书包含了用户的公钥、身份信息、证书的有效期以及证书颁发机构的签名等信息。

（5）证书分发：证书颁发机构将数字证书分发给用户。这通常是通过安全的传输协议（如 HTTPS）进行的，以确保证书在传输过程中的安全性。

6. 生物识别技术

生物识别技术是一种集光学、传感技术、超声波扫描和计算机技术于一体的身份验证技术。它可对个人的生物特征，包括指纹、声音、面孔、视网膜、掌纹等进行自动识别，具有不可复制的特性。

例如，指纹识别技术可以通过鉴别指纹特征进行识别；视网膜识别技术使用摄像机、红外线进行样本捕捉并识别；签名识别是建立在签名时的用笔方向和力度上的识别技术。指纹识别见图 7 - 15。

图 7 - 15 指纹识别

7. 安全技术协议

电子商务的安全技术协议目前主要有安全套接层协议和安全电子交易协议两种。

（1）安全套接层协议。

1）协议概念。安全套接层协议（Secure Socket Layer，SSL）是一种为互联网通信提供安全及数据完整性保障的协议。它是由网景公司提出的，主要目的是在客户端（如浏览器）和服务器之间建立一个加密的通信通道，以确保数据在传输过程中的安全性和完整性。网络上有时要传输重要或敏感的数据，因此网景公司在推出 Web 浏览器首版的同时，提出了安全套接层协议。SSL 采用公钥技术，其目标是保证两个应用间通信的保密性和可靠性，可在服务器和客户机两端同时实现支持。目前，SSL 已成为互联网上保密通信的工业标准。现行 Web 浏览器普遍将 HTTP 和 SSL 相结合，从而实现安全通信。安全套接层协议就像是一道保护屏障，确保我们在网上传输的信息不被别人偷看或篡改。当我们使用网银、在线购物或者登录某些需要保密的网站时，SSL 就在我们的电脑和网站服务器之间建立起一个加密的通道。SSL 与 TCP/IP 协议间的关系如图 7 - 16 所示。

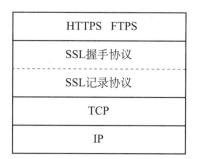

图 7 - 16　SSL 与 TCP/IP 协议间的关系

2）协议简介。安全套接层协议是在互联网基础上提供的一种保证私密性的安全协议。它能使客户/服务器应用之间的通信不被攻击者窃听，并且始终对服务器进行认证，还可选择对客户进行认证。SSL 要求建立在可靠的传输层协议之上，其优势在于它是与应用层协议无关的，高层的应用层协议能透明地建立于 SSL 之上。SSL 在应用层协议通信之前就已经完成加密算法、通信密钥的协商以及服务器认证工作。在此之后，应用层协议所传输的数据都会被加密，从而保证通信的私密性。

通过以上叙述，SSL 提供的安全信道有以下三个特性：

第一，私密性。在 SSL 握手协议定义了会话密钥后，所有的消息都会被加密。

第二，确定性。尽管会话的客户端认证是可选的，但是服务器端始终是被认证的。

第三，可靠性。传送的消息包括消息完整性检查。

3）协议规范。SSL 由 SSL 记录协议和 SSL 握手协议两部分组成。SSL 记录协议从高层接收到数据后要经过分段、压缩和加密处理，最后由传输层发送出去。在 SSL 中，所有的传输数据都被封装在记录中，记录是由记录头和长度不为零的记录数据组成的。

4）SSL 的优缺点。

优点：SSL 的成本低、速度快、使用简便，对现有网络系统不需要进行大的修改，因而目前得到了广泛的应用。

缺点：首先，客户的信息可能先到商家，被商家阅读，这样客户资料的安全性就得不到保证；其次，SSL 只能保证资料信息传递的安全，而对传递过程中是否有人截取就无法保证了。所以，SSL 并没有实现电子支付所要求的保密性、完整性，而且多方互相认证也是很困难的。

（2）安全电子交易协议。

安全电子交易（Secure Electronic Transactions，SET）协议是一种为在线购物提供安全支付保障的协议。当我们使用信用卡在网上购物时，SET 协议可以确保我们的交易信息（如信用卡号、密码等）在传输过程中不被窃取或篡改。在开放的互联网上进行交易，保证买卖双方传输数据的安全成为电子商务的重要问题。为了克服 SSL 的缺点，满足电子交易持续不断提高的安全要求，并为了达到交易安全及合乎成本效益的市场要求，VISA 国际组织与 Master Card、MicroSoft、IBM 等共同制定了安全电子交易协议。这是为在线交易而设立的一个开放的、以电子货币为基础的电子付款系统规范。SET 协议在保留对客户信用卡认证的前提下，增加了对商家身份的认证，这对于需要支付货币的交易来讲是至关重要的。由于设计合理，SET 协议得到了许多大公司和消费者的支持，已成为全球网络的工业标准，其交易形态将成为未来电子商务的规范。

SET 协议为在互联网上进行安全的电子商务活动提供了一个开放的标准。SET 协议主要使用电子认证技术，其认证过程使用 RSA 和 DES 等算法，因此可以为电子商务提供很强的安全保护。可以说，SET 协议是目前电子商务中最重要的协议，它的推出大大促进了电子商务的发展。SET 协议是一种为基于信用卡而进行的电子交易提供安全措施的规则，是一种能广泛应用于互联网的安全电子付款协议，它能够将普遍应用的信用卡使用起始点从目前的商店扩展到消费者家里，扩展到消费者的个人计算机中。

SET 协议交易系统由客户、商家、支付网关、收单银行、发卡银行、认证中心六个部分组成，这六大部分之间的数据交换过程如图 7-17 所示。

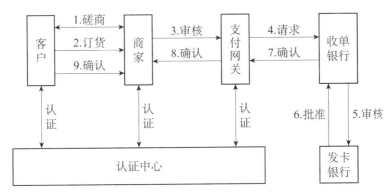

图 7-17　采用 SET 协议的数据交换过程

SET 协议的工作流程如下所述：

1）支付初始化请求和响应阶段。当客户决定要购买商家的商品并使用电子钱包支付时，商家服务器上的 POS 软件发报文给客户的浏览器电子钱包，电子钱包要求客户输入口令，然后与商家服务器交换"握手"信息，使客户和商家相互确认，即客户确认商家被授权可以接受信用卡，同时商家也确认客户是一个合法的持卡人。

2）支付请求阶段。客户发出一个报文，包括订单和支付命令。在订单和支付命令中必须有客户的数字签名，同时利用双重签名技术保证商家看不到客户的账号信息，而位于商家开户行的被称为支付网关的另外一个服务器可以处理支付命令中的信息。

3）授权请求阶段。商家收到订单后，POS 组织一个授权请求报文，其中包括客户的支付命令，发送给支付网关。支付网关是一个互联网服务器，是连接互联网和银行内部网络的接口。授权请求报文通过并到达收单银行后，收单银行再到发卡银行确认。

4）授权响应阶段。收单银行得到发卡银行的批准后，通过支付网关发给商家授权响应报文。

5）支付响应阶段。商家发送购买响应报文给客户，记录客户交易日志备查。

（3）SSL 和 SET 协议的对比。

SSL 和 SET 协议的对比分析如表 7-1 所示。

表 7-1　SSL 和 SET 协议的对比分析

名称	用户接口	处理速度	认证要求	安全性	协议层次与功能
SSL	已被 Web 服务器内置，无须安装专门的软件	此协议比 SET 协议处理速度要快	早期的 SSL 并没有提供身份认证机制，虽然在 SSL3.0 中可以通过数字签名和数字证书实现浏览器和 Web 服务器之间的身份验证，但仍不能实现多方认证，而且此协议中只有商家服务器的认证是必需的，客户端认证则是可选的	只是对客户与商家端的信息交换进行加密保护，不具有商业性、服务性、协调性和集成性	属于传输层的安全技术范围，不具有商业性、服务性、协调性和集成性
SET	客户端需要安装专门的电子钱包软件，在商家服务器与银行网络上也需要安装相应的软件	此协议非常复杂、庞大，处理速度慢	认证要求较高，所有参与 SET 交易的成员必须申请数字证书	采用的是公钥加密、信息摘要和数字签名等技术，并且采用双重签名	独立于应用层协议，大部分内置于浏览器和 Web 服务器中，在电子商务交易中应用方便。但是它是面向连接的协议，只能提供交易中客户与服务器间的双方认证，不能实现多方的电子交易共同认证

任务七　旅游电子商务安全的综合探讨

　　经过对电子商务安全的一番探索，回归到旅游电子商务的行业中，司马逍遥感到在旅游电子商务的交易过程中，安全性仍是影响旅游电子商务发展的主要因素。在开放的网络上处理交易，保证传输数据的安全成为旅游电子商务普及的最重要的因素之一。

　　旅游电子商务安全技术是确保在线旅游交易和信息传递过程中数据安全性、完整性和私密性等关键要素的技术。随着旅游业的迅速发展和数字化转型的推进，旅游电子商务安全技术变得尤为重要。

　　旅游电子商务安全技术是一个综合性的体系，它涵盖了多个关键领域，以确保在线旅游交易和信息传递的安全性、完整性和私密性。司马逍遥对旅游电子商务安全技术进行了总结：

　　首先，数据加密技术是保护旅游电子商务平台信息安全的基本手段。通过使用先进的加密算法，如 SSL，平台可以对用户的个人信息、支付信息等敏感数据进行加密传输和存储。这有效防止了黑客或其他恶意行为者窃取用户数据的行为。

其次，身份认证和授权机制是确保用户身份真实性和权限控制的关键。用户在注册时需要提供有效的身份信息，并设置安全的密码。平台会验证用户的身份，并根据用户的身份和权限设置不同的访问控制，以限制未经授权的访问。这有助于防止未经授权的用户访问敏感数据或执行敏感操作。

再次，防火墙和安全策略也是保护旅游电子商务网站免受外部攻击的重要工具。防火墙可以过滤掉恶意流量，阻止未经授权的访问。同时，制定和实施严格的安全策略，包括定期更新软件、限制对敏感数据的访问、监控和记录安全事件等，也是确保网站安全的关键。

在数据保护和隐私方面，旅游电子商务网站需要遵循相关的数据保护和隐私法规，确保用户的个人信息得到妥善保护。实施数据匿名化、数据脱敏等技术可以帮助减少敏感信息的泄露风险。同时，定期备份数据以防止数据丢失也是必要的。

最后，安全审计和监控是确保旅游电子商务网站安全性的重要手段。通过定期的安全审计和监控，可以及时发现和应对潜在的安全威胁。使用安全信息和事件管理（SIEM）工具可以帮助整合和分析不同来源的安全日志和事件数据，提高安全事件的响应速度。

总之，旅游电子商务安全技术是一个综合性的体系，它涵盖了数据加密、身份认证、防火墙、数据保护、安全审计和监控等多个关键领域。这些技术共同构成了旅游电子商务安全的基础，确保了在线旅游交易和信息传递的安全性、完整性和私密性。为了保持长期的安全性，旅游电子商务平台需要不断更新和改进这些安全技术，以应对不断演变的威胁和挑战。同时，提高用户的安全意识和培训也是确保整体安全性的重要一环。

项目小结

在本项目中，司马逍遥通过了解旅游电子商务安全的需求、技术、措施等内容，比较全面地探索了电子商务安全的基本要素和方法。对于旅游电子商务运营而言，最主要的就是采用适当的手段，保证交易过程的安全。

想一想

1. 旅游电子商务安全是旅游电子商务面对的最大问题吗？为什么？
2. 保证旅游电子商务安全的手段有哪些？

拓展阅读

电子商务平台信息安全机制探究

随着信息技术的迅猛发展和互联网的普及，电子商务平台作为商业活动的新模式，逐渐成为人们进行交易和商业活动的重要平台。电子商务平台的兴起为商家和消费者提供了更加便捷高效的交易方式，同时也带来了信息安全的新挑战。在这一数字化时代，保护用户的个人信息、交易数据以及平台的稳定运行成为电子商务平台不可忽视的问题。

构建电子商务平台信息安全机制的有效对策如下：

1. 加强电子商务平台中的信息安全技术手段

为了加强电子商务平台的信息安全，必须采取一系列有效的技术手段。

第一，加密技术是保障信息安全的基础。通过使用强大的加密算法，对用户的个人信息、交易数据进行加密处理，确保数据在传输和存储过程中不被窃取和篡改。

第二，身份认证技术是重要的安全措施。采用多因素身份认证方式，如密码、指纹、人脸识别等，确保用户身份的真实性和合法性，防止冒充和非法访问。此外，访问控制技术也是关键的信息安全手段。通过制定严格的访问权限管理策略，对不同用户、角色和部门进行权限控制，限制其对敏感数据和功能的访问，减少信息泄露和滥用的风险。

第三，网络安全技术是不可或缺的一部分。采用防火墙、入侵检测系统、安全监控等技术，对网络流量进行监控和过滤，防止网络攻击和恶意行为对电子商务平台造成损害。

第四，定期漏洞扫描和安全测试是确保平台安全性的重要手段。通过发现和修复系统中的漏洞和弱点，提高系统的抵御能力和安全性。由此可知，强化电子商务平台信息安全问题的法律约束能力是确保用户数据和交易安全的重要手段，这包括制定法律法规、打击网络犯罪、个人信息保护和监督检查等方面，为维护电子商务平台的信息安全提供了有力保障。

2. 强化电子商务平台信息安全问题的法律约束能力

为了强化电子商务平台的信息安全，法律约束能力发挥了重要的作用。

第一，制定和完善相关的法律法规是确保信息安全的基础。国家应加强对电子商务领域的监管，制定适应发展需求的法律框架，明确平台运营者和用户的权责，并规范数据收集、存储和使用的要求。

第二，加强对网络犯罪行为的打击是保障信息安全的关键。针对网络诈骗、数据侵犯等违法行为，相关法律应明确界定罪名和刑责，并加大处罚力度，以威慑违法犯罪行为的发生。

第三，加强对个人信息的保护是法律约束的重点。通过制定个人信息保护法等相关法规，规范个人信息的收集、使用和保护，加强平台运营者的责任和义务，保护用户个人信息的安全和隐私。

第四，法律应加强对电子商务平台的监督和检查，确保平台运营者严格遵守信息安全的法律要求，提升平台的整体安全水平。

3. 提高电子商务平台信息安全管理能力

提高电子商务平台的信息安全管理能力是确保用户数据和交易安全的关键措施。

首先，建立健全信息安全管理体系是至关重要的。平台运营者应制定明确的信息安全策略和流程，明确责任与权限，并建立相应的安全管理制度，包括风险评估、安全策略制定、安全培训等。

其次，加强人员的信息安全意识和技能培训是必不可少的。平台需对员工进行针对性培训，使员工充分了解信息安全的重要性，掌握安全操作和防范措施，提高员工对信息安全的责任感和意识。

再次，建立健全安全监控和预警机制是信息安全管理的重要环节。通过安全监控系统和数据分析技术，实时监测平台的安全状况，及时发现和应对安全事件，减少潜在威胁。

此外，与第三方安全专家合作，定期进行安全评估和漏洞扫描，及时修复系统中的安全漏洞，提高系统的抵御能力。

最后，建立有效的应急响应机制，能够在安全事件发生时迅速反应和处理，最大限度地降低安全漏洞的影响。

4. 提升用户信息素养

提升用户的信息素养是加强电子商务平台信息安全的重要方面。

首先，加强用户的安全意识是关键。用户应意识到信息安全的重要性，并了解常见的网络安全风险和攻击手段，如钓鱼网站、恶意软件等，以便能够警惕并采取相应的防范措施。

其次，用户应学会合理、安全地使用电子商务平台。他们应该了解如何设置强密码、定期更新软件和系统、不轻易透露个人敏感信息等，以最大限度地减少信息泄露和账户被盗风险。

再次，用户应学会辨别可信的电子商务平台。他们应注意验证平台的信誉和认证信息，查看隐私政策和用户协议，选择可靠的交易平台，以确保个人信息和交易数据的安全。同时，用户还应学会合理维权，如发现个人信息泄露或遭受网络诈骗等问题，及时向平台运营者或相关机构报告，并采取必要的法律手段保护自己的权益。

总之，提升用户的信息素养是保障电子商务平台信息安全的重要环节。通过加强安全意识、学习安全使用技巧、辨别可信平台和合理维权，用户能够主动参与和保护自身信息安全，进一步提高整个电子商务平台的安全水平。

资料来源：黄荣泉，李玉群．电子商务平台信息安全机制探究．中国电子商务，2023（10）．

练一练

一、单项选择题

1. 在旅游电子商务中，（   ）可以帮助减少敏感信息的泄露风险。

A. 数据加密
B. 公开用户数据
C. 不备份数据
D. 不限制对敏感数据的访问

2. 当你在旅游电子商务网站上购物时，（   ）可以帮助保护你的信用卡信息。

A. 使用公共 Wi-Fi 进行交易

B. 在不受信任的网站上输入信用卡信息

C. 确保网站使用安全的支付网关

D. 不使用任何安全措施，直接进行交易

3. 在旅游电子商务中，身份认证的主要目的是（   ）。

A. 提高用户的购物体验
B. 限制用户对网站的访问
C. 确保用户的身份真实性
D. 增加网站的流量

4. 防火墙在旅游电子商务网站中的作用是（   ）。

A. 提高网站的响应速度

B. 优化网站的用户界面

C. 过滤恶意流量，阻止未经授权的访问

D. 增加网站的存储容量

5. （　　）可以帮助旅游电子商务网站减少敏感信息的泄露风险。

A. 将所有用户数据存储在一个地方　　B. 不定期更新软件和安全补丁

C. 实施数据匿名化和脱敏技术　　　　D. 不对用户数据进行备份

二、多项选择题

1. 网络交易的信息风险主要来自（　　）。

A. 冒名偷窃　　　B. 篡改数据　　　C. 信息丢失　　　D. 虚假信息

2. 安全认证主要包括（　　）。

A. 时间认证　　　B. 支付手段认证　　C. 身份认证　　　D. 信息认证

三、判断题

1. 认证中心在电子商务中扮演整合的中介角色。（　　）

2. 网络交易的信息风险主要来自冒名偷窃、篡改数据、信息丢失等方面。（　　）

3. 在典型的电子商务形式下，支付往往采用汇款或交货付款方式。（　　）

4. 身份认证是判明和确认贸易双方真实身份的重要环节。（　　）

5. 身份认证要求对数据和信息的来源进行验证，以确保相关成员身份的真实性。（　　）

四、名词解释

1. 数字时间戳。

2. PKI。

3. 数字签名。

五、简答题

1. 用户身份认证的主要目的是什么？基本方式有哪些？

2. 什么是数字证书？

3. 简述认证机构在电子商务中的地位和作用。

4. 对称加密和非对称加密技术的基本原理是什么？有哪些区别？

5. 保证电子商务安全常用的协议有哪些？它们之间有什么不同？

实践与实训

电子商务的数字证书

【实训目的】

1. 深化对电子商务安全基础概念的理解。

2. 实际操作并体验电子商务安全的保护措施。

【实训步骤】

1. 文件加密实践。

（1）创建并保护 Word 文档：

1）新建一个 Word 文件，命名为 user××. docx（××是你的学号或考号）。

2）在 Word 中，点击"文件"→"信息"→"保护文档"，然后选择"使用密码加密"。

3）输入密码 123456，确认并保存设置。

（2）创建并保护 Excel 文件：

1）新建一个 Excel 文件，命名为 user××. xlsx（××是你的学号或考号）。

2）在 Excel 中，点击"文件"→"保护工作簿"，输入密码 123456，确认并保存设置。

（3）创建并保护 PowerPoint 文件：

1）新建一个 PowerPoint 文件，命名为 user××. pptx（××是你的学号或考号）。

2）在 PowerPoint 中，点击"文件"→"信息"→"保护演示文稿"，然后选择"使用密码加密"。

3）输入密码 123456，确认并保存设置。

2. 系统安全检查。

（1）使用"火绒""360 安全卫士"等软件进行系统的全面检查，包括系统状态、恶意插件、木马病毒和漏洞修复。

（2）记录检查结果，分析系统可能存在的安全隐患。

3. 网络安全研究。

通过网络资源，如在线教育平台等，了解电子商务安全、信息加密、PKI 的相关课程内容。结合理论与实践，系统学习和深入了解电子商务安全。

【实训报告】

1. 详细描述实训的每一步操作，包括所使用的工具、遇到的问题和解决方法。

2. 展示实训结果，包括加密后的文件截图、系统检查结果和分析报告。

3. 总结实训体会，分析安全在旅游电子商务中的重要性，并提出针对性的建议和改进措施。

知识拓展链接

1. 360 网络安全程序

360 公司（见图 7 - 18）是中国领先的互联网安全公司，致力于提供高品质的免费安全服务。360 公司拥有国内规模最大的高水平安全技术团队，旗下拥有 360 安全卫士、360 杀毒、360 安全浏览器、360 保险箱、360 手机卫士等系列产品。

2. 上海市数字证书认证中心

上海市数字证书认证中心（见图 7 - 19）是中国专业的 CA 认证服务机构，成立于 1998 年，是中国最早的专业第三方网络安全和信任服务提供商，专门从事信息安全技术

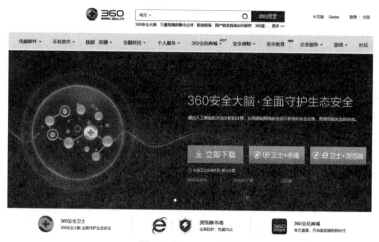

图 7 - 18　360 首页

认证和安全信任服务以及相关产品的研发和整合，以其领先的技术和精湛的服务为客户提供信息安全整体解决方案与第三方服务，为遍布全国的客户提供复杂多样、满足需要的信息化安全解决方案和网络安全信任服务。

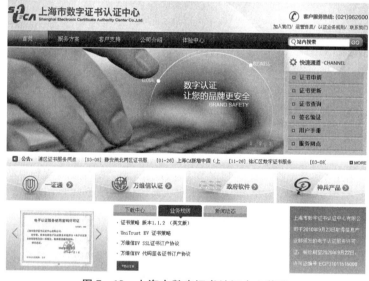

图 7 - 19　上海市数字证书认证中心首页

项目八 拓展客户关系 赢得客户信任

学习目标

1. 理解客户关系管理的概念；
2. 掌握客户关系管理基本理论。

实践目标

1. 了解客户关系管理的功能；
2. 学会简单的客户关系管理方法。

素养目标

1. 具备细致、专业的电子商务服务态度，能够与客户进行良好沟通；
2. 具备团队合作和沟通能力，与他人协同工作，共同提升客户体验。

问题引入

司马逍遥通过前期旅游电子商务的学习与实践，加深了对旅游电子商务的理解，利用课余时间，他和几个同学动手建立了一个小型旅游网站，并且用学到的网络营销知识进行了一定的推广。小试牛刀的成功，让他很有成就感。但是在这个过程中，他碰到一些问题，主要是在客户管理方面，总结一下，可以归纳为如下内容：

（1）在旅游电子商务网站中，如何对积累的客户资源进行有效管理？

（2）在旅游电子商务网站中，如何有效地寻找新客户并留住老客户？

（3）如何借助旅游电子商务网站提升客户服务水平？

任务导读

随着旅游市场竞争的日益激烈和消费者需求的不断变化，旅游企业需要更好地理解和满足客户需求，以提高客户满意度和忠诚度。为此，旅游企业开始引入客户关系管理（CRM）理念和技术，通过收集、整合和分析客户信息，提供更加个性化、精准的服务，从而增强企业竞争力，实现持续增长。同时，技术进步和旅游业的发展趋势也为旅游CRM的发展提供了有力支持。旅游业围绕客户关系管理发生的变革主要体现在：

（1）市场环境的变革：随着全球经济一体化的加速和信息技术的飞速发展，旅游市场逐渐开放，竞争日益激烈。传统的旅游经营模式已经无法满足现代消费者的多元化和个性化需求。因此，旅游企业需要借助客户关系管理的理念和手段，以更好地满足客户需求，提升客户满意度，从而在市场中获得竞争优势。

（2）消费者行为的变化：互联网和移动设备的普及使得消费者的信息获取渠道和消费行为发生了巨大变化。他们更倾向于通过互联网进行旅游产品的搜索、比较和购买，同时也更加注重旅游体验的质量和个性化。这些变化要求旅游企业更加关注客户需求，提供更加精准和个性化的服务。

（3）技术进步的推动：大数据、人工智能等先进技术的应用为旅游客户关系管理提供了更多可能性。企业可以通过数据分析更深入地了解客户的行为和需求，从而提供更加精准的服务。同时，这些技术还可以帮助企业优化产品设计、提升服务质量、提高运营效率等。

司马逍遥从客户关系管理的基本概念入手，开始了对旅游电子商务客户关系管理技术的探索。

旅游客户关系管理是指旅游企业运用先进的信息技术和管理理念，通过对客户信息的收集、整合、分析和应用，以提高客户满意度、忠诚度，进而实现企业持续增长的一种管理策略。它综合运用了关系营销、客户关系管理以及体验经济等方面的知识和方法，全面地关注旅游客户关系管理的各方面内容，包括旅游客户关系的概念及划分和发展、旅游客户系统、客户满意分析、体验经济、旅游客户关系管理的策略、价值链的管理和运用、客户容量管理和实施流程等。

旅游电子商务的客户关系管理就是立足于对客户的深度挖掘，分析各类重要的客户数据，广泛开展一对一的网络营销，联络企业与客户的感情，发展企业的忠实客户群。旅行社客户关系管理系统模型如图8-1所示。

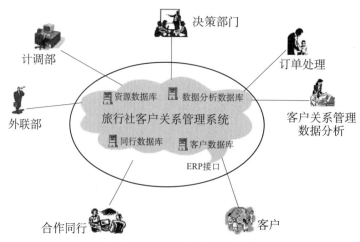

图8-1　旅行社客户关系管理系统模型

▶ 小贴士

一对一营销（One-to-One Marketing）：也称"121营销"，是一种客户关系管理战略，它为公司和个人间的互动沟通提供具有针对性的个性化方案。一对一营销的短期目标是提高商业推广活动及终生客户关系的投资回报率，最终目标是提升整体的客户忠诚度，并使客户的终生价值达到最大化。

⇄ 案例导入

金棕榈的客户管理系统

金棕榈是集管理咨询、技术研发、平台运维与专业培训为一体的中国旅游行业第三方平台服务企业，同时是中国旅游行业信息化发展的引领者与探索者。

金棕榈提出"旅行智能专家，打造智慧旅行"的口号，推出了金棕榈客户管理系统，这个系统是整个金棕榈旅行社业务流程信息管理系统的一个子系统，其主要目的是加强对旅游客户的信息管理，包括团体旅游客户和个体旅游客户，通过对旅游产品销售分析、客户消费记录分析，为旅行社企业领导提供决策依据。

金棕榈客户管理系统的功能模块包括客户资料管理、客户意见调查记录、产品分析、客户分析等。

1. 客户资料管理

客户资料管理功能完成对旅游客户档案资料的输入和维护管理，用户可以根据业务需要方便地增加、修改、删除、查询、输出、打印客户档案资料，联查客户历次消费记录和消费积分。此外，还可进行生日提示、导出至 Excel、清单打印、信封打印等操作。

2. 客户意见调查记录

通过客户意见调查记录功能，实现对旅游客户意见调查资料的录入和维护，便于进一步对客户满意度进行分析，可以按照需要方便地按团队和游客姓名增加、修改、删除、查询客户意见资料。内容包括旅游总体满意度调查、旅游车满意度、导游满意度、酒店满意度、餐饮满意度五个方面。

3. 产品分析

产品分析功能提供一系列的旅游产品分析指标，可以根据一定的时间段对各种旅游业务、线路按部门，游客年龄、性别、学历、身份，地区进行分析，从而获取对旅游产品策划设计有利的数据指标。

4. 客户分析

本功能可完成按一定的时间段对客户的信任度、满意度和忠诚度进行分析。

金棕榈的客户管理系统登录界面和分析界面如图8-2、图8-3所示。

⇄ 知识探究

通过对金棕榈的客户管理系统功能的了解，司马逍遥对客户管理系统的概念有了一定的感性认识，但是在理论上客户管理系统是如何指导旅游电子商务运作的呢？

图 8-2　金棕榈的客户管理系统登录界面

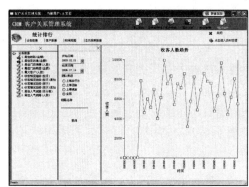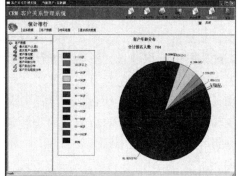

图 8-3　金棕榈的客户管理系统分析界面

为了弄清旅游电子商务客户关系管理的相关知识，司马逍遥找来一些客户关系管理书籍阅读，并决定从客户关系管理知识入手进行研究。

随着中国旅游业的开放与发展，国外著名的旅游品牌和先进的管理给国内旅游企业带来强烈冲击。对于国内旅游企业来说，整合优势资源、形成自己的核心竞争能力已经迫在眉睫。只有充分利用先进的信息网络技术进行旅行社的信息化建设，才能提高企业自身参与国际竞争的能力。在企业内实施客户关系管理已成为旅游企业的一项战略投资。

1. 客户关系管理的概念

客户关系管理最早可以追溯到 20 世纪 80 年代，在 1980 年年初便出现了接触管理（Contact Management，CM），即专门收集客户与公司联系的所有信息；1985 年，巴巴拉·本德·杰克逊提出了关系营销的概念，使人们对市场营销理论的研究迈上了一个新的台阶；到 1990 年则演变成客户关怀（Customer Care）理论。

高德纳咨询公司（Gartnet Group）最早提出了客户关系管理的概念（Customer Relationship Management，CRM）。关于客户关系管理的定义，不同的研究机构有不同的表述，具有代表性的有如下四种：

（1）高德纳咨询公司认为，客户关系管理就是为企业提供全方位的管理视角，赋予企业更完善的客户交流能力，将客户的收益率最大化。

（2）卡尔松营销集团（Carlson Marketing Group）把客户关系管理定义为：通过培养公司的每一个员工、经销商或客户对该公司更积极的偏爱或偏好，留住他们并以此提高公司业绩的一种营销策略。

（3）波士顿赫尔维茨集团（Hurwitz Group）认为，客户关系管理的焦点是自动化并改善与销售、市场营销、客户服务和支持等领域的客户关系有关的商业流程。客户关系管理既是一套原则制度，也是一套软件和技术。

（4）国际商业机器公司（IBM）所理解的客户关系管理包括企业识别、挑选、获取、发展和保持客户的整个商业过程。IBM把客户关系管理分为三类：关系管理、流程管理和接入管理。

客户关系管理是企业在建设核心竞争力的过程中，为达到竞争制胜、快速成长的目的，树立以客户为中心的理念，并在此基础上开展包括判断、选择、争取、发展和保持客户所需实施的完整的商业战略。这是对CRM基于企业管理思想层面进行的定义。

综合各种CRM的定义，归纳客户关系管理概念，就是指企业为提高核心竞争力，利用相应的信息技术以及互联网技术协调企业与客户间在销售、营销和服务上的交互，从而提升其管理方式，向客户提供创新式的个性化的客户交互和服务的过程。其最终目标是吸引新客户、保留老客户以及将已有客户转为忠实客户，增加市场份额，提高企业盈利能力。可以将客户关系管理理解为理念、技术、实施三个层面。其中，理念是CRM成功的关键，它是CRM实施应用的基础和土壤；信息系统、IT等技术是CRM成功实施的手段和方法；实施是决定CRM成功与否、效果如何的直接因素。三者构成CRM稳固的"铁三角"，如图8-4所示。

图8-4　CRM的"铁三角"

在企业客户关系管理中，理念、技术、实施一个都不能少。只有借助先进的理念，利用发达的技术，进行完美的实施，才能优化资源配置，在激烈的市场竞争中获胜。

客户关系管理就像是企业与客户之间的一个"大管家"。这个"大管家"负责协调企业与客户之间的各种交互，确保双方的关系顺畅、和谐。

想象一下，你是一家餐厅的经理，而你的客户就是来餐厅用餐的客人。为了让客人满意并再次光顾，你需要确保他们的用餐体验是愉快的。这时，你的"大管家"——CRM系统就能发挥作用了。

CRM系统可以帮你记住每位客人的喜好和习惯，比如他们喜欢吃什么菜、喝什么饮料，或者他们有没有特殊的饮食要求。当你了解到这些信息后，你就可以为他们提供更加贴心的服务，比如提前为他们准备好他们喜欢的食物或饮料，或者在他们生日时送上一份小礼物。

此外，CRM系统还可以帮你分析客人的用餐习惯和喜好，从而优化你的菜单和服务流程，提高餐厅的效率和盈利能力。

总的来说，客户关系管理负责协调企业和客户之间的关系，确保客户满意度和忠诚度，从而提高企业的竞争力和市场份额。

2. 客户关系管理理念

从管理科学的角度来考察，客户关系管理源于市场营销理论。

（1）客户是企业的一项重要资产。

在传统的管理理念以及现行的财务制度中，只有厂房、设

备、现金、股票、债券等是企业的资产。随着科技的发展，人们开始把技术、人才视为企业的资产，然而忽视了最后阶段产品的价值主导者——客户。

在以产品为中心的商业模式向以客户为中心的商业模式转变的情况下，众多的企业开始将客户视为极其重要的资产，不断地采取多种方式对企业的客户进行关怀，以提高客户对本企业的满意度和忠诚度。我们看到，越来越多的企业在提出这样的理念，例如，"想客户所想""客户的利益至高无上""客户永远是对的"等。

（2）客户关怀是 CRM 的中心。

在最初的时候，企业向客户提供售后服务是作为对其特定产品的一种支持，因为有些产品需要定期进行修理和维护，如家用电器、汽车等。这种售后服务基本上被客户认为是

产品的一个组成部分。如果没有售后服务，客户也许就不会购买该企业的产品。那些在售后服务方面做得好的公司，其市场销售情况就处于上升的趋势；反之，那些不注重售后服务的公司，其市场销售情况则处于不利的地位。

客户关怀贯穿了市场营销的所有环节。客户关怀包括如下方面：客户服务（包括向客户提供产品信息和服务建议等）；产品质量（应符合有关标准、适合客户使用、保证安全可靠）；服务质量（指与企业接触的过程中客户的体验）；售后服务（包括售后的查询和投诉以及维护和修理）。

在所有营销变量中，要将客户关怀的注意力放在交易的不同阶段上，营造出友好、激励、高效的氛围。对客户关怀意义最大的四个实际营销变量是产品和服务（这是客户关怀的核心）、沟通方式、销售激励和公共关系。CRM 软件的客户关怀模块充分地将有关的营销变量纳入其中，使得客户关怀这个非常抽象的问题能够通过一系列相关的指标来测量，便于企业及时调整对客户的关怀策略，使得客户对企业产生更高的忠诚度。

（3）CRM 的目标是提高客户满意度与忠诚度。

客户忠诚是从客户满意中引出的概念，是指客户满意后而产生的对某种产品品牌或公司的信赖、维护和希望再次购买的一种心理倾向。客户忠诚实际上是一种客户行为的持续性，客户忠诚度是指客户忠诚于企业的程度。客户满意度与客户忠诚度之间的关系比较密切，一方面，只有客户对企业的满意度达到一定水平时，客户才会有忠诚于企业的意愿，当这种满意度得到进一步提升时，客户才会产生忠诚于企业的行为；另一方面，如果一个企业提升了客户满意度，却没有改变客户的忠诚度，那么这种客户满意度的提升是没有意义的。

如同企业的产品有生命周期一样，客户同样也是有生命周期的。客户的保持周期越长久，企业的相对投资回报就越高，从而给企业带来的利润就越大。由此可见，保留客户非常重要。保留什么样的客户、如何保留客户是企业需要研究的重要课题。

企业的客户成千上万，企业对如此多的客户又了解多少呢？不了解客户就无法对客户加以区别。应该采取何种措施来细分客户，对细分客户应采取何种形式的市场活动，采取

何种程度的关怀方式才能够不断地培养客户的满意度，这是企业传统客户关系管理面临的挑战。

激发客户对企业忠诚的重要因素主要有内在价值、交易成本、各种关系利益人的互动作用、社会或感情承诺等。但是如果企业只是拥有了这些品质，还不一定能够获得太多的高忠诚度客户，因为企业必须首先要有一种"以客户为中心"的文化，并且把这种文化反映到企业各个业务部门的业务流程中。

3. 客户关系管理技术

司马逍遥从解决方案的角度考察，感到客户关系管理是将市场营销的科学管理理念通过信息技术的手段集成在软件中，使其得以大规模普及和应用。客户关系管理技术的交互如图 8-5 所示。

图 8-5　客户关系管理技术的交互

近年来，CRM 应用于各行各业，其迅速流行应归功于信息技术的进步，特别是互联网技术的进步。如果没有以互联网为核心的技术进步的推动，CRM 的实施会遇到特别大的阻力，可以说，互联网是 CRM 的加速器。具体的应用包括数据挖掘、数据仓库、呼叫中心、基于浏览器的个性化服务系统等。基于此，客户关系管理系统可及时收集客户信息，能够提供客户咨询综合报表、新增客户报表、客户投诉报表、新增渠道报表等多项统计数据，有助于客户服务管理的规范化，并能够建立规范的销售、市场、服务等部门的协同工作流程，提升企业整体管理水平。

在客户关系管理的技术上，我们需要重点关注以下能力：

（1）信息分析能力。

尽管 CRM 的目标之一是提高同客户打交道的自动化程度，并改进与客户打交道的

业务流程，但强有力的商业情报分析能力对 CRM 也是很重要的。CRM 系统有大量关于客户和潜在客户的信息，企业应该充分利用这些信息，对其进行分析，使得决策者所掌握的信息更全面，从而能更及时地做出决策。良好的商业情报解决方案应能使 CRM 和 ERP 协同工作，这样企业就能把利润创造过程和费用联系起来。

（2）对客户互动渠道进行集成的能力。

对客户互动渠道进行集成的能力是客户关系管理中非常重要的一个方面。简单来说，这种能力是指企业能够将其各个客户互动渠道（如电话、电子邮件、社交媒体、在线聊天等）无缝地整合在一起，为客户提供一致、高效和个性化的服务体验。

当企业具备了对客户互动渠道进行集成的能力时，无论客户是通过哪种渠道与企业进行联系，他们都能获得相同的高质量和个性化的服务。这种整合不仅提高了客户服务的效率和质量，还有助于增强客户对企业的信任和忠诚度。

为了实现对客户互动渠道的集成，企业需要借助先进的技术和工具，如 CRM 系统、多渠道集成平台等。这些技术和工具可以帮助企业收集、整合和分析来自不同渠道的客户数据，以便更好地理解客户需求和行为，并提供更加精准和个性化的服务。

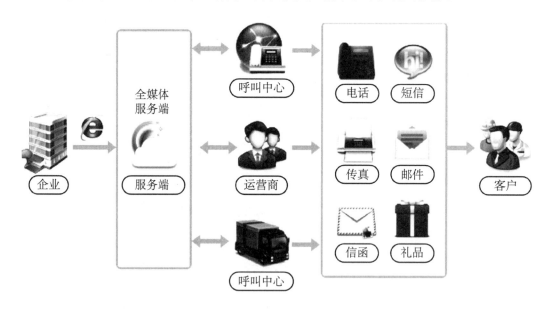

（3）建设集中的客户信息仓库的能力。

建设集中的客户信息仓库的能力是客户关系管理中的要素之一。这种能力指的是企业能够建立一个统一的、集中的客户信息存储和管理系统，将分散在各个部门和渠道中的客户数据进行整合和标准化，从而形成一个全面、准确和可靠的客户信息仓库。CRM 解决方案采用集中化的信息库，这样，所有与客户接触的雇员可获得实时的客户信息，而且使得各业务部门和功能模块间的信息能统一起来。

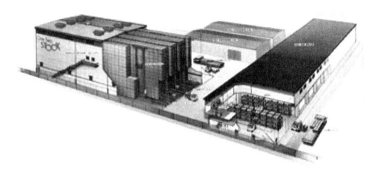

（4）对工作流进行集成的能力。

对工作流进行集成的能力是客户关系管理中的一项重要功能。工作流是指一系列的任务、活动和决策，它们按照一定的规则和顺序在组织内部或跨组织间进行流转，以实现特定的业务目标。

对工作流进行集成的能力意味着 CRM 系统能够与其他企业系统（如 ERP、财务系统、供应链管理系统等）无缝连接，将各个业务流程整合到一个统一的平台上。通过集成工作流，企业可以实现跨部门的协作和自动化处理，提高业务处理的效率和质量。工作流是指把相关文档和工作规则自动化地安排给负责特定业务流程中的特定步骤的人。CRM 解决方案应该具有很强的集成功能，为跨部门的工作提供支持，使这些工作能动态地、无缝地完成。

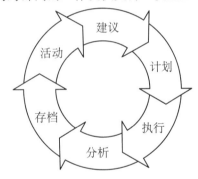

（5）支持网络应用的能力。

支持网络应用的能力是客户关系管理系统的一个重要特性。这种能力使得 CRM 系统可以通过互联网和移动应用程序提供在线客户服务和支持，从而让客户能够方便地获取所需的信息和服务，并与企业进行实时的互动。以网络为基础的功能对一些应用（如网络自主服务、自主销售）是很重要的。一方面，网络作为电子商务渠道很重要；另一方面，从基础结构的角度来讲，网络也很重要。提供标准化的网络浏览器，可以让客户和企业雇员都能方便地应用 CRM。

4. 客户关系管理实施

利用信息技术手段，我们可以切实地改变企业日常的管理工作，为改善企业的客户关系管理做出努力。客户关系管理的实施框架如图 8 - 6 所示。

客户关系管理实施具体可分为以下四个阶段：

（1）阶段一：识别你的客户。

1）将客户名及相关的信息输入数据库。

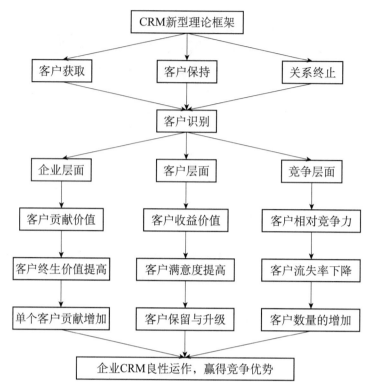

图 8 - 6　客户关系管理的实施框架

2）收集客户的有关信息。

3）验证并更新客户信息，删除过时信息。

（2）阶段二：对客户进行分析。

1）识别企业的"金牌"客户。

2）识别目前对企业贡献最大的客户。

3）企业本年度最想和哪些客户建立商业关系？选出几个这样的客户。

4）上年度有哪些客户对企业的产品或服务多次提出了意见？列出这些客户。

5）去年最大的客户今年是否也订了不少的产品？找出这个客户。

6）是否有些客户从本企业只订购了一两种产品，而从其他企业订购了很多种产品？

7）按照对本企业的价值（如市场花费、销售收入、与本企业有业务交往的年限等），把客户分为 A、B、C 三类。

（3）阶段三：与客户保持良性接触。

1）给自己的客户联系部门打电话，了解得到问题答案的难易程度如何。

2）给竞争对手的客户联系部门打电话，比较自身与竞争对手服务水平的差异。

3）把客户打来电话看作一次销售机会。

4）对企业记录的客户信息进行跟踪。

5）哪些客户给企业带来了更高的价值？与他们进行更主动的对话。

6）通过信息技术的应用，使得客户与企业做生意更加方便。

7）重视对客户抱怨的处理。

（4）阶段四：调整产品或服务以满足每一位客户的需求。

1）改进客户服务过程中的纸面工作，节省客户的时间，节约企业的资金。

2）发给客户的邮件更加个性化。

3）替客户填写各种表格。

4）询问客户，找出他们希望以怎样的方式、怎样的频率获得企业的信息。

5）找出客户真正需要的是什么。

6）征求交易额名列前十位的客户的意见，看企业究竟可以向这些客户提供哪些特殊的产品或服务。

5. 客户关系管理的一般性策略和方法

在客户关系管理中，经常会使用到的一般性策略与方法如下：

（1）建立员工忠诚。

具有较高客户忠诚度的企业一般同时具有较高的员工忠诚度。如果一个企业的员工流动性非常高，那么企业要想获得一个较高的客户忠诚度是非常困难的，这是因为客户所获得的产品或服务都是通过员工的工作实现的。因此，保持客户忠诚度的核心原则是：首先要服务好你的员工，然后才有可能服务好你的客户。

（2）确定客户价值取向。

要提升客户忠诚度，我们首先要知道哪些因素影响客户的取向。客户取向通常取决于三方面：价值、系统和人。当客户感觉产品或者服务在质量、数量、可靠性方面存在不足的时候，他们通常会侧重于价值取向。期望值受商品或者服务的成本影响，客户对低成本和较高成本商品的期望值是不同的。但当核心产品的质量低于期望值时，他们便会对照价格来进行考虑。

（3）让客户认同"物有所值"。

只有保持稳定的客源，才能为品牌赢得丰厚的利润。但是，当企业把"打折""促销"作为追求客源的唯一手段时，"降价"有时只会使企业和品牌失去它们最忠实的客户群。促销、降价的手段有时不能提高客户的忠诚度、培养忠诚的客户群，因此不能仅做到"价廉物美"，更要让客户明白这个商品是"物有所值"的。企业只有细分产品定位、寻求差异化经营、找准目标客户的价值取向和消费能力，才能真正培养出属于自己的忠诚客户群。

（4）把服务作为首位。

在以消费者意识为主导的时代，良好的客户服务是建立客户忠诚度的最佳方法，包括服务态度、回应客户需求或投诉的速度、退换货服务等，让客户清楚了解服务的内容以及获得服务的途径。因为现在的客户越来越挑剔，并且在购买了产品后会非常"敏感"，他们在交易过程中，希望能够顺利，尽量减少麻烦。当这些客户获得了一个很好的客户服务体验，他们自然会再次购买。不过，如果他们获得了一个不好的客户服务体验，他们会向周围更多的人宣传他们的"不幸"。因此，企业要想提升客户体验，必须把与产品相关的服务做到位，然后才是真正的产品销售。

（5）遵循80/20原则。

80/20原则概括地说就是企业80％的收入来源于

20％的客户。不同的客户对于企业来说价值是不一样的，一些客户为企业带来的是长期的价值。明智的企业应该能够跟踪客户、细分客户，并根据客户的价值大小来提供有针对性的产品或服务。因此，我们在推行客户忠诚度计划时，应该把重点放在20％的高价值客户上，但同时我们应该考虑一些有价值潜力的客户，并采取相应的策略。

（6）化解客户抱怨。

对于大多数企业而言，只有10％的客户有机会向企业表达抱怨，而剩下的90％的客户没有机会向企业表达，这些抱怨只能反映到一些行为中，如拖欠企业的应付账款等。因此企业必须在这个不愉快的事情发生之前快速解决，尽量给客户一个表达抱怨的机会，让他们有机会说出遇到的问题，同时尽量解决这些问题。化解客户抱怨的时候，需要从两方面入手：一是为客户投诉提供便利；二是对这些投诉进行迅速而有效的处理。

（7）获得和保留客户反馈。

研究表明，客户反馈与客户对优质服务的感知是密切相关的。互联网的应用已经改变了客户对反馈的感知，客户开始期待企业能够使自己获得一个全程24小时服务。而且，现在的客户也已经习惯了访问网站，并期望能够在网上获得问题的答案。一些最新出现的技术工具，例如基于Web的自助式服务、E-mail管理、在线交流等逐渐成为企业客户服务部门的关键应用领域。

（8）主动提供客户感兴趣的新信息。

一对一的个性化服务已经成为一个趋势，例如可以设计一个程序，请客户填写最感兴趣的主题，或是设计一个程序，自动分析客户资料库，找出客户最感兴趣的主题。当有这方面的新产品时，便主动通知客户，并附上推荐函，这样就可以给客户一个不一样的个人化服务的感受。

（9）推敲客户的价值定义。

"客户忠诚密码"是非常有价值的。知道客户的价值取向对于建立较高的客户忠诚度是非常重要的。但是，企业要想真正知道客户的价值定义也绝不是易事，因为客户的价值定义是不断变化的。投资于客户价值研究，有助于企业理解"能够为客户带来多大的价值"。

（10）努力挽回流失的客户。

研究者发现，向一个流失客户销售产品的成功率是向一个新客户销售产品成功率的两倍。在很多企业，挽回流失客户通常是最容易忽视的策略。企业不仅需要建立客户获取和客户保留策略，还需要建立"客户再生"策略。没有一家企业能够实现100％的客户保留，因此，每一家企业都需要重新获取这些已经流失的高价值客户。

6. 客户关系管理在旅游电子商务企业中的有效实施

在旅游电子商务企业中，判断客户是否忠诚于企业时，可从如下五个方面来观察：

（1）忠诚的客户会经常性地、反复地购买企业的产品或服务，企业甚至可以定量分析出他们的购买频度。

（2）忠诚的客户愿意给企业和产品提供参考，或者积极地、正面地就企业如何提高产品质量、服务水平等方面提出建议。

（3）忠诚的客户在购买产品或服务时，选择呈多样性，他们更关注企业所提供的新产品或新服务。

（4）忠诚的客户非常乐于向他人推荐企业的产品或服务。

（5）忠诚的客户会排斥企业的竞争对手。

一般而言，在旅游电子商务企业内全面实施 CRM，包含以下六个关键步骤：

（1）制定 CRM 战略。

CRM 并不是一种简单的概念或方案，它是旅游企业战略的一种，贯穿于企业的每个部门和经营环节。所以，制定以客户为中心的 CRM 战略是系统实施的第一步。CRM 战略就是企业根据自己的内外部环境和资源状况，为实现客户和企业双赢所采取的长远规划和行动策略，包括客户沟通、客户获取、客户保留以及客户盈利四个策略。

1）客户沟通策略是 CRM 战略的核心，它是维持长期客户关系的关键。企业通过建立客户沟通网络，与客户进行个性化的营销沟通，最终建立客户联盟。

2）客户获取策略是 CRM 战略的基础，企业通过收集客户的相关信息，从众多分散的数据中识别出潜在客户，并进行新客户的开发。

3）客户保留策略是 CRM 战略的重点，企业采取一些对客户有实质价值的措施，如提供高品质的商品、优质的服务和降低客户的总成本等，培养客户的忠诚度，达到保留客户的目的。

4）客户盈利策略是 CRM 战略的目标，企业集中优势资源服务于高价值客户，通过数据挖掘、数据仓库等技术手段分析高价值客户的真正需求，并以各种方式满足这些需求，使客户产生极高的满意度，实现客户的价值最大化。

（2）做好客户分类。

实施 CRM，需要对旅游企业客户进行有效的分类及管理。

1）对潜在客户的管理。企业的销售工作必须从掌握潜在客户开始，关注和掌握潜在客户是企业销售人员的主要工作之一。销售人员应根据本企业产品或服务的性质，考虑不同性别、年龄、职业、受教育程度、地区的人们的需求和购买能力，进行相关潜在客户分类。

2）对预期客户的管理。企业需要参考现实客户的习惯和需求，制定出一个判断准则，以便在掌握潜在客户的资料后，从中筛选出预期客户。在选择预期客户时，应避免单凭主观去做判断，应与客户进行交流。要积极通过信函、问卷、走访等方式向这些客户宣传本企业的产品或服务，并进一步了解他们的需求。

3）对现实客户的管理。对现实客户的管理是客户管理工作的重点，其目标就是将初次购买客户转变为重复购买客户，将重复购买客户转变为忠诚客户。当预期客户成为初次购买客户之后，就要跳开针对大众的媒体广告，与他们进行个性化的交流，提供满足个性化需求的产品或服务，并让他们了解企业的相关信息，努力与他们建立起一种互相信任的关系。

4）对流失客户的管理。对企业来说，流失一位重复购买客户的损失要比失去一位新客户的损失大。流失客户使企业损失了利润，因此不能忽略对流失客户的管理。积极与他们联系不仅可以让他们感受到企业对他们的关心，还可以了解问题出在哪里，以便及时改进，防止其他客户继续流失。

（3）构造 CRM 流程。

要想持续不断地增加忠诚客户的数量、提升客户忠诚度，就应当建立一套规范的客户忠诚培养与提升的流程。构造 CRM 流程的目的是把客户置于企业工作的中心，通过改变企业各个部门的功能和责任，设置新的工作流程。我们将企业的 CRM 流程分为收集客户信息、客户细分、与客户沟通、与客户交易、客户服务以及客户需求预测六个阶段，如图 8-7 所示。

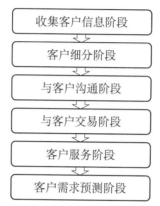

图 8-7　构造 CRM 流程的六个阶段

1）收集客户信息阶段。这一阶段是 CRM 流程的起点，主要任务是保证客户信息的正确性，减少数据出错的频率和数量。

2）客户细分阶段。细分客户就是将具有相同需求的客户进行统一管理，既便于企业进行客户关系管理，又能使客户产生一种受尊敬、被公平对待的良好感受。

3）与客户沟通阶段。通过良好的沟通，总结出客户对企业产品的评价、服务的满意程度，有助于企业提供更符合客户需要的产品或服务。

4）与客户交易阶段。这个阶段是客户最注重的。企业必须用诚实可信的态度提供最真诚的服务，以便培养忠诚的客户。

5）客户服务阶段。优质的客户服务是提升客户价值的重要途径，企业通过高质量的客户服务，可以促进客户重复购买，并与企业建立永久的、牢固的关系。

6）客户需求预测阶段。在以上各阶段的基础上进行客户需求预测，能够为企业开拓新的业务，进一步满足客户高层次的需求。

（4）进行有效的资源配置。

从 CRM 本身来说，实施 CRM 的人员主要涉及三大类：

一是企业内部人员，即企业所有员工，是 CRM 实施的主角，是系统的真正使用者和受益者；

二是企业外部人员，是协助企业实施 CRM 的管理顾问，包括 CRM 供应商、咨询企业以及客户的代言人；

三是企业的协作伙伴。

对于企业内部人员，首先需要成立一个由企业内部高层管理者，业务、技术骨干等共同组成的 CRM 实施小组，由他们承担制订实施计划、分析业务需求、选择信息系统、实施过程控制等事务。然后激励员工，使他们主动接受变革，并列出详细的 CRM 实施计划，明确每个员工具体的工作任务，加强员工间的沟通和合作。

对于协助企业实施 CRM 的管理顾问，他们作为 CRM 实施小组的重要成员，除了要具备一定的专业知识，实行规范化、职业化操作外，还必须承担传导、施教的作用，要善于沟通并引导企业。此外，对于最终客户，企业也不要忽视他们的积极作用，因为他们是系统的最后检验者，取得他们的支持与帮助，对企业顺利实施CRM有着推波助澜的作用。

在当今复杂的市场上，企业往往需要依靠很多的合作伙伴来协作。通过供应链关系的建设与维护可以进一步提升客户对企业的忠诚度，并且使得客户难以被竞争对手夺走。旅游电子商务企业可以通过分销商/渠道伙伴来建立更加稳固的客户关系。也就是说，企业可以采取相应的策略，让供应链上的其他企业协助企业来完成客户关系的建设与维护。

(5) 实现CRM信息化管理。

通过技术手段进行CRM信息化管理的开发是实施CRM的难点。当前，旅游电子商务企业可以利用新技术来管理客户关系，如使用先进的软件、数据库，建立局域网或广域网等。

若要开发旅游电子商务企业CRM软件，首先要建立一个便捷、高效的应用平台，这个平台用于支持CRM流程。然后以此为基础，旅游电子商务企业再规划一个完整、和谐、统一的CRM软件系统。此系统不仅能满足旅游电子商务企业管理客户的需要，改变以往客户资料分散、客户管理复杂烦琐的状况，还能实现对企业的内部管理，让企业无论是在客户数据、产品信息还是在员工数据等方面都实现统一。

在技术上，旅游电子商务企业可以设立一个中央数据库。在不同的企业中，财务部门、销售部门和客户服务中心可能都拥有自己的数据库，但这些客户数据库存在很大的差异，同一个客户可能在这些数据库中显示着不同的信息，因为不同部门所关心的客户的内容是不一样的。这些信息"孤岛"容易导致不同部门在同一问题上会给同一个客户发送不同的信息，从而容易引起客户的反感，甚至导致客户流失。为了有效实施客户忠诚战略，所有接触点上的客户数据必须能够整合起来。

(6) 对CRM进行不断的提升和改进。

经过有效的运作和开发，企业实现CRM的预期后，还需要根据市场和技术的变化，不断地改进和完善CRM系统，不仅在市场、销售和服务部门真正建立以客户为中心的业务流程，还需要企业的各个环节都能积极响应客户需求的变化，实现所有部门的运营都以客户为

中心，能在正确的时间、以正确的价格、通过正确的渠道将正确的产品或服务提供给正确的客户。

在此基础上，企业需要管理客户的整体资料和信息，包括客户的地理位置、家庭成员状况、客户利润贡献率、交易渠道偏好、终生价值等因素。然后对客户进行细分，进而提供个性化的定制服务。更重要的是，通过CRM帮助旅游电子商务企业预测未来，不仅做到"想客户所想"，还能做到"想客户未来所想"。这种对客户行为的预测，还有助于挖掘客户的潜在价值。

项目小结

司马逍遥从客户关系管理的实际操作入手，对客户关系管理的有关概念和技术进行了探索和研究。在这个过程中，司马逍遥结合具体的实战，对 CRM 的有关技术进行了归纳和整理。他感到收获颇丰，但将这些理论应用到实践中，还要经过漫长而艰辛的探索过程。

想一想

1. 客户关系管理能否解决司马逍遥遇到的问题？
2. 如何在旅游电子商务企业有效地采用 CRM 发掘客户、留住客户？

拓展阅读

电子商务环境下的客户关系管理策略

随着电子商务的快速发展，企业需要在电子商务环境下有效管理客户关系，以获得竞争优势并提升客户满意度。在电子商务环境下，客户关系管理至关重要，对于企业的竞争力和长期发展具有重要意义。

1. 客户关系管理概述

客户关系管理是指通过有效策略和方法，建立并维护与客户之间的良好关系，实现客户满意度和忠诚度的提升。客户关系管理的重要性体现在以下三个方面：

（1）提升客户满意度。通过为客户提供恰当的服务，可以提高客户满意度和客户忠诚度。

（2）稳定客户关系。通过建立稳定的客户关系，可以减少客户流失，提高客户黏性。

（3）增加销售额。通过个性化营销和客户维护，可以提高客户的购买频次和购买金额。

2. 电子商务环境下客户关系管理的特点

（1）客户具有更人性化的体验。

在电子商务环境下，企业需要注重提供客户友好的体验，满足客户对个性化、便捷性和高质量服务的需求，从而建立良好的客户关系。具体策略包括以下四点：

1）设计用户友好的界面。电子商务平台应具备清晰简洁的界面和易于操作的功能，用户能够轻松浏览产品、完成购买和支付等操作。

2）提供个性化推荐。通过数据分析和人工智能技术，了解客户的兴趣和偏好，为客户推荐符合其需求的产品和服务。

3）优化购物流程。简化购物流程，减少烦琐的填写信息和支付步骤，提供一键下单和快速支付等功能，以提升用户体验。

4）提供快速响应和优质客服。建立高效的客户服务体系，快速响应客户的问题和需求，提供在线客服、24 小时热线等多渠道的客户支持。

（2）最大化体现客户价值。

客户关系管理的目标之一，是实现客户价值最大化，通过满足客户需求和提供个性化的产品和服务，提高客户满意度和忠诚度。具体策略包括以下四点：

1）精准的市场细分。通过数据分析和市场调研，将客户细分为不同群体，并针对不同群体制定差异化的营销策略，满足其个性化需求。

2）定制化的产品和服务。根据客户需求的个性化特点，开展定制化的产品设计和服务方案，提供专属于客户的定制化体验。

3）个性化的营销推广。通过精准的客户数据分析，进行个性化的推广和营销活动，向客户提供符合其兴趣和需求的产品和优惠信息。

4）持续关怀和回访。建立完善的客户维护体系，与客户建立持续的沟通关系，在重要节假日、生日等时机进行关怀和回访，提高客户忠诚度

3. 电子商务环境下客户关系管理措施

（1）精准分类客户，充分做好价值管理。

在电子商务环境中，消费者具有更强的选择权与决策权，其拥有不同的需求和偏好。因此，企业需要精准分类客户，通过调研和数据分析等手段，深入了解客户需求、价值和特点，以便提供定制化、个性化的服务和推荐，从而提高客户的满意度和忠诚度。具体策略包括以下四点：

1）市场细分。将客户按照不同特征和需求进行划分，如基于人口统计数据、行为特征或消费偏好等。

2）价值评估。对不同客户进行价值评估，确定客户的重要性和利润贡献度，以便合理分配资源和制定相应的服务策略。

3）个性化服务。通过客户关怀、定制化产品和个性化推荐等方式，满足客户的不同需求和偏好，提高客户满意度和忠诚度。

4）CRM 系统支持。建立和优化客户关系管理系统，整合客户信息和交互数据，从而实现客户关系管理的精细化和个性化。

（2）做好多渠道沟通宣传工作。

在电子商务环境下，消费者可以通过多个渠道获取信息、进行购物，包括社交媒体、搜索引擎、电子邮件等。企业需要做好多渠道沟通宣传工作，建立良好的品牌形象，与消费者保持密切互动、沟通。具体策略包括以下四点：

1）多渠道传播。利用社交媒体、网站、电子邮件等多个渠道传播品牌信息、产品促销等内容，提高品牌知名度和曝光度。

2）个性化宣传。根据客户特征和需求进行个性化沟通和宣传，提供针对性的产品推荐和优惠政策。

3）主动互动。积极参与社交媒体、在线论坛等平台，与客户进行主动互动，回答问题、解决问题，并及时回应客户的反馈和意见。

4）有效营销活动。通过在线广告、促销活动等方式吸引消费者关注和参与，增加用

户黏性和购买转化率。

综上所述，电子商务环境下的客户关系管理策略需要精准分类客户、充分做好价值管理，同时做好多渠道沟通宣传工作。通过精准分类和提供个性化服务，企业可以提高客户满意度和忠诚度，从而实现业务增长和品牌发展目标。同时，通过多渠道沟通宣传工作，企业可以更好地与消费者互动和沟通，提高品牌形象和知名度，在竞争激烈的电子商务市场中脱颖而出。

资料来源：刘月峰，张志忠. 电子商务环境下的客户关系管理策略. 中国电子商务，2023（16）.

练一练

一、单项选择题

1. 在 CRM 系统中，（   ）可以帮助旅游企业自动化销售和服务流程。

A. 数据分析　　　　　　　　B. 市场营销

C. 销售与服务自动化　　　　D. 客户信息管理

2. 在旅游电子商务中，CRM 系统可以通过（   ）帮助企业提高客户满意度。

A. 提供个性化推荐　　　　　B. 增加广告投放

C. 提高网站访问速度　　　　D. 扩大市场覆盖范围

3. 在电子商务 CRM 系统中，如何利用客户数据来提高销售？（   ）

A. 通过跟踪浏览行为来个性化推荐产品

B. 随意发送促销邮件

C. 减少客户服务支持

D. 降低产品价格

4. 旅游电子商务企业通过 CRM 系统收集的客户信息，主要用于（   ）。

A. 广告宣传　　　　　　　　B. 产品开发

C. 客户关怀和服务　　　　　D. 竞争对手分析

5. 在旅游电子商务中，CRM 系统的核心目的是（   ）。

A. 提高网站流量　　　　　　B. 增加产品销量

C. 提升客户满意度和忠诚度　D. 降低运营成本

二、名词解释

1. 客户关系管理。

2. 客户细分。

3. 旅游电子商务 CRM。

三、简答题

1. 客户关系管理产生的原因有哪些？

2. 客户关系管理中的常用技术有哪些？

3. 客户关系管理的一般性策略和方法有哪些？

4. 试列举常见的旅游企业客户的分类。

实践与实训

旅游电子商务企业的客户关系管理

【实训目的】

1. 深入理解客户关系管理的核心理念，掌握其在旅游电子商务领域的应用。

2. 分析国内企业在实施 CRM 过程中的典型案例，提升对理论与实践相结合的认识。

【实训步骤】

1. 利用网络资源进行理论学习。

（1）启动网络浏览器，访问百度网站。

（2）在百度"知道"和"百科"板块中检索 CRM 相关的词条，阅读并理解客户关系管理的基本定义、发展历程、核心功能以及在旅游业中的应用。

（3）记录关键信息，如 CRM 的主要组成部分、目标及在电子商务中的作用。

2. 案例分析。

（1）通过网络搜索引擎，查找并阅读关于旅游电子商务领域中 CRM 实施的成功案例。

（2）关注案例中的企业如何通过 CRM 策略增强客户满意度、提高客户忠诚度以及促进销售增长。

（3）分析案例中的成功要素及可能的挑战，并与理论知识相结合。

3. 实操演练。

（1）注册并使用免费的 CRM 系统或使用开源 CRM 软件进行模拟操作。

（2）练习创建和管理客户资料、记录客户互动历史、分析客户数据以及制定营销活动。

【实训报告】

1. 总结通过实训学到的 CRM 知识和技能，并分析如何将这些知识应用于实际的工作场景。

2. 分享实训心得，包括对 CRM 系统操作的感受、网络调研和数据分析的收获以及对旅游电子商务 CRM 实践的看法。

知识拓展链接

1. 微软动态 CRM

美国微软公司是全球最大的软件服务提供商，在客户关系管理软件上，微软公司开发的 Microsoft Dynamics CRM（见图 8-8）系统让企业通过组织和自动化业务流程，提高客户满意度和忠诚度，降低成本并提高盈利能力，让每一位客户都感到开心愉悦。为了能提供本地部署和基于云的 CRM 解决方案，满足企业独特的业务需求，Microsoft Dynamics CRM 的版本不断升级。

图 8-8　微软动态 CRM 首页

2. XTools 客户关系管理系统

北京沃力森信息技术有限公司开发了 XTools 客户关系管理系统（见图 8-9）。XTools 形成了以 CRM 软件为核心，综合了电子账本、来电精灵和销售自动化的软件群。XTools 产品线日臻丰富，为中小企业信息化进程带来更多选择。同时，通过 XTools 系列软件，企业能够真正感受到科学管理思想带来的销售提升。

图 8-9　XTools 客户关系管理系统首页

项目九　感知电商发展　紧跟时代步伐

学习目标

1. 了解国内旅游电子商务的最新发展态势；
2. 了解旅游电子商务新技术的应用。

实践目标

1. 了解旅游电子商务中使用的一些新技术；
2. 熟悉虚拟旅游等现代旅游电子商务技术的应用。

素养目标

1. 具备数字素养及基本的数字技能，并能通过网络识别旅游电子商务新技术、新应用；
2. 具备团队合作的能力，能够与他人协作、沟通和分享知识，共同完成项目任务。

问题引入

　　经过将近一个学期的学习，司马逍遥对旅游电子商务有了比较系统的了解，并且通过理论学习和实践，掌握了旅游电子商务的基本知识和技能。当今社会技术变化日新月异，技术驱动带来的旅游商务变化也让人眼花缭乱。为了更好地适应旅游电子商务的发展，就需要了解目前这个行业的一些新技术及其发展态势。老师指点司马逍遥，要想做好旅游电子商务，就要不断地学习和进取。司马逍遥决定通过各种渠道考察和了解一下目前行业内旅游电子商务新的特色和亮点。

任务导读

　　旅游电子商务发展到今天，商业模式和技术日趋成熟，贴近于旅游消费者的应用层出不穷。这个时代被技术驱动的特征尤其明显，而旅游消费者也感受到技术给他们带来的方便。比如足不出户，旅游者就能采用 3D 虚拟旅游的技术先考察旅游目的地的景色，然后决定行程、在线预订宾馆……

案例导入

北京故宫博物院推出了一个名为"超越时空"的虚拟旅游项目，利用 3D 技术，为那些不能实地到紫禁城游览的游客在网上打造了一个虚拟的环境。在这个虚拟环境里，游客不仅能任意挑选某种身份游览，如公主、侍从等，还会有"网络导游"为网友带路游览。另外，如果网友对其中某个景点感兴趣，还可以通过点击鼠标的方式让网络中的"我"在景点前拍照留念。

知识探究

司马逍遥听老师介绍，随着元宇宙概念爆发，相关的元宇宙平台也越来越多，元宇宙作为一个平行于现实世界又独立于现实世界的虚拟空间，为旅游业提供了全新的展示和推广平台。通过元宇宙技术，旅游目的地、景区和酒店等可以创建虚拟的 3D 模型，让游客在虚拟世界中预览和体验旅游产品和服务。这种沉浸式的体验方式可以激发游客的旅游需求和欲望，提升旅游产品的吸引力和竞争力。元宇宙这种新颖的概念激发了司马逍遥极大的探索兴趣，他对此充满了好奇。

目前，元宇宙平台作为元宇宙概念最直接的应用形式，已成为大众体验元宇宙场景的首选方式。国内元宇宙平台诸多，有百度公司推出的"希壤"、天下秀公司推出的"虹宇宙"、南京维赛客公司推出的"VS·work"、漫联文链公司推出的"DV101 星球"等，司马逍遥选择百度公司的"希壤"作为探索目标。

第一步：在百度搜索关键词"希壤"。

司马逍遥在百度输入关键词"希壤"，找到了希壤的官方网站，通过官网介绍，司马逍遥了解到希壤提供了丰富的元宇宙功能和应用，如数字化身功能，可以根据用户的语言描述自动生成数字形象、编写人设故事；智能非玩家角色（Non-Player Character，NPC）管家，实现 NPC 与用户更自然流畅的对话、共创内容、互动陪伴；空间＋组件能力，可通过语言描述创建元宇宙空间，并进行个性化定制、多样化部署等。

其首页如图 9－1 所示。

图 9－1　希壤官网首页

第二步：注册成为希壤用户。

找到希壤官网后，司马逍遥选择"在线体验"，进入如图9-2的注册页面。

图9-2　希壤官网注册页面

经过手机号注册，输入验证码后，进入加载资源页面，如图9-3所示。

图9-3　希壤官网注册后的加载资源页面

经过加载资源后，希壤会让用户选择自己的元宇宙形象，并做相关的设置，如图9-4所示。

图9-4　希壤设置用户的形象

第三步：进入希壤大世界。

设置好个人形象后，希壤会让用户选择进入希壤大世界，开启元宇宙的探索，如图9-5所示。

图9-5　进入希壤大世界

第四步：开启希壤元宇宙探索。

选择进入希壤大世界，司马逍遥就开启元宇宙的探索，如图9-6所示。

图9-6　游览希壤大世界

司马逍遥注意到希壤大世界元宇宙提供了比较好用的希壤智能管家，如图9-7所示。

图9-7　希壤智能管家

司马逍遥发现希壤元宇宙中的内容繁多，希壤为用户提供了一个身份认同、经济繁荣、跨越虚拟与现实、多人互动的虚拟世界。在这个元宇宙中,希壤为文旅、传媒、教育、汽车、金融、会议会展等行业提供了元宇宙解决方案,并落地了丰富的活动和空间,如图9-8所示。

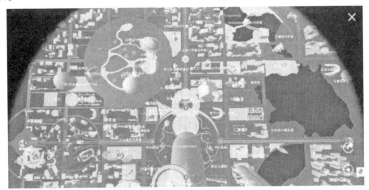

图9-8 希壤大世界布局

根据旅游爱好,司马逍遥选择了"西子·元杭州"的元宇宙进行探索,如图9-9所示。

图9-9 选择"西子·元杭州"

在这个页面上,司马逍遥选择了下面的"立即前往"按钮后,就开始了"西子·元杭州"的探索,如图9-10所示。

图9-10 "西子·元杭州"的探索

希壤大世界丰富的内容，让司马逍遥流连忘返，如图 9-11 所示。

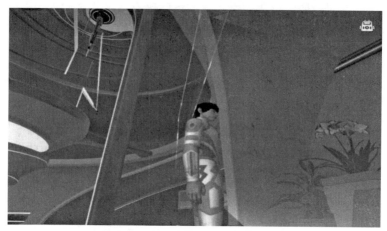

图 9-11　司马逍遥探索希壤大世界

▶ **小贴士**

元宇宙：是人类运用数字技术构建的，由现实世界映射或超越现实世界，可与现实世界交互的虚拟世界，具备新型社会体系的数字生活空间。元宇宙中允许用户通过其数字化身份进行交互、体验不同的虚拟环境并参与各种活动。我们可以把元宇宙想象成一个庞大的在线虚拟社会，人们可以通过数字化的"化身"在里面游玩、交友、工作、创造，甚至进行交易，就像在一个完全由数字构建的世界里生活和工作一样。

经过希壤元宇宙的一番游览，司马逍遥亲身感受到了旅游电子商务中一些新技术的应用，并对这些新技术在旅游电子商务中的应用产生了浓厚的兴趣，于是他主动找来一些电子商务专业书籍阅读，并上网查阅了有关资料。

1. 虚拟旅游

当今社会的生活节奏不断加快，人们的生活越来越紧张，虽然生活条件越来越好，但是属于自己的时间越来越少。一方面，人们想从枯燥紧张的工作中解脱出来（当然最好的放松方式之一就是旅游）；另一方面，现实又使得人们没有足够的时间旅游。为了化解生活中出现的矛盾，于是就出现了虚拟旅游。

虚拟旅游是利用虚拟现实技术模拟真实旅游景观的体验方式。虚拟旅游通过计算机创建一个三维立体的虚拟环境，让用户可以在家中通过计算机和网络平台体验到仿佛身临其境般的游览感受。这种体验通常是基于真实的旅游地点，利用高清全景图像、3D 建模技术等手段实现。用户可以通过电脑、智能手机或者虚拟现实头戴设备来探索虚拟世界中的各种景点。

通过虚拟旅游，不用护照、不用花钱，也不用担心路途遥远，一台计算机、一根网线，登录虚拟旅游网站就可以"玩"遍全世界。无论是希望看到自己向往的景致还是希望拍到好看的照片，这些都可以在虚拟旅游中实现。这里有线路图、有导游，景观都是真实的风景照片，甚至还能发现现实旅行时经常遇到的各种活动，如乐队现场演出等。如果邀请了虚拟形象的"导游"，它会推荐旅游路线、介绍当地的风土人情，甚至还会"推销"纪念品。

我们一般把虚拟旅游的定义分为广义和狭义两种。广义的虚拟旅游是指任何以非身临其境的方式获得旅游景点相关知识和信息的过程；狭义的虚拟旅游则源于虚拟现实，是指以包括虚拟现实在内的多种可视化方式形成逼真的虚拟现实景区，使使用者获得感性、理性等多种有关旅游景点知识和信息的过程。

（1）国内的虚拟旅游。

我国虚拟旅游正处于发展的加速期，展现出蓬勃的生机和广阔的前景，并且在虚拟旅游方面取得了显著的进展。例如，张家界成立了全国首个元宇宙研究中心，采用元宇宙视频、虚拟人与超高精度数字孪生等研发技术，以"张家界山水、元宇宙科技、沉浸式体验、数字化互动、网红地打卡"为特色主题，以萌宠"咕嘟猴"为主线，构建沉浸互动式旅游和数字化信息化智能化文旅服务的新场景、新业态、新模式，为游客打造有故事、有场景、有内容、有创意、有温度的元宇宙游览体验空间，让游客在虚拟世界中畅游山水，用一种体验方式传播"仙境张家界"的大美山水。这表明我国对于虚拟旅游的重视程度以及在这一领域的积极探索。

目前，我国旅游业的数字化转型正在深化，这不仅包括人文和自然旅游资源的数字化，还涉及旅游住宿、旅游交通等多个方面。这种全面的数字化转型为虚拟旅游提供了丰富的内容和便捷的服务。

我国虚拟旅游的发展前景广阔，不仅得益于政策的支持和技术的进步，还因为人们对于新型旅游体验的渴望。随着数字化技术的不断成熟和应用，虚拟旅游将为人们提供更加丰富和便捷的旅游体验。虚拟旅游虽不能完全代替实地旅游，但是随着技术的提高、研究的深入，会越来越接近实地旅游。游览者可以在虚拟旅游景观中感受鸟语花香、欣赏风光美景，并能与环境融合、与游客交谈。比起实地旅游，这样的虚拟旅游或许会多一份情趣。图 9 - 12 所示为网友化身侍卫游览乾清宫。

图 9 - 12　网友化身侍卫游览乾清宫

（2）国外的虚拟旅游。

虚拟瑞典旅游网是一个非常成功的在线虚拟旅游网站（见图 9 - 13），这个网站利用 360 度三维实景技术，虚拟了世界上多个国家、城市的大量经典景点，在网站上可以看到斯德哥尔摩市政厅、隆德大教堂和圣彼得大教堂等世界著名景点，还可以亲手"触摸"教堂上方惟妙惟肖的雕塑等。图 9 - 14～图 9 - 16 所示分别为浏览瑞典皇宫的白海厅、游览希腊罗德岛东部的小岛和游览英国皇家歌剧院的皇家套房。

图 9 - 13　虚拟瑞典旅游网

图 9 - 14　游览瑞典皇宫的白海厅

图9-15 游览希腊罗德岛东部的小岛

图9-16 游览英国皇家歌剧院的皇家套房

目前，国外虚拟旅游出现了新形式，就是将虚拟旅游做成类似于电脑游戏和聊天室的结合体，其中比较有代表性的是"Second Life"（中文名：第二人生）。它由美国林登实验室（Linden Lab）开发，于2003年正式上线投入运行，是互联网上最接近真实的一个虚幻三维世界，其主页如图9-17所示。

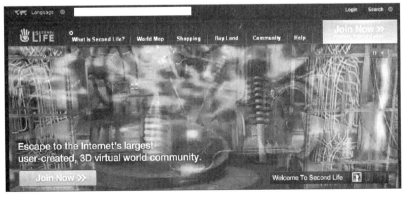

图9-17 "第二人生"主页

在 Second Life 中，玩家可以做许多现实生活中的事情，比如吃饭、跳舞、购物、唱卡拉 OK、开车、旅游等。用户有自己的 3D 形象，在自己的土地上创建家园、商业和娱乐场所，而且可以自己驾驶直升机、滑翔伞、热气球等。在酒吧、咖啡厅、海滩等虚拟场所，不同肤色、不同种族的"居民"可以交流、举办篝火晚会或新闻发布会等主题活动，而且可以将现实世界乃至现实世界无法实现的商业模式和形态在这里尝试、拓展。通过各种各样的活动，全世界各地的玩家可以进行交互。这种将游戏、社交、旅游等融合为一体的新型网络应用是未来的发展趋势。

2. 数字地图

数字地图是利用计算机技术，以数字方式存储和查阅的地图，是纸制地图的数字存在和数字表现形式。它结合了信息技术、计算机技术、通信技术和网络技术，提供了更加丰富和互动的地理信息。数字地图应用了电子地图技术，它不仅包含了传统纸质地图的所有信息，还加入了更多的互动功能和动态内容。用户可以通过数字地图探索地球上的位置信息，查看卫星影像、地形地貌等各类地图数据，并进行测距、空间分析等操作。

旅游者总是离不开目的地的地图，目前，通过数字化技术实现了多种地图查询和路径规划功能。司马逍遥在网上查看有关资料，感受到了现代数字技术为旅游者带来的方便。

（1）二维地图。

打开百度首页，如图 9-18 所示。单击"地图"按钮，进入界面后，在搜索框内输入"八达岭长城"，搜索一下，就会显示如图 9-19 所示的界面。界面上有八达岭长城的位置。

图 9-18　百度首页

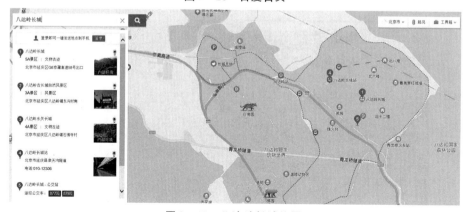

图 9-19　八达岭长城位置

（2）三维地图。

三维地图是基于 Web GIS 地理信息系统、GPS 全球卫星定位系统、RS 遥感系统、VR 全景等技术，以城市建筑三维建模为载体，整合集成本地城市建筑、政府、企事业单位等多渠道资源和信息形成的形象直观的电子地图，也叫 3D 地图、立体地图、虚拟城市等。它具有搜索、定位、放大、缩小、漫游、鸟瞰、测距、公交查询、自驾查询、周边查询、360 度全景展示、单个建筑旋转、旅游景点介绍、楼盘展示、城市形象宣传、电子政务、电子商务、电子黄页、生活资讯、同城交友、虚拟社区等功能，提供最全面的城市生活资讯、商家信息、地图黄页、公交驾车路线等查询服务。三维地图如图 9-20 所示。

图 9-20 三维地图

3. 智慧旅游

智慧旅游是利用大数据、物联网、云计算、人工智能等现代信息技术，并充分利用这些信息技术手段对旅游过程中的各个环节进行智能化、数字化、个性化的管理和服务，能提高旅游效率、旅游质量，并提升旅游体验、促进旅游产业发展和管理效率的现代旅游模式。

智慧旅游的核心在于通过先进技术的应用，实现对旅游资源、旅游经济和旅游活动的智能感知。这意味着智慧旅游可以实时收集和分析游客的行为、偏好以及旅游目的地的各种信息，从而为游客提供更加个性化、便捷的服务。例如，通过智慧旅游平台，游客可以轻松获取目的地的天气、交通、住宿等信息，甚至可以根据游客的历史行为和喜好推荐旅游路线和活动。

此外，智慧旅游还能够有效地帮助旅游管理者优化资源配置，提高应急响应速度和服务质量。例如，通过分析游客流量数据，管理者可以合理调配景区资源，避免过度拥挤；在遇到紧急情况时，能够迅速采取措施，确保游客安全。智慧旅游不仅能为游客带来更加丰富和便捷的旅游体验，也能为旅游业的可持续发展提供新的动力和可能。

智慧旅游的技术是以计算机、信息论、控制论、自动化、生物学、仿生学、心理学和哲学等多门学科交织而成的科学。智慧旅游不是一种旅游形态，而是将云计算、物联网等技术嵌入旅游行业中，达到旅游信息基础架构与高度整合的旅游基础设施的完美融合。智慧旅游的目标是让旅游业的运转更加智能化，采用现代信息技术手段，以更智慧的方法通过利用新一代信息技术来改变旅游者、旅游目的地机构、旅行社等角色之间相互交互的方式，以全面的互联互通、透彻的感知让旅游更高效和便捷。

支撑智慧旅游的关键技术涉及数据感知技术、网络传输技术、智能处理技术、电子信息技术、地理信息系统（GIS）技术、全球定位系统（GPS）技术、物联网（IOT）技术、数据库（DB）技术、数据挖掘（DM）技术、决策支持（DSS）技术、虚拟现实（VR）技术等。这些技术为整个系统提供技术支撑。这些技术体现于智能终端、无线通信设施、视频监控、用户端界面、服务器服务等。其中，智能处理技术触及云计算、物联网、移动商务等目前计算机行业热点技术。智慧旅游示意图见图 9-21。

图 9-21 智慧旅游示意图

2011 年，南京、苏州、无锡、常州、南通、扬州、镇江 7 市共同发起建立全省智慧旅游城市联盟的倡议，并着力推进智慧旅游城市群的建设试点工作。2012 年，北京、武汉、福州、大连等 18 个城市入选首批"国家智慧旅游试点城市"，随后国家旅游局又确定天津、广州、杭州等 15 个城市为第二批"国家智慧旅游试点城市"，2023 年文化和旅游部公布第一批全国智慧旅游沉浸式体验新空间培育试点名单，为各地区实现智慧旅游建设提供了榜样效应。

智慧旅游的建设与发展最终将体现在旅游管理、旅游服务和旅游营销三个层面。从使用者的角度出发，智慧旅游主要包括导航、导游、导览和导购（简称"四导"）四个基本功能。

（1）导航。

导航可以帮助人们在地面上或空中确定自己的位置并规划行进路线。在智慧旅游中，导航技术的应用非常广泛。游客可以通过智能手机或其他移动设备上的导航应用来探索目的地，这些应用能够提供详细的步行、骑行或驾车路线，帮助游客轻松到达想要访问的地点。此外，导航技术还可以与其他旅游相关的服务相结合，如提供附近餐厅、酒店、景点等的信息，从而增强旅游体验。导航功能示意图见图9-22。

图9-22　导航功能示意图

（2）导游。

智慧导游是一种利用人工智能技术和自然语言处理技术开发的导游服务系统，它能够模拟真实导游的行为和功能，为游客提供智能化的讲解服务。

智慧导游的出现，是为了解决传统导游服务中存在的问题，如人力资源不足、服务质量不稳定等。通过使用智慧导游，游客可以获得更加个性化、准确且丰富的旅游体验。

具体来说，智慧导游的主要功能包括：

1）智能讲解：智慧导游能够根据游客的位置和兴趣点，自动提供相关的讲解内容，包括历史背景、文化特色等。

2）多语种支持：智慧导游通常支持多种语言，能够满足来自不同国家和地区游客的需求。

3）实时互动：游客可以通过语音或文字与智慧导游进行交互，提出问题并获得即时的回答。

4）个性化推荐：智慧导游可以根据游客的喜好和行为，推荐适合他们的旅游路线、活动和餐饮等。

5）离线模式：即使在没有网络连接的情况下，智慧导游也能够提供服务，这在偏远地区或网络信号不佳的地方非常有用。

总之，智慧导游是一种结合了人工智能和旅游服务的创新应用，它不仅提高了导游服务的效率和质量，也为游客提供了更加便捷和丰富的旅游体验。随着技术的不断进步和应用，智慧导游有望在旅游业中发挥更大的作用。

手机导游功能示意图见图9-23。

（3）导览。

智慧导览是一种结合了人工智能、物联网、大数据分析等现代技术的导览服务，旨在

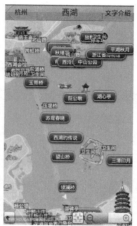

图 9 - 23 手机导游功能示意图

为游客提供更加智能化、个性化的旅游体验。

与传统的导览服务相比，智慧导览具有以下特点：

1）多媒体展示：智慧导览可以利用虚拟现实（VR）、增强现实（AR）等技术，为游客提供沉浸式的参观体验。

2）智能导航：智慧导览可以为游客提供精确的导航服务，帮助他们轻松找到目的地并规划最佳行进路线。

3）信息丰富：智慧导览系统可以集成大量的旅游信息，包括景点介绍、历史文化背景、交通住宿等，方便游客随时查询。

4）社交分享：游客可以通过智慧导览系统分享自己的旅游经历和照片，与朋友和家人保持联系。

5）互动性强：游客可以通过智慧导览与景点进行互动，如扫描二维码获取详细信息、参与问答游戏等。

6）实时更新：智慧导览能够实时更新信息，如天气变化、排队情况等，帮助游客优化行程。

智慧导览是一种融合了传统导览服务和现代科技的新型服务模式，它不仅提高了导览的效率和质量，也为游客提供了更加便捷和丰富的旅游体验。随着技术的不断进步和应用，智慧导览有望在旅游业中发挥更大的作用。

旅游者点击（触摸）感兴趣的对象（景点、酒店、餐馆、娱乐、车站、活动等），可以获得关于兴趣点的位置、文字、图片、视频、使用者的评价等信息，深入了解兴趣点的详细情况。

导览相当于一个导游员。我国一些旅游景点不允许导游员高声讲解，而是配备数字导览设备供游客租用。智慧导览则像是一个自助导游员，有比导游员更多的信息来源，如文字、图片、视频和3D虚拟现实，戴上耳机就能让手机/平板电脑替代数字导览设备，这样游客就无须再租用这类设备了。

利用导览功能还可建设一个虚拟旅行模块，只要提交起点和终点的位置，即可获得最佳路线建议（也可以自己选择路线），推荐景点和酒店，提供沿途主要的景点、酒店、餐馆、娱乐、车站、活动等资料。如果认可某条线路，则可以将资料打印出来，或储存在系统里随时调用。手机导览功能示意图见图9-24。

图9-24　手机导览功能示意图

（4）导购。

旅游智慧导购是一种融合了人工智能、大数据分析、移动互联网等技术的旅游服务，旨在提供个性化的购物建议和优惠信息。旅游智慧导购解决了传统旅游购物中存在的问题，如信息不对称、服务质量不稳定等。通过使用旅游智慧导购，游客可以获得更加便捷、高效且个性化的购物体验。

经过全面而深入的在线了解和分析，旅游者便可以决定自己的需要，可以直接在线预订（客房/票务），也可以在线订购具有当地特色的旅游产品和纪念品。手机导购功能示意图见图9-25。

由于是利用移动互联网，因此游客可以随时随地进行预订。加上安全的网上支付平台，就可以随时随地改变和制定下一步的旅游行程，而不浪费时间和精力，也不会错过一些精彩的景点与活动，甚至能够寻找到一些志同道合的朋友参与自己的行程和活动。

4. 旅游电子商务直播

旅游电子商务直播是指通过直播平台，将旅游产品和服务实时展示给消费者，让消费者可以在线上购买旅游产品、参与旅游活动，并享受到旅游体验的新型商务运作模式。

旅游电子商务直播综合旅游、电子商务和直播各项技术，利用直播平台实时展示、推荐和销售旅游目的地、景点、旅游商品或服务，吸引观众并实现在线交易。旅游电子商务直播模式的出现，是为了适应当前消费者越来越倾向于在线购物和体验的趋势。通过旅游电子商务直播，商家能够直观地展示他们的产品和服务，与潜在客户实时互动，提高销售转化率。

旅游电子商务直播具有显著的优势。首先，直播间中的旅游商品通常具有较高的性价

图 9－25　手机导购功能示意图

比，而且产品的信息与功能通过直播讲解和展示，使产品价值体现得更直观，提升了消费者购买产品和服务的兴趣。其次，利用平台影响力和主播知名度，可以促进产品销售，增加旅游商品的销售量，显著提升营销效果。此外，预售商品订单的方式还可以帮助预判未来市场，满足消费者对文旅产品的新鲜感、体验感、互动性的需求。

为了进行一场成功的旅游电子商务直播，需要进行充分的筹备。首先，需要确定直播的预期目标、参与人员、相关负责人，以及整体预算。同时，人员配置也非常重要，包括主播、运营（小助理、场控、总控）等角色。场地选择也是一个关键环节，需要提前踩点，确保直播背景美观，画面清晰完整，且光线充足。

在直播前，还需要准备一系列话术，包括产品卖点、价格优势、折扣力度、规则简介、商家简介等，以确保直播过程中能够流畅地介绍产品。此外，还需要准备好直播的产品清单、整体流程的脚本等，以确保直播能够按照计划顺利进行。

总之，旅游电子商务直播是一种有效的销售和推广方式，通过结合旅游、电子商务和直播技术，能够提升消费者购买兴趣，促进产品销售，并满足消费者对文旅产品的新鲜感、体验感、互动性的需求。

旅游电子商务直播的特点主要有：

（1）实时展示：商家可以通过直播向观众展示旅游景点、酒店、餐厅等的实际情况，提高透明度和信任度。

（2）互动性强：观众可以通过直播平台与商家进行实时互动，提问、评论或参与抽奖等。

（3）在线交易：观众可以在观看直播的同时，直接在平台上完成预订或购买，方便快捷。

（4）个性化推荐：根据观众的行为和偏好，直播平台可以提供个性化的推荐，增加购买的可能性。

（5）数据分析：商家可以通过直播平台收集到的数据进行分析，了解观众的行为和需求，优化产品和服务。

旅游电子商务直播是一种创新的营销方式，它结合了直播的实时性和电子商务的便捷性，为旅游业带来了新的机遇和挑战（见图 9-26）。

图 9-26　旅游电子商务直播

5. 掌上旅游

随着移动通信和互联网技术的迅速发展，基于移动互联网的移动电子商务成为当前电子商务领域的热点。相对于传统电子商务，移动电子商务增加了移动性和终端的多样性。现在，越来越多的人使用智能手机，应势而生的多样化旅游应用也如雨后春笋般出现，让智能手机变身为旅游者的"贴心导游"，帮助他们安排行程、预订酒店等。旅游移动电子商务能完全根据旅游者的个性化需求和偏好，控制旅游服务提供的方式，随时随地获取、选择所需的服务和信息，选择和变更旅游线路，更好地满足游客个性化需求，提升游客满意度。

图 9-27 是旅游软件在手机终端上的工作界面。

目前，移动终端上的旅行应用程序呈快速发展态势，这在很大程度上是因为智能手机上 GPS 导航等功能的普及。以前，旅游者到了一个陌生的城市，如果他想找一家当地特色餐厅就餐，他就需要输入起始地址。而现在，智能手机能够自动识别其当前所处的位置，并据此提供用户需要的信息。

在国外，在线旅游线路和行程计划网站 TripIt 针对 iPhone 手机推出的应用软件 TripIt，可以在旅游者的手机中显示他们的旅行路线详情，令所有的旅行计划都能触手可及。用于定位的应用程序则借助 GPS 导航技术为用户提供其所处环境附近的酒店和出租车服务等信息，方便用户找到最合适的服务。用户可以利用全球定位系统找到附近的一家餐厅，搜索和浏览本地饭店信息，并对比挑选餐厅，而且能够参考报纸、博客和其他食客的评价。

在国内，随着移动互联网的普及和智能手机的广泛使用，越来越多的专业旅游软件实现在手机终端上运营，以满足消费者日益增长的旅游需求和便利性要求。这些旅游应用程序涵盖了各种旅游服务和功能，如旅游攻略、景点介绍、酒店预订、交通导航、旅游社交等，为用户提供了全方位、一站式的旅游体验。

图 9 - 27　旅游软件在手机终端上的工作界面

一些知名的旅游应用程序包括携程、去哪儿、途牛、马蜂窝等也开发了在移动终端上的应用。例如，携程旅行网手机应用程序提供了酒店预订、机票购买、景点门票购买、旅游度假等全方位服务，去哪儿网手机应用程序可以帮助用户搜索并比较各类旅游产品，包括酒店、机票、景点门票等，途牛网手机应用程序为用户提供了丰富的旅游线路和定制服务，马蜂窝可以在其手机应用程序上分享旅行经验、查看景点攻略、参与旅游活动等。在选择性上，旅游者可以组合使用百度地图、去哪儿、大众点评等功能，实现订酒店、查地图、买门票、找饭店以及了解景点信息等。

这些旅游应用程序的出现，不仅为用户提供了更加便捷、个性化的旅游服务，也促进了旅游业的移动化、数字化、智能化发展。

常见于移动终端的旅游应用程序，如表 9 - 1 所示。

表 9 - 1　常见于移动终端的旅游应用程序

类别	程序名称	内容简介和特色介绍
游记	蝉游记	蝉游记既是制作游记的工具，又是数万游记作者合力撰写、实时更新的旅行口袋书
	面包旅行	面包旅行是一款记录旅行轨迹、图文并茂地分享旅行见闻、完整生成游记的旅行社交 App
旅行计划	必应旅行	必应旅行能够综合所有的选择来判断航班的最佳时间、航班的最低价格以及最适合的宾馆，可以为旅行者做出明智的辅助旅行决策
	在路上	可以用手机直播旅行，完整记录旅行线路，同步分享微博论坛，实现自驾游、自助游、骑行等户外、徒步方式的旅行记录
	TripIt	能为旅行者提供舒适的旅行计划，用更简单的方法来组织和分享游客的旅行

续表

类别	程序名称	内容简介和特色介绍
攻略	悠哉旅游	这个软件更像是一个预订助手软件加出行指南软件的结合体，很有特色
	百度旅游	这个软件包括了很多景点的旅游攻略，查看起来比较方便
	穷游锦囊	这是一个更新很快的旅行攻略，是游客自助旅游的首选，这里的忠告都来自经验丰富的游客们，而且提供大家自行绘制的地图，包括重要的境外自助游景点、地标和街道
酒店、机票	飞猪	飞猪是阿里巴巴旗下的一站式旅游出行服务平台。飞猪整合多家机票代理商、航空公司、旅行社、旅行代理商资源，为旅游者提供国内外机票、酒店客栈、旅游、度假、景点门票、邮轮、租车、签证和团购等服务
	去哪儿	提供国内外特价机票、酒店、旅游度假、景点门票等产品一站式预订服务；可以实时搜索比价，提供 7×24 小时预订服务
	艺龙旅行	是比较领先的在线旅行服务提供商，提供全球几十万家酒店预订服务，并提供返现和折扣
手机导航	图吧导航	是图吧科技为手机用户开发的专业地图导航软件，具有地图更新速度快、免费和语音化导航等特点
	SOSO 手机地图	是腾讯公司提供的手机地图软件。游客可以查询商家、小区的地址，也可以寻找离自己最近的餐馆、酒店、银行、公园，还可以规划公交或驾车路线
	凯立德	凯立德移动导航系统路况版不仅继承了凯立德专业级的导航性能，还提供了在手机终端上的精准的全国导航地图，精度高、速度快
美食	大众点评	提供国内城市消费指南，包括餐馆、美食、购物、休闲娱乐、生活服务、活动优惠、打折信息等，是领先的本地搜索门户
	美食天下	美食天下为游客提供美食相册、美食图片等详细信息
记账	随手记	随手记为游客提供旅游预算，提醒有效控制开支，动态图文报表帮助游客了解开支情况
	DailyCost	DailyCost 是一款简洁优雅的每日消费随记应用程序。它拥有自然的操作体验和漂亮的统计图表，是一款有特色的旅游记账软件
拍照	百度魔拍	能实现眨眼自拍，还可以为拍摄对象美肤、嫩白、瘦脸、亮眼、祛痘……各种功能一键达成
	美图秀秀	是一款很好用的免费图片处理软件，具有独特的图片特效、美容、拼图、场景、边框、饰品等功能，还能将照片一键分享到新浪微博等网络中
	相机 360	是一款功能强大的手机照相软件，主要分为六种拍摄模式，提供了近 30 种拍摄效果供用户选择
通信	微信	微信是腾讯公司推出的一个为智能手机提供即时通信服务的免费应用程序。游客可以通过网络快速发送免费（需消耗少量网络流量）语音短信、视频、图片和文字，实现旅游信息的分享
	手机 QQ	手机 QQ 是腾讯公司开发的软件，具有在线聊天、视频电话、点对点断点续传文件、共享文件、网络硬盘、自定义面板、QQ 邮箱等多种功能，并可与移动通信终端等多种通信方式相连

6. 人工智能

人工智能（Artificial Intelligence，AI），是研究、开发用于模拟、延伸和扩展人的智能的理论、方法、技术及应用系统的一门新的技术科学。人工智能是新一轮科技革命和产业变革的重要驱动力量。它是一门集合了多个学科的技术，使计算机和机器能够模仿人类智能行为，如学习、理解语言、识别物体和做出决策的技术。它通过算法和大量数据来训练机器执行复杂任务，广泛应用于医疗、交通、旅游等领域，正在深刻改变我们的工作和生活方式。

人工智能技术在旅游电子商务中有多种实际应用，以下是一些具体的应用案例：

（1）定制化旅行行程：AI技术能够根据旅客的兴趣、预算和行为习惯快速制订个性化的旅行计划。通过分析用户的搜索历史和预订记录，AI可以推荐符合用户偏好的目的地、酒店、活动和餐厅。

（2）提高服务效率：AI可以帮助传统旅行代理商提高工作效率，如自动处理常见的查询和预订请求，让旅行顾问有更多时间专注于提供复杂的咨询服务。

（3）智能客服：在客户支持方面，AI驱动的聊天机器人可以提供24小时×7天的服务，解答旅客的问题，处理退款和改签等请求，从而提高客户满意度。

（4）个性化推荐：AI系统可以根据用户之前的预订行为或最近的旅行计划，推荐相关的辅助服务，如旅游保险、交通工具租赁、当地体验活动等。

（5）语言处理和翻译服务：AI技术在语言处理方面的进步，使得旅游电子商务平台能够提供实时翻译服务，帮助跨越语言障碍，提升国际旅客的体验。

（6）图像识别：AI的图像识别能力可以用于改善用户体验，如旅客可以通过上传照片来搜索相似的景点或酒店。

（7）市场趋势分析：AI能够分析大量的数据，帮助旅游企业洞察市场趋势，优化产品和服务，更好地满足消费者需求。

（8）虚拟助手：AI虚拟助手可以帮助旅客在旅行前、中、后各阶段提供信息和帮助，如行程提醒、天气预报、当地指南等。

（9）预测分析：通过对历史数据的分析，AI可以预测未来的旅游趋势，帮助企业做出更有针对性的营销策略。

（10）用户体验优化：AI可以通过分析用户互动数据来优化网站界面设计，提高用户找到所需信息的速度和准确性。

（11）语音搜索和助手：随着智能音箱和语音助手的普及，旅客可以通过语音命令来搜索信息、预订服务，使得旅游电子商务更加便捷。

综上所述，人工智能技术正在旅游业中扮演着越来越重要的角色，从旅行规划到客户服务，AI正逐渐嵌入旅游业的方方面面，为旅客和企业带来更高效、个性化和安全的旅游体验。随着技术的不断进步，未来AI在旅游电子商务中的应用将会更加广泛和深入。

目前，国内AI工具种类繁多，涵盖了从绘画到写作，再到图像和语音识别等多个领域。以下是一些有代表性的AI工具（见图9-28）：

（1）讯飞星火认知大模型。它是由科大讯飞自主研发的认知智能大模型，通过学习海量的文本、代码和图像，具备跨领域的知识和语言理解能力，能基于自然对话方式理解和执行任务。

（2）文心一言。它是百度推出的一款人工智能大语言模型。这款模型具备与人对话互动、回答问题以及协助创作等能力，能够高效便捷地帮助用户获取信息、知识和灵感。

（3）通义千问。它是阿里云推出的一个超大规模的语言模型，具备多轮对话、文案创作、逻辑推理、多模态理解以及多语言支持等多种功能。该模型能够与人类进行多轮交互，并理解多种形式的知识，包括文字、图像等。

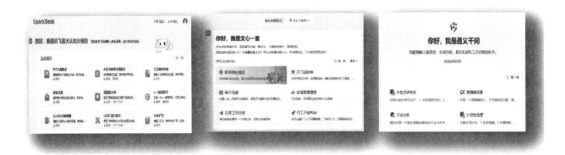

图 9 - 28　代表性 AI 软件的主界面

司马逍遥经过一番学习和分析，他明显感觉到，随着科技的迅猛发展，旅游业正经历一场变革。新技术不仅极大地丰富了游客的旅行体验、提高了旅游业务的运作效率，还推动了整个旅游行业向可持续发展的方向前进。那么，有哪些新技术会对旅游电子商务产生重大影响呢？经过梳理，司马逍遥总结了以下几类对旅游电子商务产生重大影响的关键技术：

（1）数字化转型技术。

旅游业正在经历数字化转型，这包括在线预订、移动应用、自助服务和社交媒体的使用。这些技术提高了效率，改善了客户体验，并为企业提供了大量数据，以更好地理解和满足客户需求。

（2）人工智能技术。

人工智能技术通过个性化推荐、智能客服和自动化流程，提升了服务的相关性和响应速度。AI 还能够分析大量数据，帮助旅游企业优化定价策略和市场推广活动。

（3）虚拟现实（VR）和增强现实（AR）技术。

VR 和 AR 为旅游体验增添了趣味性和互动性，允许游客在实际出行前"预览"目的地或在旅途中通过叠加信息增强现实感。这些技术有助于提升预期和满意度，但也面临设备成本和用户接受度的挑战。

（4）物联网（IoT）技术。

在旅游业中，IoT 可以用于智能酒店房间、机场导航、流量监控和资源管理。IoT 设备收集的数据有助于优化运营和增强客户体验。

（5）区块链技术。

区块链技术在旅游业中的应用包括安全支付、旅客身份验证、供应链管理和忠诚度计划。它提供了更高的透明度和安全性，但仍处于早期阶段，需要更多的行业合作和标准化。

（6）大数据分析技术。

大数据分析帮助旅游企业理解市场趋势、客户行为和运营效率。通过数据驱动的决策，企业能够提供更加定制化的服务和改进营销策略。

（7）云计算技术。

云计算使得旅游企业能够更灵活地访问和共享资源，降低了信息技术 IT 的成本，提高了数据处理能力和业务连续性。

（8）可持续技术和生态旅游。

随着对环境保护的关注日益增加，可持续技术在旅游业中变得更加重要。这包括使用可再生能源、减少废物和碳足迹以及保护自然和文化遗产。

总之，新技术对旅游业产生了深远的影响，它们不仅改变了消费者的旅游方式和体验，也为业内企业带来了新的挑战和机遇。随着技术的不断进步，预计未来旅游业将继续朝着更加智能化、个性化和可持续化的方向发展。

项目小结

通过本项目的学习，司马逍遥对旅游电子商务的新技术有了一定的了解。这些新技术为旅游电子商务带来了很多实际应用价值，并成为旅游电子商务发展的助推器。司马逍遥对旅游电子商务未来的发展充满了信心。

想一想

1. 虚拟旅游使用了哪些技术？你是怎么看待虚拟旅游的？
2. 移动终端的旅游应用有哪些？你使用过吗？有什么应用感受？

拓展阅读

人工智能技术在电子商务领域的发展应用

随着互联网技术的不断发展和普及，电子商务行业已经成为商业模式的主流之一。在这个领域的运营过程中，AI 的应用促成了一场前所未有的变革，人工智能已成为电子商务发展的最大驱动力并逐渐成为商业领域中的一种顶端技术。近几年，我国电子商务行业得到迅速发展，给消费者的生活带来极大的变革。为了提升购物效率、提高购物满意度，各个电子商务平台也在不断探索、积极创新，以寻求更大的空间来满足消费者的需求。智能电商时代，人工智能技术可以在商品识别、客群分析、库存管理、收益管理、全域营销、物流路径规划等各个细分领域广泛应用，提升了消费者购物体验和企业的盈利能力，实现消费体验和生产效能的"双提升"。因此，人工智能技术在电子商务中的融合与应用，为其开辟了新的发展思路与模式，为电子商务行业机制提升提供了全新的可能。

伴随着人工智能技术在电商领域的积极探索和创新，目前人工智能在电子商务领域的应用主要体现在以下几个方面：

1. 客户服务应用

电子商务领域特别关注用户体验。智能助理和聊天机器人可以为用户提供自助服务、语音问答、智能客服代替人工客服等服务，来满足用户的需求，提升用户对品牌的认知度和忠诚度。同时能够让订单流程自动化，降低成本，并能够提供 24 小时×7 天的客户服务，收集有价值数据的同时进行客户追踪，响应客户的询问，为用户进行产品推荐。如阿里巴巴推出了天猫精灵和阿里助手。天猫精灵让用户以通用语言对话的交互方式，实现影音娱乐、购物、信息查询、生活服务等功能操作，成为消费者的家庭帮手。

总之，人工智能技术在电子商务中的客户服务应用，可以为客户提供更加个性化、便捷和高效的服务体验，进而提高客户的满意度和忠诚度。

2. 智能推荐系统应用

智能推荐系统通过利用深度学习算法，在海量数据集的基础上分析消费者日常搜索、浏览与购买行为，挖掘用户喜好，预测客户的兴趣和偏好筛选产品并进行推荐，从而优化购物体验，提升转化率，使推荐更加个性化。比如：

（1）数据挖掘技术：通过对用户历史搜索行为和购物偏好的大数据进行深度挖掘，探究消费者的兴趣和需求，为用户推荐个性化的商品或服务。

（2）机器学习技术：通过对用户历史行为和偏好的数据进行学习，建立用户兴趣模型，为用户推荐更加准确的商品或服务。

（3）自然语言处理技术：通过对用户的搜索关键词、商品描述等文本信息进行分析和处理，为用户推荐更加符合其需求的商品或服务。

（4）图像识别技术：通过对商品图片进行识别和分析，为用户推荐更加符合其需求的商品或服务。如淘宝利用深度学习等技术向消费者智能地推荐个性化的商品。当你在淘宝浏览商品时，网站会根据消费者平日的历史搜索记录和曾经浏览过的关键词等信息推荐个性化的商品或内容，这就是常见的引擎推荐技术。它基于消费者的行为、属性，通过算法分析发现他们当前或潜在的需求，从而为消费者推送精准信息，为电商经营赋能。

3. 智能仓储

人工智能技术在优化物流仓储管理方面也有着重要作用。通过人工智能技术和智能化机器的使用，实现系统自动化、无人化作业。通过深度学习和数据分析，机器可以判断商品未来销量、评估现有库存状况，从而为电商企业输出最优库存方案，对库存进行智能预测和动态调整。

4. 货物智能分拣

随着电商行业规模的不断增长，我国物流行业配送范围迅速拓展，快递分拣呈现出小批量、多品种的特点。目前国内仓储仍以人工走动分拣为主。一名分拣员为了完成一个消费者订单，经常需要在动辄数万平方米的仓库内长距离走动，非常辛苦且效率不高。智能分拣技术，研发智能波次创建、AI 仓库建模等功能，通过 AI 算法，让拣货波次聚合度更高、路径更短；真实还原货区货位，将拣货路径精确到厘米，使得货物分拣更加及时、准确，提高拣货效率。比如菜鸟的自动化仓库运行和交付流程，实现了中国仓储智能化的新突破。智能分拣就像给快递箱装上了智能的手脚，能引导它们自己去相应的货架拣选货品。这样一来，拣货效率和准确率提高了不少。

5. 重新定位潜在客户，构建用户画像

通过人脸识别、AI 大数据分析等方式，记录消费者的行动和消费轨迹。通过数据分析，可以对用户的群体特征、心理认知、行为和需求等进行细分，定义和构建用户画像。一方面，AI 赋能下的用户画像能够帮助商家精准锁定目标用户，为消费者提供更优质的服务和购买体验；另一方面，也可以帮助商家明晰产品定位，厘清功能定位、市场定位，推动商家不断调整产品设计和推广方式。

6. 风险控制，过滤虚假评论

在电子商务领域中，风险控制是一项必备的工作，它可以帮助电商平台减少欺诈交易，有效降低电商平台的交易风险，保障销售和用户的权益，提升用户的安全感和满意度。例如支付宝的欺诈分析系统通过分析用户的交易行为、支付信息、关联设备等，来识别潜在的欺诈行为。所以，电商平台可以利用人工智能，加强验证和筛选有用评论来抵制恶意营销。

7. 图片智能搜索和识别

用户主要通过搜索建立电商平台的商品展示与自身需求的直接联系。通过计算机视觉和深度学习技术，消费者只需将商品图片一键上传，人工智能能够自动解析商品的规格、颜色、款式、品牌及其他的特征，从而为消费者提供同款或相似商品的销售入口，提高客户的参与度和留存度。图片搜索的应用，建立了商品从线下到线上的关联，极大缩短了消费者搜索商品的时间，降低了用户的时间成本，提高了消费者的用户体验度。

8. 商品智能动态定价

互联网新时代背景下，用户的数据实时产生，要想在日趋激烈的市场竞争中立于不败之地，商品价格必定要随着市场起伏迅速做出调整，商家需要制定随之变化的动态商品价格，而借助先进的人工智能技术，能够通过持续评估市场动态以提出更准确的价格建议和销售预测，达到促进销售、提升利润的目的，减轻商家的成本压力。

资料来源：郑达静.人工智能技术在电子商务领域的发展应用与研究.经济管理，2024（1）.

练一练

一、单项选择题

1. 虚拟现实（VR）技术在旅游业中主要用于（　　）。

A. 实时导航服务

B. 通过三维图像模拟实际旅游环境

C. 增加旅游产品的营销渠道

D. 提供在线预订服务

2. 虚拟旅游与传统实地旅游相比，（　　）是其主要优势。

A. 提供更加丰富的社交互动机会

B. 节省旅行时间和成本

C. 完全取代了实地旅游的需求

D. 为无法亲自前往的地点提供了访问可能

3. 数字地图对于旅游业有哪些潜在的好处？（　　　）

A. 增加旅游目的地的拥堵情况

B. 限制了用户的探索自由

C. 提高了规划和导航的效率

D. 减少了对纸质地图的需求

4. 旅游电子商务直播主要通过（　　　）进行。

A. 社交媒体　　　　B. 电视广告　　　　C. 传统旅行社　　　　D. 旅游展会

5. 旅游电子商务直播对于旅游业提供的主要优势是（　　　）。

A. 增加了旅游目的地的拥堵情况

B. 限制了用户的选择自由

C. 提高了销售转化率和客户参与度

D. 减少了旅游产品的多样性

二、名词解释

1. 虚拟旅游。

2. 智慧旅游。

3. 数字地图。

4. 元宇宙。

三、简答题

1. 目前出现了哪些旅游电子商务新技术？

2. 你认为旅游电子商务新技术能够推动旅游电子商务的发展吗？为什么？

3. 简要分析新技术对旅游电子商务产生的重大影响。

实践与实训

旅游电子商务的新发展

【实训目的】

1. 通过实训了解虚拟旅游、元宇宙、数字地图等新技术的基本概念。

2. 了解国内目前比较知名的旅游电子商务网站的新技术应用情况，并进行旅游电子商务的实际操作和体验。

【实训步骤】

1. 打开浏览器，在百度网站的"知道"和"百科"栏目查阅有关虚拟旅游的相关链接。

2. 打开浏览器，在百度的"知道"和"百科"栏目查阅有关元宇宙的相关知识点。

3. 打开浏览器，在百度的"知道"和"百科"栏目查阅有关数字地图的相关知识点。

4. 用自己的手机下载高德或百度导航 App，实际体验电子地图导航的功能，并设计从一个目的地（如：你所在学校）到另一个目的地（如：你的家）的路线规划，评估你认为性价比最好的路线。

5. 参考本项目介绍的司马逍遥游览希壤官网的过程，自己动手实际体验虚拟旅游和元宇宙。

6. 打开浏览器，搜索"讯飞星火认知大模型"，进入讯飞星火认知大模型网站，输入"帮我设计一个实用的旅游方案"，体验人工智能辅助旅游的实际效果。

【实训报告】

1. 根据本次实训的内容，写出实训的具体过程。

2. 阐述实训结果，总结实训体会，并对实训结果进行分析。

知识拓展链接

全景客网站（见图 9-29）实现了三维全景体验式旅游。它利用先进的虚拟现实技术，以高清晰、实景、三维、立体的效果，展现旅游目的地的风光美景、人文风情，实现景区内虚拟"行走"，带给用户身临其境的真实感受。游客足不出户，即可实景游遍天下。网友可以自拍、自传、分享全景照片，共同打造全球化的全景社区网络。此外，该网站还配备了多款旅游手机应用"全景游"系列软件，实现了"一机在手，全景游天下"。

图 9-29　全景客网站首页

尾声

司马逍遥的旅游电子商务探索之旅已经走过了九个阶段，他从旅游电子商务的基本认知到旅游电子商务的新发展，逐层修炼，对这个神奇的领域始终充满了好奇和热情。通过九层修炼，至此，司马逍遥结束了旅游电子商务探索的传奇之旅，已经成长为对旅游电子商务不再陌生的小工匠。

九层修炼，仿佛一段史诗般的旅程，司马逍遥在其中不仅磨砺了技艺，更锤炼了意志。他如同一位勇敢的登山者，攀登着险峻的山峰，越过一道道难关，只为登上那巅峰，俯瞰那更为广阔的天地。每一层修炼，都如同一次心灵的洗礼，让他对旅游电子商务有了更为深刻的理解与感悟。

老师的教诲，如同晨钟暮鼓，时刻提醒着司马逍遥前行的方向。学期结束时，老师那句"路漫漫其修远兮，山外有山，人外有人"的话语，让他始终保持谦逊与敬畏之心。他知道，自己的修炼之路还远未结束，前方还有更多的高峰等待他去攀登，更多的未知等待他去探索。

在九层的修炼中，司马逍遥不仅积累了丰富的旅游电子商务理论知识，更通过实践锻炼了自己的能力。他深知，只有将理论与实践相结合，才能真正掌握旅游电子商务的精髓。因此，他不断将所学的理论知识运用到实践中，通过不断的尝试与总结，不断提升自己的能力与水平。

司马逍遥带着老师的教诲和所掌握的旅游电子商务知识与技能，对自己在旅游电子商务的未来之路充满信心。我们也期待着他学有所成后，在旅游电子商务行业中能取得不俗的业绩……

参考文献

1. 加里·施奈德．电子商务［M］．张俊梅，袁勤位，杨欣悦，等译．北京：机械工业出版社，2020．

2. 张琼．旅游电子商务［M］．2版．北京：旅游教育出版社，2018．

3. 赵立群，贾静．旅游电子商务［M］．2版．北京：清华大学出版社，2020．

4. 黄莺．新时代旅游电子商务发展的问题与对策［J］．全国流通经济，2023（19）．

5. 张慧敏，费佳妹．数字经济赋能延边朝鲜族自治州旅游电子商务发展路径研究［J］．商场现代化，2023（11）．

6. 覃正达．广西旅游电子商务发展现状及对策研究［J］．市场论坛，2023（6）．

7. 刘瑞，李博，侯霁洋．吉林省旅游电子商务发展研究［J］．河北企业，2023（2）．

8. 朱彬．专创融合教育理念下旅游电子商务课程教学创新研究［J］．财经界，2022（35）．

9. 陈艳．乡村旅游电子商务人才培养思考［J］．旅游纵览，2022（20）．

10. 余艳，郭盛晖．乡村旅游电子商务人才培养思考［J］．旅游纵览，2022（17）．

11. 杨韬．我国乡村旅游电子商务发展现状研究［J］．旅游纵览，2022（8）．

12. 张保国．我国旅游电子商务发展的现状及改善措施探讨［J］．旅游与摄影，2021（20）．

13. Isaeva Dinara，李旭芳．中国旅游电子商务发展现状分析［J］．物流科技，2021，44（5）．

14. 朱康波，邬关荣．旅游电子商务对旅游业影响的分析［J］．物流科技，2021，44（5）．

15. 甘子琴．基于在线评论挖掘的旅游电子商务服务质量研究：以"携程旅行网"为例［J］．中国集体经济，2021（13）．

16. 谢健民．我国旅游电子商务发展现状及对策探究［J］．当代旅游，2021，19（9）．

17. 李莜．大数据时代乡村旅游电子商务发展路径简析［J］．大众标准化，2021（6）．

18. 韩晔．河北省旅游电子商务发展研究［J］．西部皮革，2021，43（3）．

19. 艾贵玉，陈莲，陆高凤，等．大数据时代乡村旅游电子商务的发展路径［J］．投资与合作，2021（1）．

20. 王璐．旅游电子商务发展对策［J］．当代旅游，2020，18（36）．

21. 闫利娜，林婧．我国旅游电子商务发展的现状、问题与应对策略分析［J］．中小企业管理与科技（上旬刊），2020（12）．

22. 栾昱辉，常虹．乡村振兴背景下贵州乡村旅游电子商务发展探析［J］．黑龙江粮食，2020（10）．

23. 王婷. 乡村旅游电子商务发展与网络系统构建研究 [J]. 营销界，2020（39）.

24. 陈加明. 旅游电子商务背景下基于选择团队游与散客出行考虑探究 [J]. 科学咨询（科技·管理），2020（8）.

25. 陈郅铭. 乡村振兴背景下贵州乡村旅游电子商务发展探析 [J]. 广西质量监督导报，2020（4）.

旅游电子商务：是指以网络为主体，以旅游信息库、电子化工具为基础，利用先进的计算机技术、网络技术、通信技术等手段运作旅游业及其分销系统的商务体系。

旅游电子商务平台：是专业的旅游买卖电子交易市场，它汇集了大量的旅游者、旅游企业及旅游相关行业企业。

B2C（Business to Consumer）：企业与消费者之间的电子商务，企业通过网络销售产品或服务给个人消费者的电子商务形式。

B2B（Business to Business）：企业与企业之间的电子商务，主要是针对企业内部以及企业与上下游协作企业之间的信息整合，并在互联网上进行企业之间贸易活动的交易形式。

C2C（Consumer to Consumer）：消费者与消费者之间的电子商务，是指消费者与消费者之间的互动交易行为，这种交易方式通常以拍卖或者竞价等形式出现。

C2B（Consumer to Business）：消费者与企业之间的电子商务，是一种创新型的电子商务模式，它不同于传统的 B2C 模式中的供应商主导商品的形式。C2B 是以消费者为出发点汇集具有相似或相同需求的消费者，形成一个特殊消费群体，经过集体议价，以达到购买数量越多、价格相对越低的商务目的。

O2O（Online to Offline）：是指将线下的商务机会与互联网结合，让互联网成为线下交易的平台。该模式将互联网和传统实体商业相结合，利用在线渠道吸引消费者，然后引导他们到线下实体店铺进行消费或服务的模式。

顾客价值：企业提供给顾客差异化或低成本的产品和服务时，为顾客所带来的价值。

计算机网络：是指将地理位置不同的、具有独立功能的多台计算机及其外部设备，通过通信线路连接起来，在网络操作系统、网络管理软件及网络通信协议的管理和协调下，实现资源共享和信息传递的计算机系统。

网络协议：为使各计算机之间或计算机与终端之间能正确地传输信息，在关于信息传输顺序、信息格式和信息内容等方面的约定或规定。

TCP/IP 协议（Transmission Control Protocol/Internet Protocol）：即传输控制协议/网际协议。它是一种重要的通信协议。

WWW 服务：也称万维网服务，能够提供面向各种互联网的服务，是统一用户界面的信息浏览系统。

电子邮件服务：是一种利用计算机和通信网络传输电子信件等信息的远程服务。

即时通信（Instant Messaging，IM）：是指能够即时发送和接收互联网信息等的业务。

数据（Data）：被计算机处理的对象，利用数字、文字、图形、图像、视频、声音等不同的形式表现，通过科学实验、检验、统计等获得的和用于科学研究、技术设计、查证、决策等的数值。

数据库（Data Base）：是按照数据结构来组织、存储和管理数据的"仓库"。

数据库管理系统（Data Base Management System，DBMS）：是一种操纵和管理数据库的大型软件，用于建立、使用和维护数据库。

数据管理技术：是对数据进行分类、组织、编码、输入、存储、检索、维护和输出的技术。

数据仓库（Data Warehousing，DW）：是支持管理决策过程的、面向主题的、集成的、随时间变化的，但信息本身相对稳定的数据集合。

超文本标记语言：即HTML（Hyper Text Mark-up Language），是用于描述网页文档的一种标记语言。HTML是一种规范、一种标准，它通过标记符号来标记要显示的网页中的各个部分。网页文件本身是一种文本文件，通过在文本文件中添加标记符，可以告诉浏览器如何显示其中的内容（如文字如何处理、画面如何安排、图片如何显示等）。

网页：是构成网站的基本元素，是承载各种网站应用的平台。网站就是由一个或多个网页组成的。

超链接（Hyperlink）：是一种允许同其他网页或站点进行连接的元素。各个网页连接在一起后，才能真正构成一个网站。

网页"三剑客"：是一套强大的网页制作工具，最初是由Macromedia公司开发出来的。由Flash、Dreamweaver、Fireworks三个软件组成，俗称"三剑客"。其中：Flash进行动画制作，Dreamweaver进行网页制作，Fireworks进行矢量图形制作和图片处理。

电子支付（Electronic Payment）：是以计算机和通信技术为手段、通过计算机网络系统、以电子信息传递形式实现的货币支付与资金流通。

电子货币：是指以电子化机具和各类交易卡为媒介、以计算机技术和通信技术为手段、以电子数据流形式存储在银行计算机系统，并通过计算机网络以信息传递形式实现流通和支付功能的货币。

电子支票（Electronic Check）：是一种借鉴纸质支票转移支付的优点，利用数字传递将钱款从一个账户转移到另一个账户的电子付款形式。

电子信用卡：是在传统信用卡的基础上发展而来的，不仅可以实现传统形式上的交易，而且可以在网络上实现电子化、数字化的交易。

智能卡：内嵌有微型芯片，它可以存储和记录持卡人的信息，并可以对这些信息进行一定处理。

电子钱包：是一种数字化的支付工具，它允许用户通过电子设备（如智能手机、电脑或平板电脑）进行金融交易。电子钱包可以存储用户的支付信息和资金，使得支付过程更加便捷和安全。

电子银行：又称网上银行或虚拟银行，是以计算机技术为手段，以网络平台为基础，以银行业务为对象实现的银行业务的电子化运作形式。

网络营销：企业以现代营销理论为基础，通过互联网技术和计算机技术开展的营销活动。

4P：指产品（Product）、价格（Price）、渠道（Place）、促销策略（Promotion）。

4C：指顾客（Consumer）、成本（Cost）、方便（Convenience）、沟通（Communication）。

数字签名：是指通过使用非对称加密系统和哈希函数来变换电子记录的一种电子签名，使得同时持有最初未变换电子记录和签名人公钥的任何人，可以准确地判断该项变换是否使用与签名人公钥相配的私钥做成的，进而判断变换后初始电子记录是否被改动过。

数字证书：也称数字标识，是采用公钥密码体制经证书授权中心数字签名的、包含公钥拥有者信息以及公钥的文件。它是各类实体（持卡人/个人、商户/企业、网关/银行等）在网上进行信息交流及商务活动的身份证明。

客户关系管理：是企业在建设核心竞争力的过程中，为达到竞争制胜、快速成长的目的，树立以客户为中心的理念，并在此基础上开展包括判断、选择、争取、发展和保持客户所需实施的完整的商业战略。

元宇宙：是一个虚拟世界的概念，它通过互联网和多种技术（如虚拟现实、增强现实等）创造一个与现实世界平行的空间，让用户可以在里面互动、游戏、工作、交易等。

虚拟旅游：指的是建立在现实旅游景观基础上，通过计算机技术模拟现实的景观，构建一个通过计算机表达的虚拟旅游环境，让通过网络连入这种平台的人能够获得身临其境的游览体验。

数字地图：是利用数字技术制作的地图，它们通常以电子形式存在，可以在计算机、手机或其他电子设备上查看和使用。常见的数字地图服务包括高德地图、百度地图等。这些服务不仅提供基本的地图浏览功能，还提供了导航、路线规划、地点推荐等增值服务。

三维地图：基于 Web GIS 地理信息系统、GPS 全球卫星定位系统、RS 遥感系统、VR 全景等技术，以城市建筑三维建模为载体，整合集成本地城市建筑、政府、企事业单位等多渠道资源和信息形成的形象直观的电子地图，也叫 3D 地图、立体地图等。具有搜索、定位、放大、缩小、漫游、鸟瞰、测距等功能。

智慧旅游：是利用云计算、物联网等新技术，通过互联网/移动互联网，借助便携的终端上网设备，主动感知旅游资源、旅游经济、旅游活动、旅游者等方面的信息，及时发布，让人们能够及时了解这些信息，及时安排和调整工作与旅游计划，从而达到对各类旅游信息的智能感知、方便利用的效果。